DOSTOÏEVSKY

Lettres

A SA FEMME

traduction de W. BIENSTOCK

1866-1874

LIBRAIRIE PLON

DOSTOÏEVSKY
LETTRES A SA FEMME

DOSTOIEVSKY

LETTRES A SA FEMME

TRADUCTION ET NOTES DE J.-W. BIENSTOCK

(1866-1874)

PARIS

LIBRAIRIE PLON

LES PETITS-FILS DE PLON ET NOURRIT

IMPRIMEURS-ÉDITEURS — 8, RUE GARANCIÈRE, 6ᵉ

Tous droits réservés

PRÉFACE

La correspondance de F.-M. Dostoïevsky cons-
titue un document humain d'un intérêt tout à fait
exceptionnel. Ses lettres sont des plus variées car
ses correspondants appartenaient à toutes les
classes de la société — de la modeste étudiante à
l'empereur Alexandre III en passant par toutes
les sommités littéraires de son époque. A plusieurs
de ses amis, tels que Vrangel, A. Maïkov, N. Strakhov, il ne parle pas seulement de ses préoccupations
matérielles et sentimentales, mais, le plus souvent,
il leur expose les plans de ses futures œuvres, il
s'entretient avec eux du roman qu'il est en train
d'écrire ; il leur fait part des changements qu'y
apportent des idées nouvellement conçues, et ainsi
nous assistons au travail créateur de l'artiste. Mais
c'est surtout dans ses lettres à sa femme Anna
Grigorievna que se révèle l'homme tout entier.
Nature ardente et violente, Dostoïevsky nous y
apparaît avec ses passions fougueuses et désor-
données, tempérées, au fur et à mesure que la vie

a

s'avance, par la quiétude et la confiance puisées dans l'amour profond, qui va toujours grandissant, pour celle qui fut la compagne dévouée et aimante des treize dernières années de sa vie.

Cependant d'autres femmes avant Anna Grigorievna avaient tenu une large place dans la vie de Dostoïevsky, passions orageuses qui eurent une grande influence sur l'homme et sur l'écrivain. Ce fut d'abord sa première femme, Marie Dmitrievna, qu'il épousa en 1857, alors qu'il vivait en déportation à Semipalatinsk. Quand Dostoïevsky fit sa connaissance elle était la femme d'un fonctionnaire, Alexandre Ivanovitch Issaiev ; tout de suite il en devint éperdument amoureux et dès qu'elle fut veuve, une correspondance suivie s'établit entre eux. Toute cette histoire de son premier grand amour, Dostoïevsky l'avait racontée lui-même dans ses *Confessions* qui, malheureusement, jusqu'ici, n'ont pas été retrouvées, de même que n'a pas été retrouvée la volumineuse correspondance échangée entre lui et Marie Dmitrievna. C'est seulement par des lettres de Dostoïevsky à son ami, le baron A.-E. Vrangel, à sa sœur Varvara, et à son frère Michel que nous pouvons suivre les péripéties de ce roman d'amour qui, si vite, apporta aux époux tant de rancœur.

Le 14 août 1855, Dostoïevsky écrit à Vrangel :

« J'ai reçu ce matin une lettre de Kouznetzk : le pauvre malheureux Alexandre Ivanovitch Issaiev est mort. Vous ne sauriez croire comme je le regrette, comme je suis brisé. J'étais peut-être le seul ici qui ait su l'apprécier. S'il avait des défauts, c'est sa sombre destinée qui en est moitié la cause. J'aurais bien voulu voir qui aurait eu davantage de patience avec de pareils déboires. Mais aussi que de bonté, que de vraie noblesse. . . . . . .

Il est mort dans des souffrances intolérables, admirablement. Dieu nous donne une mort pareille. Il est mort avec fermeté, en bénissant sa femme et ses enfants, s'inquiétant de leur sort. La malheureuse Marie Dmitrievna me communique jusqu'aux moindres détails de sa mort. Elle dit que le souvenir de ces détails est sa seule consolation. Au milieu des plus grandes souffrances (il a souffert deux jours) il l'appelait, l'entourait de ses bras et répétait constamment : « Que deviendras-tu? Que « deviendras-tu? » Dans son inquiétude sur son sort à elle il oubliait ses tourments. Le malheureux ! Elle est au désespoir. Dans chaque ligne de sa lettre on perçoit une telle douleur que je n'ai pu la lire sans larmes. . . . .

On l'a enterré pauvrement ; des étrangers ont fourni l'argent (il s'est trouvé de braves gens) ; elle-même était folle de douleur. Elle avait passé plusieurs jours et plusieurs nuits à son chevet. Elle écrit maintenant qu'elle est malade, qu'elle a perdu le sommeil et qu'elle ne peut avaler une bouchée... Elle n'a que des dettes. Quelqu'un lui a envoyé trois roubles argent : « La nécessité m'a forcé la main, écrit-elle, j'ai accepté l'aumône ». . . . . .

Si vous pensez encore comme il y a quelques jours, à Semipalatinsk, envoyez alors avec la lettre que je lui adresse, la somme dont nous avons parlé. Mais je vous le répète, très aimable Alexandre Egorovitch, plus que jamais je considère ces 75 roubles comme une dette que je contracte envers vous. Je vous les rendrai certainement, mais plus tard... »

Après cette lettre, dans presque toutes celles qu'il écrit à Vrangel, il est question de Marie Dmitrievna et de son fils, Paul : ce sont des secours d'argent à transmettre à Marie Dmitrievna, pour lesquels Dostoïevsky a souvent recours à son ami ; des recommandations pour Paul que sa mère voudrait faire entrer au Corps des Cadets de Sibérie ; des démarches à faire en faveur de Marie Dmitrievna pour qu'elle obtienne un secours comme veuve de fonctionnaire. Enfin dans la lettre du 21 juillet 1856, le mot mariage est prononcé : « Mais comment se marier quand la vie matérielle est si peu garantie? » Et le 21 décembre Dostoïevsky écrit à Vrangel :

« ... Maintenant, mon ami, je veux vous déclarer une chose qui a une grande importance pour moi. Je dois vous le dire à vous comme vous êtes mon ami. Bref *si une circonstance* ne m'en empêche, avant le carnaval je serai marié. Vous savez avec qui. Elle m'aime jusqu'à présent. Elle m'a dit : oui. Ce que je vous ai écrit d'elle cet été a eu très peu d'influence sur son attachement pour moi. Elle m'aime. J'en suis sûr. Je le savais alors que je vous écrivais ma lettre cet été. Elle a bientôt perdu ses illusions sur sa nouvelle affection. Je le savais déjà, en été, d'après ses lettres. J'étais au courant de tout. Elle n'a jamais eu de secrets pour moi. Oh ! si vous saviez quelle femme elle est ! Je vous affirme que je me marierai. Cependant il peut se produire une circonstance, ce serait trop long à raconter, qui pourrait faire remettre notre mariage à une époque indéterminée. Cette circonstance est tout à fait étrangère ; mais il me semble que, selon toute apparence, elle ne se produira pas. Et si elle ne se produit pas vous recevrez ma prochaine lettre quand *tout sera fini*. Je n'ai pas le sou. D'après les calculs les plus justes et les plus rigoureux, il me faut, *pour tout*, 600 roubles argent. J'ai l'intention de les emprunter à K... J'espère qu'il me les donnera. Et s'il ne les donne pas, tout sera perdu, au moins pour quelque temps. Je les lui emprunterai à longue échéance, c'est-à-dire à un an au moins. Mais avec la poste suivante, j'écris à Moscou, à mon oncle qui est riche et qui, plus d'une fois, est venu en aide à ma famille, et je lui demande 600 roubles argent. S'il me les donne, je les rendrai aussitôt à K... S'il ne les donne pas, il me faudra me procurer moi-même l'argent, car cette dette est une *dette sacrée* et il faudra la payer aussitôt que possible. »

Pour être plus sûr d'obtenir de cet oncle de Moscou, les 600 roubles qui lui sont nécessaires pour parer aux premières dépenses de son entrée en ménage, Dostoïevsky décide de faire intervenir sa sœur, Varvara, mariée à un certain A.-P. Karépine ; et le 22 décembre, il lui écrit la lettre qui suit, dans laquelle il lui parle de celle qu'il aime, en même temps qu'il lui expose ses embarras pécuniaires.

Semipalatinsk, 22 décembre 1856.

« Ma chère et bonne amie.

« Ma chère petite sœur Varenka.

« Peut-être es-tu étonnée de ne pas avoir eu de lettres de moi depuis si longtemps et de ce que je ne t'aie même pas accusé réception de l'argent que tu m'as envoyé. Mon amie, c'est qu'il y a eu des circonstances qui m'ont retardé de le faire. Je voulais attendre que tout fût terminé — car je sentais qu'il me faudrait te donner, à toi aussi, des explications — afin d'écrire tout à la fois,

« Pour l'argent (200 roubles) je te remercie ainsi que vous tous, en particulier l'oncle et la tante. Embrasse aussi pour moi la petite Vera. Je suis très coupable envers elle. Jusqu'à présent je ne lui ai pas encore écrit. Mais tu verras toi-même que j'ai été pas mal occupé. J'écrirai à tout le monde, mais, en attendant, sache maintenant ce que je voulais t'écrire depuis longtemps. Voici de quoi il s'agit. L'histoire est un peu longue, et il faut remonter à deux ans. En 1854, en arrivant à

Semipalatinsk, venant d'Omsk, j'ai fait la connaissance d'un fonctionnaire d'ici, M. Issaiev, et de sa femme. Il était de Russie d'Europe, très intelligent, instruit, bon. Tout de suite je l'ai aimé comme un frère. Il n'avait pas de place et attendait incessamment sa nomination dans un nouveau service. Il avait un fils. Sa femme, Marie Dmitrievna Issaièva, était encore jeune. Ils m'ont acueilli comme un très proche parent. Enfin, après de longues démarches, il a reçu un poste à Kousnetzk, dans la province de Tomsk, à 700 verstes de Semipalatinsk. Je leur ai dit adieu et il m'a été plus pénible de me séparer d'eux que de la vie — c'était en mai 1855 — je n'exagère pas. A Kousnetzk, soudainement Issaiev est tombé malade et il est mort, laissant sa femme et son fils sans un kopeck, parmi des étrangers, sans aucune aide, dans une situation terrible. Ayant appris cela (nous étions en correspondance) j'ai emprunté de l'argent et le lui ai envoyé aussitôt. J'étais si heureux de pouvoir l'aider. Enfin elle a pu correspondre avec sa famille, avec son père. Son père habite Astrakhan, où il occupe un poste important (directeur de la quarantaine). Il a un grade élevé et touche de gros appointements ; mais il a encore sur les bras trois filles, et des fils dans la Garde. Il se nomme Constant ; c'est le petit-fils d'un émigrant français de la première Révolution, un noble, qui est venu en Russie où il est resté ; mais ses enfants, par la mère, sont Russes. Marie Dmitrievna est la fille aînée et la préférée du père. Mais, en dehors de ses appointements, il ne possède rien et n'a pu lui envoyer que 300 roubles. Cependant depuis qu'elle a écrit à ses parents qu'elle a perdu son mari, elle n'est plus dans le besoin. Le père lui a demandé de revenir en Russie, mais elle ne le veut pas avant que son fils, âgé de huit ans, ne soit admis au Corps des Cadets de Sibérie, car, à Astrakhan avec son fils elle n'aurait pas de quoi l'élever ; là il faudrait payer, et elle n'a pas d'argent. Le père ne l'abandonnerait point, mais il est très âgé et n'a rien sauf ses appointements. S'il venait à mourir elle resterait à la charge de ses sœurs. Au Corps des Cadets sibérien on donne une très bonne instruction. Les meilleurs élèves sortent dans l'artillerie et ils n'ont d'autre obligation que de servir trois ans en Sibérie. Bref, elle a décidé de rester. J'ai beaucoup de connaissances à Omsk, et des personnes qui occupent de très hautes situations sont prêtes à faire pour moi tout ce qu'elles pourront. J'ai intercédé pour le fils de Marie Dmitrievna. On m'a promis et je crois bien que l'année prochaine il sera admis au corps des Cadets. Ma chère amie, je t'écris les détails et ne dis pas le principal. Depuis longtemps déjà j'aime cette femme passionnément, plus que ma vie. Si tu connaissais cet ange tu n'en serais pas étonnée. Elle possède tant d'admirables et belles qualités. Elle est intelligente, charmante, instruite, comme une femme l'est rarement. Elle est d'un caractère doux, comprend ses devoirs, très religieuse. Je l'ai vue dans le malheur, quand son mari était sans emploi. Je ne veux pas décrire leur misère, mais si tu avais vu avec quel esprit de sacrifice, avec quelle fermeté elle supportait l'adversité. Son sort maintenant est affreux : Dieu sait de quelles gens elle est entourée ; elle est veuve et orpheline au sens absolu du mot. Bien entendu mon amour pour elle demeurait caché, inexprimé ; j'aimais Alexandre Issaiev comme un frère, mais elle, avec son esprit et son cœur, ne pouvait ne pas comprendre mon amour, ne pas le deviner. Maintenant qu'elle est libre (il y a déjà dix-huit mois qu'elle a perdu son mari) la première chose, quand je fus promu officier, a été de lui proposer de m'épouser. Elle me connaît, m'aime et m'estime. Depuis que nous sommes séparés nous nous écrivons presque chaque semaine. Elle a accepté et répondu oui. Alors, à moins de circonstances (dont je ne te parlerai pas, ce serait trop long) pouvant sinon empêcher la chose, mais l'ajourner pour longtemps, notre mariage aura lieu avant le 15 février, c'est-à-dire avant le carnaval. Mon amie, ma chère sœur, ne fais pas d'objections, ne te mets pas en peine pour moi, je ne puis faire rien de mieux. Elle est tout à fait la femme qui me convient. Nous avons une instruction égale, nous nous comprenons ; nous avons mêmes goûts, mêmes principes ; nous avons du respect l'un pour l'autre et je l'aime. J'ai trente-cinq ans, elle vingt-huit. Elle est d'excellente

famille quoique sans fortune ; elle n'a presque rien.
(La mère a laissé une maison, à Taganrog, mais en
attendant la majorité de la sœur cadette, qui vient
de sortir du couvent, cette maison n'est pas encore
vendue et reste indivise.)

« Depuis longtemps j'ai écrit cela à mon frère, en
le priant de n'en rien dire à personne de vous, car
alors je n'avais pas la moindre espérance. Maintenant que je suis promu officier, il m'est permis
d'espérer que mon sort s'améliorera et la grâce de
l'empereur est incalculable. Je sais, ma petite
Varia, que ta première question, comme d'une
brave sœur qui aime son frère et s'inquiète de son
sort, sera : de quoi vivras-tu? Car, sans doute, ma
solde ne suffira pas pour deux. Mais, premièrement,
ma femme n'est pas exigeante ; elle a du bon sens ;
elle a été malheureuse et a supporté son malheur
fièrement et avec patience ; elle n'est pas dépen-
sière ; elle est, au contraire, une excellente ména-
gère. Deuxièmement, ailleurs qu'à Pétersbourg et
à Moscou, 600 roubles par an nous suffiront pour
vivre. Mais où les prendrai-je? Voilà ; tu connais,
ma petite Varia, tout le but de ma vie ; j'espère
en Dieu et en l'empereur ; j'espère fermement qu'on
me permettra (et très prochainement) d'être compris, c'est-à-dire d'écrire et d'être imprimé. Attends,
mon amie, tu entendras encore parler de moi, et
bien. J'ai déjà pas mal de choses écrites, et si l'on
me permet d'imprimer il y en aura au moins pour
1 000 roubles. Voilà mes atouts. Mon travail reçoit

déjà sa récompense. Mais je ne me forcerai pas
comme auparavant; je ne me rabaisserai pas et
n'écrirai pas des saletés pour remettre des articles
à dates fixées par contrats. (Ce travail a toujours
tué mes forces et je n'ai jamais pu écrire rien de
convenable.) Mais, maintenant, c'est une tout
autre affaire; j'ai une foule de sujets, mes pensées
se sont éclaircies et fixées. Sans aucun doute on ne
refusera pas d'insérer dans les revues ce que j'ai
déjà écrit; même on l'acceptera avec plaisir. J'en
suis sûr. Il est certain que je puis, sans grand
effort, gagner beaucoup plus de 600 roubles par
an. Je compte seulement 600 roubles pour mes
besoins, et je les aurai. Et si cela ne va pas, en
Sibérie il y a un si grand besoin d'hommes hon-
nêtes, sachant quelque chose, qu'on leur donne
des places (chez des particuliers, des propriétaires
de mines d'or, par exemple) avec de gros appointements. Je sais qu'on ne m'évincera pas et, qu'au
contraire, on m'acceptera avec joie. En un mot,
je me tirerai d'affaire. Mais en attendant de trouver
la place, au moins pour cette année, il faut quelque
chose pour vivre. Tout compte fait (logement,
meubles, vêtements pour elle et pour moi, argent
pour qu'elle vienne, dépenses pour le mariage) il
me faut 600 roubles. Je connais un homme riche
et bon avec qui je me suis lié d'amitié, j'ai l'intention de lui demander un prêt, sans lui cacher les
circonstances de ma vie et mes espoirs, et en lui
déclarant nettement que je ne pourrai pas le rem-

bourser avant un an ou deux. Je suis presque sûr qu'il me prêtera. Mais cet argent il faudra le rendre ; c'est une dette sacrée. C'est pourquoi j'ai l'intention de m'adresser à mon oncle, de lui écrire, lui raconter tout, sans rien cacher, et lui demander 600 roubles. Il les donnera peut-être, alors je serai sauvé. Si ce n'était le court délai qui reste jusqu'au mariage (je ne veux et ne puis le remettre après Pâques) je me serais adressé directement à l'oncle. Si l'oncle donne, qu'il soit béni. Il me sauvera du malheur, car il est pénible d'avoir sur les épaules une dette de 600 roubles. S'il refuse, tant pis. Il a tant fait pour nous, petite sœur. Par ses bienfaits il nous a à tel point remplacé le père, que ce serait péché de ma part de lui en vouloir. Parle de tout cela avec cet ange, notre tante, et dis-lui qu'elle me bénisse. Je n'envoie pas ma lettre à l'oncle par ce courrier, exprès pour que tu sois prévenue ainsi que tante qui, sûrement, me viendra en aide. J'enverrai la lettre à l'oncle par la poste. Je vous en supplie, remettez-lui cette lettre vous-mêmes *quand il sera de bonne humeur* et expliquez-lui tout. Sois sûre que la lettre sera écrite admirablement. Et ce ne sera pas difficile pour toi, mon ange, d'expliquer à l'oncle que mon mariage n'est point une sottise, car les faits parlent d'eux-mêmes. Comprends, mon amie, que je suis encore et probablement serai toujours sous la surveillance administrative. Je l'ai mérité par mes erreurs. Or, un homme qui s'est assagi, qui s'est marié, c'est-à-dire qui a changé la direction de sa vie, inspirera plus de confiance qu'un homme libre comme l'air. On prendra également en considération le fait qu'un homme marié ne voudra pas sacrifier le sort de sa femme et ne se laissera pas aussi facilement entraîner par des idées subversives que le jeune homme que j'étais, qui ne dépendait que de lui-même. Et moi je cherche à obtenir la confiance du gouvernement. J'en ai besoin ; mon sort en dépend, et sand doute j'atteindrai plus tôt mon but même si je n'obtiens pas l'autorisation d'écrire et d'imprimer.

« Au revoir, mon ange. Ne t'inquiète pas pour moi et prends ma défense. Sache que depuis longtemps déjà j'ai décidé ce mariage, que tout a été réfléchi et mûri pendant un an et demi, bien que je n'eusse pas d'espoir avant ma promotion, et que, maintenant, je ne renoncerai pour rien à mon projet.

« Je t'embrasse mille fois. Embrasse les enfants, la petite Vera, et dis à tante que je la regarde comme mon ange gardien. Ne manque pas de montrer ma lettre à l'oncle. Au revoir, ma chérie. La lettre pour l'oncle arrivera sans faute avec le prochain courrier. Je vous félicite tous pour les fêtes à venir.

« Ton frère,

« F. DOSTOÏEVSKY.

« Mon salut à Alexandre Pavlovitch. On me dit et écrit tant de bien de lui, que je l'aime sans l'avoir jamais vu. »

Vers la fin de janvier 1857, l'ami sur lequel Dostoïevsky comptait retourne enfin à Semipalatinsk après un long voyage à Omsk et lui prête 600 roubles. Dostoïevsky va pouvoir réaliser son rêve. Le 6 février il épouse Marie Dmitrievna, comme nous l'apprend sa lettre à son ami Vrangel, du 9 mars 1857 :

« Voilà plus de quinze jours que je suis chez moi, mon cher ami et frère Alexandre Egorovitch, et c'est à peine si j'ai pu me mettre à présent à vous écrire. Si vous saviez combien j'ai eu de soucis, d'embarras et d'occupations, des plus imprévus, avec ce nouvel état de choses, vous me pardonneriez certainement de ne vous avoir pas écrit tout de suite. Et, premièrement, mon mariage, qui a eu lieu à Kouznetz le 6 février, et le retour à Semipalatinsk m'ont pris beaucoup plus de temps que je n'avais compté. A Barnaoul, j'ai eu une crise et suis resté là quatre jours de plus (la crise m'a brisé physiquement et moralement ; le docteur m'a dit que c'est la véritable épilepsie, et il m'a prédit que si je ne prenais pas de mesures immédiates, c'est-à-dire si je ne suivais pas un traitement régulier, ce qui ne peut se faire qu'en pleine liberté, les crises pourraient prendre mauvaise tournure et au cours de l'une d'elles je pourrais étouffer d'un spasme à la gorge, qui se produit toujours dans mes accès). Arrivé à Semipalatinsk j'ai été assailli par les embarras d'une installation ; puis ma femme est tombée malade... »

Cette union désirée si ardemment par Dostoïevsky ne fut pas heureuse. Il est difficile de déterminer les causes de la mésintelligence qui éclata vite entre les deux époux. La fille de Dostoïevsky, Lubov, a publié il y a plusieurs années, à Munich, ses *Souvenirs* sur son père dans lesquels elle parle de son premier mariage et raconte à ce propos des faits qui paraissent peu vraisemblables. « Après l'installation à Semipalatinsk, écrit-elle, Maria Dmitrievna sut s'arranger un foyer très agréable qui devint l'asile des intellectuels de cette ville. Le bonheur de famille de Dostoïevsky ne s'était pas assombri même au retour en Russie d'Europe mais il était devenu illusoire. La santé de sa femme empirait ; il fallut l'emmener de Pétersbourg à Tver. Et ici, alors qu'elle avait déjà un pied dans la tombe, elle fit à son mari un aveu terrible : elle l'avait épousé uniquement par calcul, séduite par sa gloire littéraire et ses belles relations ; mais, la veille même de son mariage, elle avait passé la nuit avec son amant, jeune et beau répétiteur de son fils, et cette liaison avait duré après le mariage. Tout le temps il la suivait comme son ombre ; il ne disparut, sans laisser son adresse, qu'après que la phtisie l'eut complètement défigurée. Marie Dmitrievna déclara en outre à son mari qu'elle ne l'aimait pas et le méprisait comme ancien forçat... Dostoïevsky abandonna sa femme et se rendit à Pétersbourg. »

La correspondance de Dostoïevsky et quelques

passages du Journal de Mme A.-G. Dostoïevsky permettent de contrôler ce récit. Le premier mariage de Dostoïevsky, effectivement, ne fut pas heureux. La vie commune fut empoisonnée par de fréquentes et violentes scènes de jalousie. Mais le fait que Dostoïevsky toute sa vie fut fidèle à la parole donnée à sa première femme de ne pas abandonner son fils Paul, permet de douter de la véracité de cet aveu de Marie Dmitrievna, rapporté par Mlle L. Dostoïevsky. Du reste il n'est pas exact que Dostoïevsky ait quitté le chevet de sa femme mourante et soit parti de Tver pour Pétersbourg. D'abord, contrairement à l'affirmation de la fille de Dostoïevsky, Marie Dmitrievna n'est pas morte à Tver mais à Moscou ; et la veille de la mort de sa femme, le 15 avril 1864, Dostoïevsky écrivait à son frère Michel, de Moscou : « Hier, Marie Dmitrievna a eu une crise terrible, le sang est venu à flots par la bouche et a failli l'étouffer. Nous avons pensé que c'était la fin. Nous étions tous autour d'elle. Elle a dit adieu et demandé pardon à tous et a fait quelques dernières recommandations. Elle a demandé de transmettre son salut à toute la famille, et ses souhaits de longue vie, surtout à Émilie Féodorovna. Elle a exprimé le désir de se réconcilier avec toi (tu sais, mon ami, que toute sa vie elle a été persuadée que tu étais son ennemi). Elle a eu une mauvaise nuit. Tout à l'heure Alexandre Pavlovitch a dit d'une façon positive qu'elle ne passerait pas la journée. Et c'est certain. »

En *post-scriptum*, Dostoïevsky ajoute : « Marie Dmitrievna se meurt doucement en pleine connaissance ; elle a béni Paul qui est absent. »

Le lendemain, 16, Marie Dmitrievna n'était plus.

Près d'un an plus tard, le 31 mars 1865, Dostoïevsky écrit à son ami Vrangel après une longue interruption dans leur correspondance. Il lui parle du double deuil qui l'a frappé : la perte de son frère bien-aimé Michel et celle de sa femme. A propos de Marie Dmitrievna il dit :

« Oh ! mon ami ! Elle m'aimait infiniment et je l'aimais de même ; cependant nous ne vivions pas heureux ensemble. Je vous raconterai tout cela quand je vous verrai, sachez seulement que bien que très malheureux ensemble (à cause de son caractère étrange, hypocondriaque et maladivement fantasque) nous ne pouvions cesser de nous aimer. Même plus nous étions malheureux, plus nous nous attachions l'un à l'autre. Quelque étrange que cela paraisse, c'était ainsi. C'était la femme la plus honnête, la plus noble, la plus généreuse de toutes celles que j'ai connues dans ma vie. Quand elle est morte (malgré tous les tourments que j'éprouvai durant toute une année à la voir se mourir), bien que j'aie apprécié et senti péniblement ce que j'ensevelissais avec elle, je ne pouvais nullement m'imaginer combien ma vie était vide et douloureuse, quand on la recouvrit de terre. Voilà déjà une année, et ce sentiment reste toujours le même... »

b

Faut-il croire après cela aux prétendus aveux de Marie Dmitrievna, ou Dostoïevsky n'avait-il généreusement pardonné et oublié que parce que lui-même n'était pas sans péché. C'est qu'en effet, bien avant la mort de Marie Dmitrievna, une autre femme était entrée dans sa vie. Nouvelle passion violente marquée de ruptures et de reprises brutales. En 1863, laissant à Pétersbourg Marie Dmitrievna très malade il se rendait à l'étranger en compagnie du nouvel objet de son amour. Du reste, à la passion amoureuse, Dostoïevsky joignait encore à cette époque la passion du jeu. Le 8/20 septembre 1863, de Turin, il écrit à son frère Michel :

Turin, 8/20 septembre 1863.

« Tu m'écris, mon bon, mon cher Michel, que Dieu sait comme il t'est difficile de lire ma lettre et, en même temps, de satisfaire à ma demande d'argent. Mais si tu savais, mon ami, comme il m'a été pénible de penser que ma lettre te mettrait dans une situation difficile, tu dirais toi-même que je suis assez puni pour cette perte d'argent. En général, j'ai passé de la façon la plus pénible tout le temps que j'ai attendu ta lettre dans ce plus qu'embêtant Turin, principalement parce que toi et vous tous me manquiez. Depuis mon départ de Pétersbourg, à l'étranger je n'ai reçu de personne de vous aucune nouvelle. Dieu sait ce que j'ai imaginé à ton sujet et quelles possibilités extrêmes j'ai envisagées. J'ai presque failli mourir. Des souffrances physiques, il ne vaut pas la peine de parler. Il n'y en avait pas peut-être, mais à chaque instant nous tremblions qu'on ne nous présentât la note de l'hôtel, n'ayant pas un sou, et craignions le scandale, la police. (Ici on ne se gêne pas quand les bagages ne sont pas suffisants. Il y a eu des cas ; je ne suis pas le seul. En un mot, pouah !). Ma montre est engagée à Genève, à un homme en effet très généreux : il n'a pas pris d'intérêts, pour obliger un étranger ; mais il a prêté très peu sur les objets. Je ne rachèterai pas maintenant ; l'argent est nécessaire. Elle a engagé sa bague. Pour le rachat nous avons fait un contrat, jusqu'à la fin d'octobre. Mais tout cela n'est rien. Le principal c'est ce que tu deviens. Voilà pour moi le principal. Je te le répète : Dieu sait ce que j'ai imaginé ici. J'avais pensé que tu m'écrirais quelque chose de la revue, mais tu as écrit si court, et sur la revue pas un mot. Est-ce possible? Au nom de Dieu, dis quelque chose. Principalement il faut travailler. Si ce n'est *Vrémia*, alors il faut éditer autre chose, sans quoi nous périrons. Je sens que maintenant il me faudra beaucoup d'argent, pour assurer mon existence au moins pendant trois mois, quand j'écrirai le roman, sinon il n'y aura pas de roman. Mais où prendre l'argent? Moi, je m'en tirerai encore, mais toi avec ta famille? En un mot, j'aurais voulu retourner le plus tôt possible. Tu demandes pourquoi j'ai quitté si vite Paris? 1º J'en ai le dégoût ; 2º je devais me conformer à la situation de la personne avec qui je voyage.

« J'ai lu avec tristesse ce que tu m'écris de Kola. Je n'ai pas confiance en Besser ; ce n'est pas un médecin, c'est un charlatan. Si c'était l'avis de Botkine ce serait une autre affaire. Mon salut à Kola, va le voir ; envoie quelqu'un de la famille, le pauvre mourant, ça lui est pénible. Dis-lui que je l'embrasse et que souvent, chaque jour, je pense à lui. Je te raconterai de vive voix les détails de mon voyage. Il y eut beaucoup d'aventures, mais ce fut très ennuyeux, malgré A. P... Même le bonheur pèse quand on est séparé de tout ce qu'on a aimé jusque-là et pour quoi on a souffert beaucoup. Chercher le bonheur en abandonnant tout, même ce à quoi on pourrait être utile, c'est de l'égoïsme, et cette pensée empoisonne maintenant mon bonheur, si seulement il existe.

« Tu écris : Comment peut-on jouer jusqu'à son dernier sou quand on voyage avec celle qu'on aime? Ami Michel, à Wiesbaden j'ai inventé un système de jeu, et, en l'employant, j'ai gagné en rien de temps, dix mille francs. Le matin, m'étant emballé, j'ai trahi ce système et aussitôt j'ai perdu. Le soir, je suis revenu à mon système, l'ai suivi strictement et, sans difficulté, en peu de temps, j'ai gagné de nouveau trois mille. Après cela, comment ne pas se laisser entraîner? Comment ne pas croire qu'en suivant strictement mon système je tenais la chance. Et j'avais besoin d'argent pour toi, pour moi, pour ma femme, pour écrire un roman. Ici, en plaisantant, on gagne des dizaines de mille. Je suis allé pour vous sauver tous et moi-même, sûr de ma chance, ayant foi en mon système. Ajoute à cela qu'arrivé à Bade, je me suis approché de la table de jeu et, en un quart d'heure, j'ai gagné 600 francs. Cela m'a grisé... Soudain j'ai commencé à perdre. Alors je n'ai pu me retenir et j'ai perdu tout jusqu'au bout. Après que je t'eus envoyé ma lettre, de Bade, je pris ce qui me restait d'argent, quatre napoléons, et, en une demi-heure, j'en ai gagné 35. Cette chance extraordinaire m'a entraîné de nouveau ; j'ai mis en jeu les 35 et les ai perdus. Une fois la logeuse payée, il me restait pour la route 6 napoléons d'or. A Genève, j'ai engagé ma montre.

« A Bade, j'ai vu Tourguenev. Je suis allé chez lui deux fois, et il est venu chez moi. Tourguenev n'a pas vu A. P..., je l'avais fait cacher. Il est toujours morose, bien que guéri grâce à Bade. Il vit avec sa fille. Il m'a raconté toutes ses souffrances morales, ses doutes — doutes philosophiques qui ont passé dans la vie. Il est un peu fat. Je n'ai pas caché de lui que je joue. Il m'a donné sa nouvelle *Prizraki*, mais, pris par le jeu, je ne l'ai pas lue et la lui ai retournée sans la lire. Il dit qu'il a écrit cette nouvelle pour notre revue et que si je lui écris de Rome, il me l'enverra à Rome. Mais que sais-je de notre revue? Il faut écrire un article, je le sais, car avec les 1 450 francs que tu m'as envoyés on ne fera rien, c'est-à-dire on fera beaucoup, mais on n'arrivera pas jusqu'à la maison. Mais il m'est affreusement difficile d'écrire ; j'ai déchiré tout ce que j'ai écrit à Turin. J'en ai assez d'écrire sur commande. Cependant je ne désespère pas d'envoyer quelque chose de Rome, parce qu'il le faut.

« Que Dieu donne à l'oncle le Royaume du Ciel. Je pense que la tante a beaucoup de soucis à supporter. Quant à l'héritage pour nous, je ne l'espère pas. Cependant s'il y a quelque chose, fais-le moi savoir immédiatement. Au nom de Dieu, écris quelque chose de toi. Je t'embrasse et te remercie.

« Ton

« F. DOSTOÏEVSKY. »

« Ne parle à personne de ma situation, c'est un secret — c'est-à-dire le jeu. Au revoir. Au nom de Dieu, écris-moi déjà à Naples. Écris immédiatement sur ta situation. Écris. A Rome je trouverai toutes vos lettres anciennes, et peut-être que de Rome j'enverrai un article. Je serai de retour à la date promise. Embrasse tous les enfants et Fedia. Salue particulièrement Strakhov, et tous ceux que tu connais. Dis à Strakhov que je lis avec l'application d'un slavophile, et que j'ai lu quelque chose de nouveau. Que fait Apollon Grigoriev ? Parle-moi de tous. N'as-tu rien entendu de Rodiévitch et de Paul. J'écris aussi brièvement que possible parce que j'ai une hâte fébrile de quitter ce vilain Turin et que je dois encore écrire beaucoup : à

Marie Dmitrievna et à Varvara Dmitrievna. Remercie cette dernière quand tu la verras. Quelle belle âme ! Je crains que Marie Dmitrievna ne t'écrive quelque chose de désagréable, mais je ne le pense pas. Elle n'aura sans doute pas besoin d'argent jusqu'à la mi-octobre, mais peut-être que si. Peut-être l'ai-je mise dans une situation fausse : elle avait à faire une dépense de cent roubles et ne s'y décidait pas. Après ma lettre, dans laquelle je lui disais que je lui envoyais l'argent, elle a fait cette dépense, et voilà que maintenant elle se trouve peut-être sans argent. J'en tremble. Que quelqu'un m'informe de sa santé. »

« La femme aimée » qui accompagnait Dostoïevsky dans ce voyage était Mlle A.-P. Souslova. Apollinaire Souslova était venue à Pétersbourg au commencement des années 60 pour se préparer à entrer à l'Université. Elle fit la connaissance de Dostoïevsky à une soirée organisée par les étudiants où Dostoïevsky était venu lire quelques pages de ses œuvres. Nous n'avons pas la correspondance se rapportant au début de leur liaison qui présente des alternatives d'effusions passionnées et de querelles haineuses. Toutefois, même après la rupture définitive, même après le second mariage de Dostoïevsky, ils ne cessèrent jamais complètement de s'écrire. Dans son Journal de leur voyage à l'étranger Mme A.-G. Dostoïevsky ne cache pas combien elle était peinée de cette correspondance. Au commencement des années 80,

Mlle Souslova déjà âgée épousa l'écrivain Rozanov, qu'elle quitta au bout de six années de mariage. Parlant de sa femme au littérateur, A.-S. Voljsky Rozanov lui donna les détails suivants :

« J'ai rencontré pour la première fois Souslova chez mon élève Mlle A.-N. Stchéglov. J'avais alors dix-sept ans, elle trente-sept. Toute de noir vêtue, on voyait qu'elle avait dû être très belle. Elle se disait légitimiste et attendait le triomphe des Bourbons en France. Tous ses meilleurs amis étaient là-bas ; en Russie elle n'avait personne. En coquette expérimentée elle comprit d'un seul regard qu'elle avait produit sur moi une très forte impression. Elle restait froide, calme. Elle ressemblait à Catherine de Médicis. Comme celle-ci, probablement, elle eût froidement commis un crime. C'était une femme extraordinaire. J'ai connu pas mal de gens qui ont été tout à fait captivés par elle. »

Dans *les Humiliés et les offensés*, le prince Valkovsky décrit ainsi une certaine comtesse : « Une beauté merveilleuse ; quel buste, quelle figure, quelle démarche ! Son regard d'aigle était toujours sévère et froid. Son port était majestueux. Elle était glaciale comme l'hiver et tenait les gens à distance par une vertu farouche. Elle regardait tout le monde comme une abbesse du moyen âge, sans passion. Eh bien ! il n'y avait pas pire débauchée que cette femme. Elle était si voluptueuse que le marquis de Sade eût pu prendre d'elle des leçons. Oui, c'était le démon incarné, mais avec un charme irrésistible. »

D'après Rozanov, Dostoïevsky avait écrit là la meilleure caractéristique qu'on pût donner de la Souslova.

Une autre grande passion, mais qui ne fut pas partagée, troubla encore la vie sentimentale de Dostoïevsky, peu après la mort de Marie Dmitrievna.

En 1864, la rédaction de la revue *l'Époque* avait reçu le manuscrit de deux nouvelles signées J. Orbelev. L'une de ces nouvelles, où était décrit le trouble moral d'un jeune gentilhomme amené, par la recherche de la vérité, à se réfugier dans un couvent, avait attiré l'attention de Dostoïevsky qui écrivit à l'auteur qu'il publierait ses nouvelles prochainement. A quelque temps de là, l'auteur, une jeune fille, arrivait à Pétersbourg. C'était Anna Vassilievna Korvin-Krukovskaia, sœur de la célèbre mathématicienne Sophie Kowalevsky. Elle fit la connaissance de Dostoïevsky et, quand les deux sœurs s'installèrent définitivement à Pétersbourg, il devint un familier de la maison. La plus jeune des deux sœurs, Sophie, qui avait alors quinze ans, se prit d'une véritable passion pour Dostoïevsky, mais lui était tombé sérieusement amoureux de l'aînée. Anna, très belle, très orgueilleuse, n'avait d'enthousiasme que pour la gloire littéraire de Dostoïevsky, mais l'homme gauche, mal habillé, besogneux qu'il était ne pouvait lui plaire, et, à sa demande en mariage, elle répondit par un refus. En 1866, les Krukovsky quittèrent Pétersbourg, et l'automne de cette même année Dostoïevsky se fiançait à Anna Grigorievna Snitkina. Dans ses *Souvenirs*, Mme Dostoïevsky rapporte ce propos de son mari sur Anna Vassilievna Krukovskaia : « Elle était très intelligente, très instruite, très belle, et avait un bon et noble cœur, mais ses convictions étaient diamétralement opposées aux miennes et elle était trop fière et trop indépendante pour céder. C'est pourquoi nous n'aurions jamais pu être heureux ensemble. » Dans certaines de ses héroïnes : Catherine Ivanovna des *Frères Karamazov*, Nastasia Philipovna, de *l'Idiot*, Dostoïevsky a mis quelques traits du caractère de Mlle Korvin-Krukovskaia. A l'étranger, Mlle Krukovskaia épousa le communard très connu Jacquelar. Condamné à mort et enfermé dans une forteresse près de la frontière allemande, Jacquelar put s'évader grâce au père d'Anna qui, pour 20 000 francs, soudoya une sentinelle. Jacquelar, qui joignit à son nom celui de sa femme, Corvin, alla vivre à Pétersbourg où il reçut une place de professeur dans un lycée de jeunes filles. Amnistié, Jacquelar revint en France avec sa femme. C'est à Paris que naquit leur fils, et à Paris aussi que mourut Anna Vassilievna, en 1887.

Le 14 février 1867, Dostoïevsky épousait en secondes noces sa sténographe Anna Grigorievna Snitkina. C'est de Dresde ,où il s'était rendu peu après avec la jeune femme, pour fuir les créanciers, qu'il écrit à son amie A.-P. Souslova pour lui faire part de son mariage.

« Dresde, 23 avril-3 mai 1867.

« Chère amie, on m'a remis ta lettre chez Bazounov, juste avant mon départ pour l'étranger, et comme je me hâtais follement je n'ai pas pu arriver à te répondre. J'ai quitté Pétersbourg le vendredi saint (le 14 avril, il me semble). Jusqu'à Dresde j'ai voyagé lentement, avec des arrêts. C'est pourquoi je puis maintenant seulement trouver un moment pour causer avec toi. Ainsi, ma chérie, tu ne savais rien de moi. Du moins tu ne savais rien quand tu m'as expédié ta lettre? Je me suis marié en février de cette année.

« Par contrat j'étais obligé de remettre à Stellovsky, pour le 1ᵉʳ novembre de l'année dernière, un nouveau roman, d'au moins dix feuilles d'imprimerie, sans quoi je devais payer un dédit formidable. Cependant j'écrivais un roman pour *Rousski Viestnik*. J'avais déjà remis vingt-quatre feuilles et il m'en restait encore à écrire douze, et, en plus, les dix feuilles pour Stellovsky. On était le 4 octobre et je n'avais pas encore commencé. Milukov m'a conseillé de prendre un sténographe pour dicter le roman, et aller ainsi quatre fois plus vite. Olkhine, professeur de sténographie, m'a envoyé sa meilleure élève, avec qui je me suis entendu.

« J'ai commencé le 4 octobre. Ma sténographe, Anna Grigorievna Snitkina, était une jeune fille de vingt ans, assez jolie, de bonne famille, ayant fait de très bonnes études au lycée, d'un caractère égal, bon. Notre travail marchait admirablement. Le 28 octobre le roman, *le Joueur* (il est déjà imprimé), était terminé — en vingt-quatre jours.

« A la fin du roman j'ai remarqué que ma sténographe m'aimait très sincèrement, bien qu'elle ne m'eût jamais rien dit, et, à moi, elle plaisait de plus en plus. Comme depuis la mort de mon frère la vie me pèse et m'ennuie, alors je lui ai proposé de devenir ma femme. Elle a accepté et nous nous sommes mariés. La différence d'âge est énorme (vingt et quarante-quatre) ; mais je me convaincs de plus en plus qu'elle sera heureuse ; elle a du cœur et sait aimer.

« Quant à ma situation, en général, voici : Tu sais en partie qu'après la mort de mon frère j'ai perdu définitivement la santé à m'occuper de la revue, et, qu'épuisé par la lutte contre l'indifférence du public, etc., je l'ai abandonnée. En outre, les 3 000 roubles que j'avais reçus pour la vente de mes œuvres à Stellovsky, je les ai donnés à la famille de mon frère et à ses créanciers. Tout cela s'est terminé de telle façon que j'ai eu de nouvelles dettes pour la revue, qui, jointes à celles de mon frère, que j'étais obligé d'endosser, me fai-

saient plus de 15 000 roubles de dettes. Telle était
la situation quand je suis allé à l'étranger, en 1865,
ayant pour tout capital 40 napoléons d'or… En
outre, depuis la mort de mon frère, qui était tout
pour moi, la vie me pesait terriblement.

« J'espérais encore trouver un cœur qui répon-
drait au mien, mais je ne l'ai pas trouvé. Alors je
me suis plongé dans le travail et j'ai écrit un roman.
Je l'ai donné à Katkov qui payait le mieux. Mais
trente-sept feuilles de roman, et dix autres feuilles
pour Stellovsky, c'était trop pour mes forces ;
cependant j'ai terminé les deux ouvrages.

« Mon épilepsie a augmenté terriblement, mais,
en revanche, je me suis distrait, et j'ai échappé à
la prison. Le roman m'a rapporté jusqu'à
14 000 roubles, desquels j'ai payé 12 000 roubles
de dettes, sur 15 000. Maintenant je n'ai donc, en
tout et pour tout, que 3 000 roubles de dettes.
Mais ces 3 000 sont les plus dégoûtants. Plus on
paie, plus les créanciers deviennent impatients et
cupides. Et remarque que si je n'avais pas pris sur
moi les dettes, les créanciers n'auraient reçu pas
un kopeck. Eux-mêmes le savent ; ils m'ont prié
de me charger des dettes par grâce, en promet-
tant de ne pas m'inquiéter. Le paiement de 12 000
n'a fait qu'exciter l'appétit de ceux dont les billets
à ordre ne sont pas encore payés. Maintenant je
n'aurai pas d'argent avant le nouvel an, et encore
si je termine le nouveau travail sur lequel je trime.
Et comment pourrais-je terminer quand ils ne me

donnent pas de repos ! Voilà pourquoi je suis allé à l'étranger avec ma femme. En outre, je compte qu'à l'étranger ma santé s'améliorera. A Pétersbourg, les derniers temps, il m'était devenu impossible de travailler. Je ne pouvais déjà plus travailler la nuit, tout de suite une crise d'épilepsie. C'est pourquoi je veux ici me remettre et terminer mon travail. J'ai pris une avance chez Katkov, que l'on m'a donnée volontiers. Chez eux on paie admirablement. Tout au commencement j'ai déclaré à Katkov que je suis slavophile et ne partage point certaines de ses opinions. Cela a amélioré et facilité beaucoup nos rapports. Et, comme homme privé, il est le plus noble au monde. Je ne le connaissais pas du tout auparavant. Son amour-propre immense lui nuit énormément. Mais qui n'a pas un amour-propre immense !...

« Ta lettre m'a laissé une impression de tristesse. Tu m'écris que tu as été très triste. Je ne sais rien de ta vie cette dernière année, et ce qui s'est passé dans ton cœur, mais, à en juger par tout ce que je sais de toi, il t'est difficile d'être heureuse. Oh ! ma chérie, je ne t'invite pas à un bonheur mesquin, nécessaire. Je te respecte, et t'ai toujours respectée, pour tes exigences, mais je sais que ton cœur ne peut ne pas exiger la vie, et toi tu considères tout de suite les hommes ou comme des êtres resplendissants ou comme de lâches vauriens. J'en juge d'après les faits. Tire toi-même la conclusion.

« Au revoir, mon amie éternelle. Je crains que cette lettre ne te trouve pas à Moscou. Sache, en tout cas, que jusqu'au 8 mai de notre style je reste encore à Dresde. Si donc tu désires me répondre écris dès la réception de ma lettre : Allemagne, Saxe, Dresde, Dostoïevsky, poste restante. Je t'enverrai les adresses ultérieures. Au revoir mon amie. Je serre et embrasse ta main.

« Ton

« F. DOSTOÏEVSKY. »

Par cette lettre nous sommes exactement renseignés sur la situation matérielle et sur l'état d'esprit de Dostoïevsky au moment de son mariage avec Anna Grigorievna. La jeune fille qu'il avait épousée sera bien la femme affectueuse et dévouée qu'il a pressentie en elle et souhaitée comme compagne d'une vie qu'il voudrait enfin équilibrée. Cependant sa nature fougueuse n'est pas encore apaisée ; sans raison aucune il fait à sa jeune femme de violentes scènes de jalousie et sa passion du jeu demeure toujours ardente ; ne va-t-il pas, pour la satisfaire, jusqu'à engager les vêtements de sa femme. Toutefois, ce qui surtout amène Dostoïevsky à la roulette, pour gagner de l'argent, c'est son désir d'être débarrassé de ses dettes, de ne plus écrire sur commande pour rembourser aux éditeurs les sommes reçues comme avances. Mais cet idéal auquel il aspirait de toute son âme, il ne devait l'atteindre que presque à la fin de sa vie, vers 1875. Alors il connaît l'aisance. Il va connaître aussi la gloire. Son apothéose fut le fameux discours sur Pouchkine, prononcé le 8 juin 1880, après lequel toute la Russie intellectuelle reconnut Dostoïevsky comme le plus haut représentant du génie littéraire russe. De ce mémorable événement nous avons tous les détails dans la série des lettres quotidiennes qu'il écrivit à sa femme pendant son séjour à Moscou durant les fêtes de l'inauguration du monument de Pouchkine.

Dans son ensemble la correspondance de Dostoïevsky avec sa femme Anna Grigorievna — correspondance mise au jour en ces trois dernières années, après les recherches faites dans les archives nationales et privées, par le gouvernement des Soviets — est d'un intérêt passionnant. En effet, mieux que les études et les documents biographiques qui ont été publiés, mieux même qu'une autre grande partie de la correspondance de Dostoïevsky, ces lettres si sincères, si intimes, nous laissent voir dans toute sa complexité la nature de l'homme et nous permettent de suivre dans son travail la pensée du génial écrivain.

J. W. BIENSTOCK.

LETTRES
DE DOSTOÏEVSKY
A SA FEMME

1866

9 décembre 1866. Pétersbourg.

Ma chère Annette, ma délicieuse enfant dont c'est aujourd'hui la fête, pour l'amour de Dieu ne te fâche pas contre moi à cause de ma stupide prudence. J'ai décidé de ne pas aller chez toi aujourd'hui. Je ne me sens pas très bien portant. Ce n'est rien, mais quand même il y a une certaine faiblesse et la langue est un peu chargée. Vois-tu, mon ange, il m'est extrêmement nécessaire de passer chez Bazounov (1), mais Bazounov se trouve à un kilomètre de chez moi, tandis que chez toi c'est quatre fois plus loin. Ne vaut-il

(1) Éditeur avec qui Dostoïevsky était en affaire.

T. 1.   I pas mieux être un peu prudent pour être guéri demain tout à fait, au lieu de rester malade une semaine. Même je ne devrais pas aller chez Bazounov. Hier je suis resté assis jusqu'à deux heures du matin à corriger les cinq chapitres (1) (après dîner je n'ai pas pu dormir ; on m'a dérangé tout le temps), c'est ce qui m'a achevé. Je me suis endormi seulement à trois heures passées. Aujourd'hui je suis fatigué et mon visage n'a pas un air de fête. Alors il vaut mieux que je reste à la maison (2) ; je dînerai de nouveau seul ; je mangerai la soupe, comme hier. Ne te fâche pas, ma charmante, que je t'écrive de pareilles sottises ; je suis moi-même tout à fait bête aujourd'hui. Si seulement je pouvais dormir aujourd'hui ; je sens que le sommeil me donnerait des forces ; et viens chez moi demain matin comme tu l'as promis.

Au revoir, ma chère amie. Je t'embrasse et te félicite.

Tout à toi,

F. DOSTOÏEVSKY.

Qui t'aime et crois en toi infiniment.

Tu es mon avenir, mon espoir, ma foi, mon bonheur, tout.

(1) De *Crime et châtiment*.
(2) N'ayant pu aller ce jour chez Anna Snitkine, sa fiancée, Dostoïevsky lui envoya par son beau-fils, Paul Isaiev, cette lettre et un bracelet en or.

Moscou, 29 décembre 1866.

Ne m'en veuille pas, ma chère, ma précieuse amie Annette, si cette fois je ne t'écris que quelques lignes, uniquement pour te dire bonjour, t'embrasser, te faire savoir comment s'est passé le voyage et que je viens d'arriver. Je ne t'écrirai pas davantage parce que je n'ai encore montré mon nez à personne à Moscou. Le voyage s'est effectué assez bien. Le wagon-lit c'est quelque chose d'absurde, d'ignoble : il y fait humide, froid, ça sent la fumée. Toute la journée et la nuit jusqu'à l'aube j'ai souffert d'un affreux mal de dents. J'étais immobile, assis ou couché, et sans cesse évoquais le souvenir des dernières semaines. Le matin je me suis endormi très profondément et me suis réveillé le mal calmé. Je suis arrivé à Moscou à midi ; à midi et demie j'étais déjà chez les nôtres (1). Hélène Pavlovna (2) était chez eux. Elle a maigri beaucoup et même enlaidi. Elle est très triste. Après le dîner le mal de dents a recommencé. Je suis resté une demi-heure en tête à tête avec Sonia (3). Je lui ai tout raconté. Elle

(1) Chez la sœur préférée de Dostoïevsky, Vera Mikhaïlovna, qui avait épousé le docteur Ivanoff.

(2) Belle-sœur de Mme V. Ivanoff.

(3) La fille aînée des Ivanoff, mariée à un certain Khmyrov. Dostoïevsky aimait beaucoup cette nièce, qu'il tenait en grande estime.

est très heureuse. Elle approuve complètement, elle ne voit pas cet obstacle que trouvait Ungue (1). Sans doute tout cela a été raconté sans grands détails. Je causerai avec elle encore beaucoup. Elle a hoché la tête et doute un peu de mon succès auprès de Katkov. Elle est triste à l'idée qu'une chose de cette importance peut tenir à un fil pareil. Je lui ai demandé si Hélène Pavlovna avait pensé à moi pendant mon absence (2). Elle a répondu : « Oh ! oui, toujours. » Mais je ne crois pas qu'on puisse appeler cela de l'amour. Le soir, j'ai appris par ma sœur et par Hélène Pavlovna elle-même qu'elle a toujours été très malheureuse. Son mari est odieux. Maintenant il va mieux et ne lui permet pas de le quitter d'un pas. Il se fâche et la tourmente jour et nuit. Il est jaloux. De tout ce récit j'ai tiré la conclusion qu'elle n'avait pas eu le temps de penser à l'amour. Je suis très heureux qu'on puisse considérer cette affaire comme terminée. J'annoncerai aux miens mon mariage avec toi au premier espoir de succès avec Katkov. Toute la première journée, c'est-à-dire hier, j'ai eu mal aux dents. Pendant la nuit ma joue a

(1) Oculiste très connu, ami de Dostoïevsky, qui voulut le détourner de son mariage avec Mlle Snitkine, parce que celle-ci avait vingt-cinq ans de moins que Dostoïevsky.

(2) La sœur de Dostoïevsky avait fait le projet de lui faire épouser Hélène Pavlovna dès que celle-ci, dont le mari était très malade, serait veuve.

enflé c'est pourquoi je n'ai plus mal. J'irai aujourd'hui chez Lubimov, mais je ne pense pas voir encore Katkov ; et, en général, mon plan d'action n'est pas encore arrêté, il dépendra des circonstances. Je ferai tout mon possible pour en finir au plus tôt et retourner plus vite près de toi. Je ne resterai pas un jour de trop. Souvent je suis très triste, une tristesse non sans cause, comme si j'avais commis un crime envers quelqu'un. Je songe à toi et te vois devant moi à tout instant. Oui, Annette, je t'aime fortement. Sonia t'aime, elle désire vivement te voir ; elle s'agite et s'intéresse. Et maintenant, je t'embrasse bien fort, jusqu'à la prochaine lettre et jusqu'au revoir. Je t'écrirai plus en détail et mieux dans deux ou trois jours, dès que j'aurai fait quelque chose. Maintenant je me hâte tant que je peux ; je sens que je serai en retard partout (ce sera là le malheur). Que faire, c'est fête chez tout le monde et rien n'est comme en temps normal.

Comment as-tu passé la journée d'hier? J'avais pensé te voir en rêve et ne t'ai pas vue. J'ai pensé à toi par un livre, c'est-à-dire que j'ai ouvert un livre et j'ai lu la première ligne de la page de droite. C'était très curieux et amusant. Au revoir ma chérie et à bientôt. J'embrasse mille fois tes petites mains et tes lèvres dont je me souviens souvent. C'est triste, tout est agité, les impressions sont dispersées. Mashenka (1) est charmante et tout à fait enfant. Fédia (2) est arrivé. Tous les autres enfants sont charmants et joyeux. Julie (3) n'a pas daigné paraître, mais le soir elle a envoyé quelqu'un, de l'autre chambre, me demander si elle pouvait deviner sur moi. Des amies s'étaient réunies chez elle et devinaient en regardant dans une glace. J'ai répondu oui bien volontiers. Elles ont trouvé une petite brune vêtue d'une robe blanche. Je leur ai fait dire que tout cela est absurde et qu'elles n'ont pas deviné.

Ma chérie, ne verras-tu pas Paul? Dis-lui mes compliments et que Sacha (4) et Khmyrov se sont beaucoup enquis de lui et regrettent vivement qu'il ne soit pas venu. Ils l'attendaient et même faisaient des devinettes pour savoir s'il viendrait ou non.

Je t'embrasse sans fin. Je te félicite pour le nouvel an et le nouveau bonheur. Prie pour notre affaire, mon ange. Voilà, maintenant que c'est arrivé à ce point, j'ai peur. Cependant je travaillerai de toutes mes forces. Je t'écrirai dans deux ou trois jours. D'ailleurs, je n'ai pas perdu espoir.

Tout à toi. Ton plus sûr et plus fidèle ami. Je

(1) Marie Ivanoff, deuxième fille de Véra, très bonne musicienne, élève de Rubinstein.
(2) Fédor Dostoïevsky, fils de Michel Dostoïevsky.
(3) La troisième des filles de Véra Ivanoff.
(4) Alexandre Ivanoff, fils aîné de Véra.

crois\ en toi et de tout mon cœur j'espère en l'avenir. Sais-tu, loin du bonheur on l'apprécie davantage. Maintenant je désire plus fortement que jamais t'embrasser. Mon profond salut à ta mère. Salut aussi à ton frère.

Celui qui t'aime infiniment,

F. DOSTOÏVESKY.

P.-S. — Sonia m'a recommandé d'aller moi-même à la grande poste, parce que mise là ma lettre pourra partir aujourd'hui même.

1867

Moscou, 2° janvier 1867.

Hier j'ai reçu ta chère lettre, mon amie éternelle, inappréciable, et j'ai été follement heureux. Tu as dû certainement recevoir ma lettre le jour même que tu as envoyé la tienne. Maintenant je m'empresse de t'informer de nos affaires. Je les ai commencées beaucoup plus vite que je ne pensais et, à présent, en principe tout est décidé. J'avais pensé agir d'abord par Lubimov (rédacteur en chef du *Rousski Viestnik*). Je suis allé chez lui le lendemain de mon arrivée, et, par bonheur, ne l'ai pas trouvé. Alors je suis allé à la rédaction du *Rousski Viestnik* et, de nouveau, par bonheur, j'ai frappé chez Katkov (chez qui je ne pensais pas aller comptant commencer par Lubimov). Katkov était terriblement pris. Je suis resté chez lui dix minutes. Il m'a reçu fort bien. Enfin, au bout de dix minutes, je me suis levé, et, le voyant très affairé, je lui ai dit que j'avais à lui parler de quelque chose, mais que puisqu'il est occupé maintenant, je le prie de m'indiquer quand je pourrais venir lui exposer mon affaire. Alors il a insisté pour que je le fasse tout de suite. Je lui ai expliqué tout en trois minutes, en commençant par cela que je me marie. Il m'a félicité, très sincèrement et aimablement. « Dans ce cas, lui dis-je, je vous dirai tout à fait franchement que mon bonheur dépend de vous. Si vous avez besoin de ma collaboration (oh ! sans doute, a-t-il dit), alors donnez-moi maintenant une avance de deux mille roubles. Et je lui ai exposé tout. « Les littérateurs prennent toujours des avances, conclus-je, mais puisque cette somme est très forte et qu'on ne donne pas de pareilles avances, tout dépend de votre bonne volonté. »

Il m'a répondu : « Je prendrai conseil de Léontiev (1). Il s'agit surtout de savoir si nous pouvons disposer d'une telle somme. Revenez dans deux jours ; je ferai tout mon possible. » Quand, au bout de deux jours je suis revenu, il m'a donné sa réponse définitive : mille roubles tout de suite, les autres mille roubles dans deux mois. J'ai accepté et remercié.

Maintenant, ma chère Annette, voici comment se présente notre affaire. Notre sort est décidé :

(1) Un des principaux rédacteurs du *Rousski Viestnik*.

nous avons de l'argent et nous nous marierons le plus tôt possible. Mais, en même temps, il y a une grosse difficulté : c'est d'être obligé d'attendre si longtemps le deuxième mille, car nous avons besoin de deux mille tout de suite, jusqu'au dernier kopeck (tu te rappelles comme nous avions compté?) Comment résoudre cela, je ne le sais pas encore. Néanmoins n'importe comment notre mariage peut se faire, et grâce à Dieu, grâce à Dieu !

Je t'embrasse cent fois d'un seul coup.

Je pense que ces jours-ci — demain ou après-demain — je recevrai l'argent ou un chèque (les fêtes gênent beaucoup) et alors, aussitôt à Pétersbourg, près de toi. Je me sens très triste sans toi bien que tous ici m'aiment beaucoup. Je peux dire que le 6 ou le 7 je serai à Pétersbourg. Je ne suis pas tout à fait sûr puisque la remise de l'argent dépend d'eux, mais il y a quatre-vingt-dix chances sur cent que le 6 ou le 7 je t'embrasserai et baiserai tes petites mains et tes pieds — que tu ne me permets pas d'embrasser — et alors commencera la *troisième période* de notre vie.

Maintenant quelques mots de la vie ici. Ah ! Annette, j'ai toujours détesté écrire des lettres. Il y a des choses qu'on ne peut raconter dans une lettre, c'est pourquoi je ne t'écris que des faits secs et précis :

1° Je t'ai déjà dit que le jour de mon arrivée j'ai raconté tout à Sonia et qu'elle en a été heureuse. Ne t'inquiète pas, je n'ai pas oublié de lui transmettre ton salut, et elle t'aime déjà beaucoup. D'après mes récits, elle te connaît déjà un peu et beaucoup de traits lui plaisent. J'ai parlé à ma sœur le lendemain, après ma première entrevue avec Katkov ; elle a été très heureuse. A son mari, Alexandre Pavlovitch, je ne l'ai dit que le surlendemain. Il m'a félicité, et a fait une remarque très originale que je te raconterai après. Ensuite ce fut très gai. Nous avons rencontré gaiement la nouvelle année, toute la famille, il y avait là Hélène Pavlovna et Marie Sergueievna (1).

A minuit sonnant Alexandre Pavlovitch s'est levé, une coupe de champagne à la main, et a porté un toast à la santé de Féodor Mikhaïlovitch et d'Anna Grigorievna. La petite Marie et Julie, qui ne savaient rien, étaient très étonnées. En un mot tous sont contents et nous félicitent. Jusqu'à présent j'ai vu très peu de monde, sauf Janovsky (mon ami) et Aksakov, qui est terriblement occupé. Maïkov a dit à Janosky — quand il est venu à Moscou — qu'il t'a vue et qu'à en juger par l'impression que tu lui as faite il attend « plein bonheur pour Féodor Mikhaïlovitch ». Il m'a été

____

(1) M.-S. Ivantchine-Pissarev, amie des filles d'Ivanoff.

très agréable que Maïkov ait parlé ainsi. Janovsky m'a beaucoup questionné à ton sujet, et lui aussi est content et te félicite. J'ai parlé avec Aksakov sur la collaboration. Imagine-toi que, jusqu'ici, je n'ai pas eu le temps de regarder les deux derniers chapitres (1). Ici le numéro de novembre est déjà paru (2). Hier, jour du premier de l'an, Hélène Pavlovna nous a invités tous à passer la soirée chez elle. Nous nous étions mis à jouer aux cartes, quand, tout à coup, on remit une lettre à Alexandre Pavlovitch (apportée par un commissionnaire de l'Institut du cadastre). Il me la passa. On me demanda de qui? Je répondis de Milukov (3). Je me levai et sortis pour la lire. C'était ta lettre. Elle m'a réjoui beaucoup et même agité. Je suis retourné à table tout joyeux et j'ai dit que les nouvelles de Milukov n'étaient pas agréables. Un quart d'heure après j'ai senti venir une crise. Je suis allé dans le vestibule, je me suis enveloppé la tête d'une serviette mouillée. Tous étaient un peu émus. Quand ce fut calmé j'ai appelé Sonia à qui j'ai montré tes compliments. Ensuite, quand nous fûmes à la

---

(1) De *Crime et châtiment.*
(2) Du *Rousski Viestnik.*
(3) A. P. Milukov (1817-1897), écrivain, auteur des *Récits de l'histoire de la pensée russe,* 1847. Il avait connu Dostoïevsky dans le cercle de Petrachevsky ; lui aussi fut arrêté, mais après trois jours de détention dans la forteresse de Pierre et Paul il fut relâché.

maison, j'ai lu toute ta lettre, à haute voix, à Sonia et à Marie. Ne te fâche pas, ma joie. Elles ont vu et ont été témoins comme je t'aime, comme je t'aime infiniment et en suis heureux.

Hélène Pavlovna a pris la chose très bien et m'a dit seulement : « Je suis bien heureuse de n'avoir pas cédé, l'été dernier et de n'avoir rien dit de décisif ; autrement je serais perdue. » Je suis heureux qu'elle le prenne ainsi et maintenant je suis tout à fait tranquille de ce côté. Dès demain je commencerai les démarches pour recevoir l'argent plus tôt, tout de suite si possible. De plus en plus je veux te voir chaque jour, chaque heure.

Remercie Paul de ma part d'être venu aussitôt chez toi.

Je t'embrasse sans fin, et, en écrivant cela, je suis ennuyé qu'en attendant ce ne soit que dans ma lettre. Oh ! comme je t'embrasserai !

Au revoir, chère amie Annette. Sois gaie et aime-moi. Sois heureuse. Attends-moi. Tous te saluent.

Je pense que je ne t'écrirai plus d'ici, à moins qu'il n'y ait quelque chose de particulier. Mes compliments à ta mère. Je t'embrasse encore.

Ton heureux.

F. DOSTOÏEVSKY.

Ne pas être heureux avec une femme pareille

mais est-ce possible ! Aime-moi, Annette, je t'aimerai infiniment.

Hombourg, 17 mai 1867, 11 heures et demie du matin.

Bonjour mon ange chéri, je t'embrasse très très fort. Durant tout le trajet j'ai pensé à toi. Je viens d'arriver (1) ; maintenant il est 11 heures et demie. Je suis un peu fatigué et me suis installé pour t'écrire. On m'a donné le thé et de l'eau pour me laver. Dans l'intervalle je t'écrirai quelques lignes. A Leipzig j'ai dû attendre de 5 heures et demie à 11 heures de la nuit, mais c'est ça le rapide ! Je me suis assis dans la salle d'attente, j'ai mangé quelque chose et bu du café. Tout le temps je marchai de long en large dans cette salle immense pleine de fumée et de relents de bière. J'ai eu mal à la tête et mes nerfs se sont détraqués. Tout le temps je pensais à toi et me disais : Pourquoi ai-je quitté mon Annette ? Je me rappelais tout, jusqu'au moindre repli de ton âme et de ton cœur. Tout ce temps — depuis octobre — j'ai compris que je ne suis pas digne d'un ange aussi doux, aussi beau, aussi pur que toi, et qui croit en moi. Comment

(1) Deux mois après leur mariage, célébré le 14 avril 1867, les Dostoïevsky allèrent à l'étranger et s'installèrent pour un mois à Dresde. De là, Dostoïevsky se rendit à Hombourg où il y avait une roulette ; sa femme était restée à Dresde.

ai-je pu te quitter? Où vais-je? Pourquoi? Dieu t'a confiée à moi pour que rien ne soit perdu des richesses de ton âme et de ton cœur, pour qu'au contraire tout se développe et fleurisse richement, splendidement. Dieu t'a donnée à moi pour que, par toi, je puisse racheter mes énormes péchés, en te présentant à Lui développée, conservée, sauvée de tout ce qui est bas et tue l'esprit. Et moi (bien que cette pensée me venait sans cesse auparavant, surtout quand je priais) moi je puis te troubler avec des choses aussi stupides, aussi insensées que mon voyage ici. C'est affreux comme je me suis senti triste hier. Tout le temps je pensais à t'embrasser. Quand je me rappelle tous ces Vrangel, Latkine, Reïssler (1) et d'autres encore pires, alors je me sens tout à fait perdu. J'ai fait une chose stupide, une mauvaise action. J'ai été faible. Mais ici, au moins, il y a une petite chance et... Mais assez là-dessus.

Enfin nous nous sommes installés et le train est parti. Le wagon était plein. Les Allemands sont très polis bien qu'ils aient l'air de brutes. Imagine-toi que la nuit était froide comme chez nous, en octobre, par le mauvais temps ; les vitres étaient givrées et moi, en pardessus léger et pantalon d'été. Je me suis fortement refroidi. J'ai réussi à

____

(1) Créanciers de Dostoïevsky.

dormir trois heures et le froid m'a réveillé. A trois heures, tout transi, j'ai bu, à une gare, une tasse de café et me suis chauffé dix minutes. Puis, de nouveau, dans le wagon. Vers le matin, la température est devenue beaucoup plus douce. Il y a ici de très beaux paysages mais tout est couvert de nuages humides, froids, beaucoup plus froids qu'à Dresde. On s'attend au retour du beau temps. A Francfort je suis resté à peine deux minutes ayant peur de manquer le train direct pour Hombourg, et maintenant je suis ici, à l'hôtel Victoria. La chambre coûte cinq francs par jour, les brigands ! Mais je resterai ici deux jours seulement, trois au plus... Ce serait impossible autrement, même si je réussissais.

Et pourquoi mon Annette chérie as-tu pleuré quand tu m'as accompagné? Écris, ma chérie, écris tous les détails, mais pas de trop longues lettres (ne te fatigue pas) et ne mets pas la signature complète (au cas où je partirais et que ta lettre ne me trouverait plus ici). Annette, mon soleil, ma lumière, je t'aime. Voilà, c'est dans la séparation qu'on sent et comprend avec quelle force on aime. Oui, toi et moi commençons à croître ensemble. Calme donc mon impatience. J'espère trouver ta lettre demain, et tu pourras recevoir la mienne demain. Ne m'écris pas avant d'avoir reçu ma prochaine lettre.

Adieu, ma joie, ma lumière. Mes nerfs sont un peu détraqués, mais je me sens bien et pas trop fatigué. Et toi, comment vas-tu?

Tout à toi. Je t'embrasse sans fin.

D., qui t'aime.

Hombourg, 18 mai 1867. Samedi, 10 heures du matin.

Bonjour mon ange, Annette. Voici encore quelques lignes pour toi de nouvelles au jour le jour. En attendant je t'écrirai chaque matin. C'est un besoin pour moi parce que, à chaque moment, je pense à toi. Toute la nuit j'ai rêvé de toi et de ma nièce Marie (1), la sœur de Fédia. En rêve nous étions réconciliés et j'en étais très content. Mais passons aux affaires sérieuses. La journée d'hier a été froide et même pluvieuse. Toute la journée je me suis senti faible, les nerfs à vif, de sorte que je tenais à peine sur mes jambes. C'est encore bien que j'aie pu dormir deux heures, dans le wagon. Toute la journée d'hier j'ai eu sommeil et de plus, ici, le jeu, dont je n'ai pu me détacher. Peux-tu imaginer en quel état d'excitation je fus. Imagine-

(1) Fille de Michel Dostoïevski, mariée à M. Vladislavlev. Dostoïevsky l'aimait beaucoup et fut très peiné d'une querelle qui s'était élevée entre eux.

toi j'ai commencé à jouer dès le matin et, à l'heure du dîner, j'avais déjà perdu seize impériales (1). Il ne m'en restait plus que douze et quelques thalers. En étant le plus sage possible, et grâce à Dieu, j'ai regagné les seize impériales perdues et gagné en plus cent guldens. Et j'aurais pu en gagner trois cents. Ils étaient déjà entre mes mains mais j'ai rejoué et perdu. Et maintenant, Annette, voici ma conclusion définitive : si l'on est raisonnable, c'est-à-dire froid comme le marbre et prudent d'une façon inhumaine alors, nécessairement, sans aucun doute, on peut gagner tout ce qu'on veut, mais il faut jouer pendant beaucoup de jours, en se contentant de peu si l'on n'a pas de chance, et sans chercher la chance à tout prix. Il y a ici un youpin qui joue depuis quelques jours avec un sang-froid et un calcul extraordinaires (on me l'a indiqué) et la banque commence à avoir peur de lui. Il gagne un argent fou et empoche chaque jour au moins mille guldens. En un mot je tâcherai de déployer des forces surhumaines pour être le plus sage possible. Mais, d'autre part, je n'ai pas le courage de rester ici quelques jours. Sans exagération, Annette, tout cela me dégoûte tant que je m'enfuirais. Et quand je pense à toi, tout mon être s'élance vers toi. Ah !

(1) Dix roubles or.

Annette, tu m'es nécessaire ; je l'ai senti. Quand je me rappelle ton sourire clair, cette chaleur joyeuse qui en ta présence naît dans le cœur, je désire irrésistiblement aller vers toi. Ordinairement, Annette, tu me vois sombre, capricieux, mais ce n'est qu'extérieur. J'ai toujours été ainsi, disgracieux par nature. Mais intérieurement c'est tout autre chose, crois-moi.

Cependant cet argent gagné ici pour rien (pas tout à fait pour rien, car on en souffre) a quelque chose d'irritant, d'étourdissant, et quand on pense pourquoi on a besoin d'argent, quand on pense aux dettes et à ceux qui en ont besoin sauf moi, on sent qu'on ne peut pas s'en détacher. Mais j'imagine ma souffrance si je perds, si je ne fais rien. Tant de vilenies pour rien et repartir encore plus miséreux qu'on est venu ! Annette, donne-moi ta parole que tu ne montreras cette lettre à personne. Je ne veux pas qu'une lâcheté pareille, due à ma situation, fasse l'objet de conversations.

Je t'embrasse, Annette, ma lumière. Peut-être, mon amie unique, recevrai-je de toi une lettre. A demain. Demain, sans faute, je t'écrirai. En tout cas, rien ne me fera rester ici longtemps. Hier, à la nuit, j'ai fait allumer du feu dans la cheminée qui fumait et j'en étais asphyxié. J'ai dormi la nuit comme un mort, malgré le mal de tête. Aujourd'hui je suis tout à fait bien portant, le soleil brille, la journée est magnifique.

Au revoir, ma joie. A toi pour toujours.

F. D.

En marge sur la première page : Si pour une raison quelconque tu ne reçois pas de lettre de moi, ne t'inquiète pas, tu l'auras le lendemain. Mais je pense que cela n'arrivera pas.

Hombourg, 19 mai 1867. Dimanche, 10 heures du matin.

Bonjour mon ange chéri. Je t'écris quelques lignes de journal. Avant tout les affaires.

Hier la journée a été très mauvaise pour moi. J'ai trop (relativement) perdu. Que faire? Ce n'est pas avec les nerfs, mon ange, qu'il faut jouer. J'ai joué durant dix heures et j'ai fini par perdre. Pendant la journée ça allait parfois très mal, parfois, quand la chance tournait, j'étais en gain. Je te raconterai tout au retour. Maintenant, avec l'argent qui me reste (très peu) je veux faire aujourd'hui la dernière expérience. La journée d'aujourd'hui décidera tout, c'est-à-dire si je pars demain ou reste. En tout cas je t'informerai demain. Je ne voudrais pas engager ma montre. Maintenant cela va très mal, il arrivera ce qu'il pourra... Je ferai les derniers efforts. Vois-tu, chaque fois, mes efforts réussissent tant que je suis de sang-froid et calcule suivant mon système. Mais dès que je commence à gagner, je me lance à risquer, je ne puis pas me dominer. Eh bien, on va voir ce que donnera le dernier essai d'aujourd'hui. Que ce soit plus vite !

Hier, mon ange, à midi, je suis allé à la poste mettre ma deuxième lettre pour toi et là, on m'a remis ta lettre. Merci, ma chérie. Je l'ai lue au bureau de poste même. Et il m'était agréable qu'elle fût écrite au crayon (ma petite sténo !) Je me suis rappelé tout le passé. Ne t'ennuie pas, ma chérie, ne t'ennuie pas, mon ange. J'ai failli pleurer en lisant la description de ta journée. Quelle situation folle que la nôtre ! Peut-il venir en tête à quelqu'un des nôtres, à Pétersbourg, qu'en ce moment nous sommes séparés et pour un but pareil ! C'est absolument fou ! Que ce soit fini plus tôt, un résultat quelconque. Le croirais-tu, mon ange, tout cela m'ennuie déjà formidablement, c'est-à-dire le jeu lui-même m'ennuie, ou plutôt je suis fatigué terriblement des nerfs. Je suis devenu impatient. Je me hâte d'atteindre au plus tôt un résultat, je risque et cela fait que je perds.

Malgré cela ma santé est bonne. Les nerfs sont

dérangés et je suis fatigué. Néanmoins je suis en très bon état : excité, troublé, mais ma nature parfois demande cela. Quelle belle journée hier ! Je me suis promené un peu dans le parc. Il faut dire que le site est ravissant ; le parc est magnifique ; la gare aussi ; la musique est très belle, bien meilleure qu'à Dresde. Il ferait bon de vivre ici sans cette maudite roulette.

Adieu mon ange, mon doux, mon bon ange. Aime-moi. Je rêve maintenant si je pouvais te voir, ne fût-ce qu'un moment. Combien aurions-nous parlé ensemble ; que d'impressions se sont accumulées. On ne peut tout dire dans une lettre, et je t'ai dit, déjà, que moi je ne sais pas écrire les lettres, je n'en suis pas capable, et voilà maintenant, quand je t'écris quelques mots, cela me paraît plus facile.

Au nom du Christ, soigne-toi bien ; tâche de te distraire. Rappelle-toi ma demande : s'il t'arrive quelque chose envoie chercher le médecin et fais-le-moi savoir aussitôt.

Eh bien ! au revoir, ma joie. Je t'embrasse mille fois. Ne m'oublie pas. Souhaite-moi la chance. La journée d'aujourd'hui décidera tout. Que ce soit plus vite ! Mais ne t'inquiète pas trop. Je t'embrasse. A toi pour toujours.

Ton mari.

F. DOSTOÏEVSKY.

P.-S. — Je n'écris pas les détails combien j'ai gagné et perdu. Je te raconterai tout quand nous nous verrons ; un seul mot en attendant : ça va mal.

Hombourg, 20 mai 1867. Lundi, 11 heures du matin.

Bonjour, ma chérie, mon unique, mon trésor, ma joie.

Mon amie chérie, la journée d'hier n'a encore rien décidé. Je suis toujours au même point. Je n'ai atteint aucun résultat, de sorte que je ne pars pas. Que sera la journée d'aujourd'hui? Peut-être apportera-t-elle quelque chose de décisif. En tout cas demain tu recevras de moi la nouvelle exacte, c'est-à-dire si je pars ou non.

Mon ange, tu ne croirais pas comme je me suis réjoui et avec quel bonheur j'ai lu au bureau de poste tes deux petites missives sur les deux feuilles. Je les ai embrassées et j'étais si heureux de ton amour. On le sent à chaque ligne, à chaque mot et comme tu écris bien les lettres ! Je ne pourrais écrire ainsi et exprimer ainsi mon cœur, mes sensations. Même en réalité, quand nous sommes ensemble, je ne suis pas communicatif ; je suis sombre et n'ai pas du tout le don de m'exprimer. Je n'ai ni les expressions ni les gestes qu'il faut.

Feu mon frère Michel m'en faisait souvent d'amers reproches.

Ma chérie, me pardonneras-tu jamais de te tourmenter ainsi, de t'avoir quittée et de ne pas revenir. Sous ce rapport ta lettre, hier, m'a fait souffrir, bien que tu ne me reproches rien ni par un mot ni par une pensée et que, au contraire, même tu m'encourages et me consoles. Mais moi je sens tout. 1º Moi-même ne m'étais pas rendu compte auparavant, en me décidant à venir ici, de toutes les difficultés et de tout ce que j'aurais à souffrir. J'étais fermement convaincu que je ne venais que pour quatre jours et je n'avais pas compris ce qu'il adviendrait de nous deux si des circonstances indépendantes de moi me retenaient. Près de toi je ne me suis pas rendu compte alors combien je t'aime et combien sera pénible pour nous deux la séparation. Nous commençons à nous fondre ensemble, il me semble même que nous sommes déjà fortement confondus, oui Annette, si fortement que nous ne l'avons pas remarqué, moi du moins. On ne peut pas savoir comme j'aurais voulu, par exemple hier, être avec toi, et, les larmes aux yeux, j'ai prié pour toi toute la nuit, je ne pouvais cesser. Et la journée d'hier a été tout à fait mauvaise, vilaine, principalement tout était désordonné, stupide, bas. Néanmoins je ne puis me détacher de mon idée, c'est-à-dire abandonner tout et venir te retrouver. Oui, maintenant c'est presque impossible, c'est-à-dire de le faire tout de suite. Que sera-ce demain? Croirais-tu qu'hier j'avais perdu tout jusqu'au dernier kopeck, au dernier gulden et j'avais résolu de te l'écrire aussitôt pour que tu m'envoies l'argent du retour. Mais je me suis souvenu de ma montre et suis allé chez un bijoutier pour la vendre ou l'engager. Ici, dans cette ville de jeux tout cela est terriblement ordinaire; il y a des magasins d'or et d'argent qui ne font que ce commerce. Imagine-toi la lâcheté de ces Allemands : on m'a acheté la montre et la chaîne, qui m'avaient coûté au moins 125 roubles, pour 65 guldens, c'est-à-dire 43 thalers, c'est-à-dire près de deux fois et demie moins que leur valeur. Mais j'ai vendu à condition d'avoir pendant une semaine la possibilité de les racheter; on me les rendra, sans doute en prenant un intérêt quelconque. Eh bien ! avec cet argent j'ai tout de même gagné et je vais aller tout à l'heure racheter ma montre. Après quoi il me restera 16 frédérics d'or. J'ai gagné parce que, hier, je me suis dominé, et n'ai pas perdu la tête. Cela me donne un certain espoir. Qu'apportera la journée d'aujourd'hui? En un mot, demain je te dirai quelque chose de plus sûr.

Me pardonneras-tu pour tout cela, Annette? Souffrons maintenant et ensuite ça ira mieux. Ne te tourmente pas trop pour moi ; ne t'ennuie pas ; principalement ne t'ennuie pas et porte-toi bien. En tout cas je rentrerai bientôt. Et après, là-bas, éternellement nous serons ensemble. Cette séparation momentanée est même utile pour notre bonheur ; elle nous a donné beaucoup, beaucoup de conscience de nous-mêmes. Écris-moi plus en détail sur toi. Si tu n'es pas bien portante, ne le cache pas, écris-le-moi. Ici je me porte tout à fait bien. Hier le temps était admirable ; aujourd'hui aussi, pas mauvais. Hier c'était dimanche, et tous ces Allemands hombourgeois avec leurs femmes sont tous parus, après le dîner, au Vauxhall. Ordinairement, les jours ouvrables, ce sont les étrangers qui jouent et il n'y a pas de bousculade tandis qu'avec eux c'était la bousculade, on s'étouffait, tout était grossier. Ah ! qu'ils sont dégoûtants ces Allemands !

Au revoir, Annette, au revoir ma joie. Sois gaie et heureuse. Aime-moi. A demain. Je t'embrasse bien fort ; je t'aime infiniment.

Tout à toi jusqu'à la dernière goutte.

F. DOSTOÏEVSKY.

Demain j'écrirai sans faute.

P.-S. — Pour l'amour de Dieu, Annette, ne fais suivre ici aucune lettre ; il ne peut être rien

de particulièrement important, surtout de Moscou ;
ça peut attendre ; et je puis partir d'ici d'un jour
à l'autre et les lettres se perdraient.

Hombourg, mardi, 21 mai 1867, 11 heures du matin.

Mon cher ange, hier j'ai éprouvé une souffrance
terrible. Aussitôt que j'eus terminé ma lettre
pour toi, j'allai à la poste et là on me répondit
qu'il n'y avait pas de lettre de toi. Mes jambes
vacillèrent, je n'y pouvais croire. Dieu sait ce qui
me venait en tête ; je te jure qué je n'ai jamais
ressenti souffrance plus cruelle. J'ai pensé que tu
étais malade, mourante. Pendant une heure environ
je marchai dans le jardin, tout tremblant. Ensuite
je suis allé à la roulette et j'ai perdu tout. Mes
mains tremblaient, mes pensées se confondaient et
même j'étais presque content de perdre. Je me
disais : bien, bien. Quand enfin j'eus tout perdu,
je n'en fus même pas frappé. Je marchai deux
heures dans le parc ; je suis allé Dieu sait où et
j'ai compris toute mon impuissance. J'ai résolu
alors, s'il n'y a pas de lettre de toi demain —
c'est-à-dire aujourd'hui — de retourner immédiatement près de toi. Mais avec quoi?

Je suis rentré et suis allé de nouveau engager
ma montre (que j'avais rachetée en allant à la
poste). Je l'ai engagée à la même personne

qu'avant-hier et soudain une idée m'est venue : que tu ne pouvais pas m'écrire, c'est-à-dire m'envoyer une lettre, pour lundi. Tu as reçu ma première lettre samedi, tu m'as répondu ici même, à la poste. Ensuite samedi tu n'as pas écrit de nouveau, puisque tu avais répondu le matin à la poste. C'est pourquoi le dimanche tu ne m'as pas envoyé de lettre, et dimanche, ayant reçu une deuxième lettre, si même tu m'y as répondu le jour même, tu n'as pu m'envoyer ta lettre que lundi. Donc je ne pouvais pas la recevoir avant mardi (c'est-à-dire aujourd'hui). Tout cela m'est devenu très clair, et, me croiras-tu, je fus comme ressuscité des morts. Maintenant je t'écris et tremble tout : si je me trompe et si aujourd'hui il n'y a pas de lettre de toi? Qu'arrivera-t-il alors? A Dieu ne plaise ! Maintenant je me hâte pour aller à la poste. Annette, ma chérie, comprends-tu enfin ce que tu es pour moi si je me tourmente ainsi? Non, jamais, jamais je n'ai souffert autant et n'ai eu pareille crainte que pendant cette heure. Mon Annette, il faut aimer fortement pour ressentir cela. Mon Dieu, et si je ne reçois rien aujourd'hui. Je me hâte de terminer cette lettre et cours à la poste. Et si de nouveau il n'y a pas de lettre de toi, que ferai-je? Il faut partir et je n'ai pas d'argent. J'ai perdu presque tout ce que j'ai reçu pour la montre, et maintenant je ne possède en tout que vingt-cinq florins, et il faut payer l'hôtel, le chemin de fer. Mon Dieu ! Maintenant mes craintes d'hier sont presque renouvelées.

Si tu n'es pas malade, si tout va bien, alors, mon aimée, au reçu de cette lettre, occupe-toi au plus tôt de mes affaires. Écoute : le jeu est terminé ; je vais revenir le plus vite possible. Envoie-moi donc immédiatement, dès que tu recevras cette lettre, vingt impériales ; immédiatement, le jour même, au même moment, si possible. Ne perds pas une seconde. C'est là ma grande demande. Premièrement, il faut dégager la montre (il ne faudrait pas la perdre pour soixante-cinq guldens), ensuite payer l'hôtel, ensuite le chemin de fer, et ce qui restera je te l'apporterai, ne t'inquiète pas, maintenant je ne jouerai plus. Principalement, hâte-toi d'envoyer. Demain ou après-demain on me donnera la note à l'hôtel et s'il n'y a pas d'argent de toi, il me faudra aller m'excuser chez le patron, et peut-être portera-t-il plainte à la police. Débarrasse-moi de cette souffrance, c'est-à-dire envoie le plus vite possible. Et fais tout cela toi-même. N'en dis pas un mot, ne prends pas conseil de la logeuse, elle n'a pas besoin de connaître nos affaires. C'est très facile : va chez un banquier quelconque, de préférence dans son bureau (tu peux avoir le nom d'un banquier à la poste, demande à l'employé qui te remet tes lettres), apporte-lui vingt impériales et demande s'il peut envoyer l'argent tout de suite, à Hombourg, à un tel — c'est-à-dire à moi — poste restante. Sans doute qu'on le peut. Ensuite il prendra ton argent, en retenant, bien sûr, une commission, et te donnera une lettre de change sur un banquier de Hombourg (ne t'inquiète pas, ils savent à qui ; ils ont partout des correspondants). Cette lettre de change tu la mettras dans une lettre pour moi, puis mets un cachet, va à la poste et recommande-la en déclarant la valeur. C'est tout. Moi, quand j'aurai reçu ta lettre et l'argent, j'irai chez le banquier et il me paiera d'après la lettre de change. Au nom de Dieu, donne au banquier l'adresse exacte, écris-la sur un papier : Hombourg et pas Hambourg. J'attendrai avec impatience. Aussitôt l'argent reçu je viendrai.

Ma chère amie, il nous reste très peu d'argent mais ne t'attriste pas et ne me fais pas de reproches. Quant à moi je suis tout à fait tranquille pour nos affaires d'argent. Il nous restera vingt impériales on en enverra encore vingt. En rentrant à Dresde j'écrirai aussitôt à Katkov et lui demanderai de m'envoyer encore cinq cents roubles. Sans doute cela le contrariera beaucoup mais il enverra. Ayant déjà donné tant (trois mille) il ne refusera pas cela. Il ne peut guère refuser. Comment pourrais-je terminer le travail sans argent ? Sans doute ça va mal, mais ce n'est que le prix de vingt-trois feuilles et je lui revaudrai cela. En attendant sa réponse nous resterons à Dresde. La réponse ne viendra pas avant un mois. Mon ange, je me tourmente pour toi qui t'ennuieras tant à Dresde. Moi, en attendant la réponse de Katkov, j'écrirai un article sur Belinski (1) ; après on partira en Suisse et on se mettra au travail le plus vite possible. Mon ange, c'est peut-être même pour le mieux. Maintenant cette maudite pensée du jeu m'abandonnera. Maintenant, de nouveau, comme il y a deux ans (avant *Crime et châtiment*) je rétablirai tout par mon travail. Advienne que pourra. Mais ce qui m'effraye c'est que tu t'ennuieras. Je ne m'inquiète que de toi. Oh ! ma chérie, que seulement on se voie plus vite ! Ne te fâche pas de cette lettre stupide. Je me hâte tant que je peux pour apprendre plus vite mon sort à la poste, c'est-à-dire s'il y a ou non une lettre de toi. Même je tremble maintenant. Je recevrai ta lettre et serai heureux. Je t'embrasse mon amie. Ne t'attriste

(1) Un écrivain, Babikov, ayant entrepris de publier un *Almanach* avait prié Dostoïevsky de lui écrire un article pour lequel il lui remit deux cents roubles d'avance. Dostoïevsky écrivit un article sur Belinski ; il en était très content et l'envoya à Maïkov qui le trouva admirable. Maïkov, sur la demande de Babikov, remit l'article à l'éditeur Bazounov. Babikov étant mort avant la publication de son almanach, cet article n'a jamais été publié et l'on ne sait ce qu'il est devenu.

pas et ne t'inquiète pas pour moi. Que seulement je reçoive ta lettre aujourd'hui et je serai heureux. Au revoir. A bientôt. Je t'embrasse. Ne sois pas triste. Tout cela, au fond, n'est pas si important. Chez chacun, chez l'homme le plus heureux, il y a encore de pires déboires dans la vie. Et moi, pour cet argent, je m'achète la délivrance d'une idée folle, et peut-être ai-je payé encore bon marché. Advienne que pourra !

Je t'embrasse fortement, sans fin. Tout à toi. Ton mari qui t'adore.

Fed. DOSTOÏEVSKY.

P.-S. — Au nom de Dieu, hâte-toi pour l'argent, que je parte d'ici le plus vite possible. Adresse l'argent poste restante.

Je t'ai bien tourmentée, ma chérie.

Hombourg, mercredi 22 mai 1867, 10 heures du matin.

Bonjour, mon cher ange ! Hier j'ai reçu ta lettre et j'ai été fou de joie et en même temps horrifié ! Qu'est-ce qui se passe, ma chère Annette, dans quel état te mets-tu : tu pleures, tu ne dors pas, tu te tourmentes ! Comment ai-je pu lire cela? Il n'y a que cinq jours que je suis parti et voilà l'état dans lequel tu es ! Ma chérie, mon ange, mon trésor, je ne te fais aucun reproche, au contraire ;

tu m'es encore plus chère avec des sentiments pareils. Je comprends qu'il n'y a rien à faire si tu ne peux pas supporter mon absence et que tu as si peur pour moi. (Je te répète que je ne te fais aucun reproche, que je t'aime pour cela deux fois plus si possible et que je sais l'apprécier.) Mais, en même temps, conviens, ma chérie, quelle fut ma folie, ne me rendant pas compte de tes sentiments, de venir ici. Raisonne, ma chérie. 1º Mon propre ennui de notre séparation m'a empêché grandement de jouer bien à ce maudit jeu. 2º Comment, connaissant ta situation, pouvais-je rester ici? Pardonne-moi, mon ange, mais je t'exposerai quelques détails de mon entreprise, c'est-à-dire de ce jeu, pour que tu voies clairement de quoi il s'agit. Vingt fois déjà, en m'approchant d'une table de jeu, j'ai constaté par l'expérience que si l'on joue avec calme et sang-froid, et en calculant, *il n'y a aucune possibilité de perdre*. Je te jure que ce n'est pas possible. Chez les autres c'est aveugle hasard, chez moi, calcul, alors j'ai une chance. Mais qu'arrivait-il ordinairement? D'ordinaire je commençais par quarante guldens. Je les retirais de ma poche et mettais par un, deux guldens. En général (toujours) en un quart d'heure j'avais gagné le double. Alors j'aurais dû m'arrêter et partir, au moins jusqu'au soir, pour calmer mes nerfs excités. (J'ai fait cette observation absolue, que je ne puis rester calme et de sang-froid au jeu pendant plus d'une demi-heure.) Mais je ne m'éloignais que pour fumer une cigarette et aussitôt courir jouer de nouveau. Pourquoi faisais-je cela étant sûr que je ne pourrais tenir, c'est-à-dire que je perdrais? C'est parce que chaque jour, le matin, en me levant, je décidais que ce serait le dernier jour à Hombourg, que demain je partirais, et alors, il me fallait attendre près de la roulette. Je me hâtais de toutes mes forces de gagner le plus possible, en une fois, dans cette seule journée (puisque demain il fallait partir). Je perdais mon sang-froid, mes nerfs s'irritaient, je commençais à risquer, je misais déjà sans aucun calcul et perdais (parce que celui qui joue au hasard, sans calcul, est un fou). Toute l'erreur est que nous étions séparés, que je ne t'ai pas emmenée avec moi. Oui, oui, c'est ainsi. Ici, moi je m'ennuie de toi et toi tu as failli mourir sans moi. Mon ange, je te répète que je ne te fais pas de reproches et que tu m'es encore plus chère de t'ennuyer après moi. Mais, juge toi-même, ma chérie, de ce qui, par exemple, était avec moi, hier. Après t'avoir expédié la lettre où je te demandais d'envoyer l'argent, je suis allé dans la salle de jeu. Il ne me restait en tout et pour tout que vingt guldens, et j'en ai risqué dix. J'ai fait un effort presque surhumain pour rester calme et calculer pendant toute une heure, et comme résultat j'ai gagné trente fréderics or, c'est-à-dire trois cents guldens. J'étais si heureux, j'ai eu un tel désir fou de tout terminer le plus vite possible, aujourd'hui même, et de partir immédiatement d'ici que sans me reposer et me ressaisir j'ai commencé à jeter l'or, et j'ai perdu tout, tout, jusqu'au dernier sou ; il ne m'est resté que deux guldens pour le tabac.

Annette, ma chérie, ma joie, comprends que j'ai des dettes que je dois payer ou l'on me traîtera de lâche ; comprends qu'il faut écrire à Katkov et rester un certain temps à Dresde. Il me fallait gagner. C'était nécessaire. Ce n'est pas pour m'amuser que j'ai joué. C'était la seule issue, et voilà, tout est perdu par mauvais calcul. Je ne te fais pas de reproches, c'est moi que je maudis : pourquoi ne t'ai-je pas prise avec moi. En jouant peu chaque jour, il est impossible qu'on ne gagne pas. C'est absolument sûr. J'ai fait cette expérience vingt fois, et voilà sachant cela avec certitude, je quitte Hombourg ayant tout perdu. Je sais aussi que si je pouvais me donner encore un délai de quatre jours alors, en ces quatre jours, je regagnerais tout, sûrement. Mais c'est fini, je ne jouerai plus. Chère Annette, comprends, je t'en supplie, que je ne te fais pas de reproches, au contraire, c'est à moi que j'en fais, de ne pas t'avoir emmenée avec moi.

N.-B. — Au cas où ma lettre d'hier se perdrait, je répète ici, en quelques mots, ce que je t'y disais. Je t'ai demandé de m'envoyer *immédiatement* vingt impériales, par lettre de change sur un banquier. C'est-à-dire que tu dois aller chez un banquier et lui dire qu'il te faut envoyer à telle et telle adresse, à Hombourg (le plus sûr poste restante), vingt pièces d'or, et le banquier saura ce qu'il faut faire. Je t'ai priée de te hâter le plus possible pour que ta lettre parte le même jour. (Il faudra mettre dans ta lettre la lettre de change que le banquier te remettra et envoyer le tout par lettre recommandée).

Tout cela si on se hâte ne doit pas prendre plus d'une heure, de sorte que la lettre peut partir le jour même.

Si tu réussis à envoyer le même jour, c'est-à-dire aujourd'hui mercredi, alors je l'aurai demain jeudi. Si la lettre part jeudi je la recevrai vendredi. Si je la reçois jeudi, samedi je serai à Dresde ; si vendredi je serai à Dresde dimanche. C'est sûr, sûr. Si je réussis à arranger toutes les affaires alors j'arriverai peut-être non le troisième jour, mais le lendemain. Il est douteux toutefois qu'il soit possible de faire tout le même jour pour partir (recevoir l'argent, faire les malles, arriver à Francfort et ne pas être en retard pour le rapide), sans doute je ferai tout pour cela, mais il est plus probable que j'arriverai le surlendemain.

Au revoir Annette, au revoir mon ange. Je m'inquiète terriblement pour toi, mais de moi tu n'as pas à t'inquiéter, ma santé est admirable. Ce dérangement nerveux dont tu as peur pour moi n'est que physique, mécanique, ce n'est pas une secousse morale et ma nature l'exige. Je suis si compliqué. Je suis nerveux et jamais n'ai pu être calme. En outre, l'air d'ici est admirable. Je suis très bien portant, mais me tourmente pour toi. Je t'aime c'est pourquoi je me tourmente. Je t'embrasse sans fin.

Ton

F. D.

Hombourg, 23 mai 1867, 11 heures du matin.

Ce n'est pas moi qui suis une âme sainte, mon cher ange, c'est toi qui as une âme sainte. Quelle lettre charmante tu m'as envoyée hier, et combien de fois l'ai-je embrassée. Dans ma situation, une lettre pareille est comme la manne céleste. Je sais au moins qu'il y a un être qui m'aime pour toute la vie, une belle et bonne âme claire. Toute ma vie je t'aimerai infiniment. Je n'écris que quelques lignes à la hâte. Je voudrais aller plus tôt à la poste, peut-être as-tu réussi déjà à envoyer l'argent et le recevrai-je aujourd'hui.

Comme ce serait nécessaire ! Je n'ai pas un sou et aujourd'hui sûrement l'hôtel présentera sa note parce qu'il y a aujourd'hui une semaine que je suis là et c'est l'habitude ici de donner la note chaque semaine. Eh bien ! si je ne réussis pas aujourd'hui il n'y a rien à faire, j'attendrai encore un jour, ne t'inquiète pas, ma chérie. Ah ! encore, autre chose : hier il a fait très froid, un froid même extraordinaire, du vent, de la pluie toute la journée. Aujourd'hui il ne pleut pas mais il y a du vent et il fait très froid. Je ne sais comment j'ai fait, mais hier j'ai pris froid à l'oreille et le soir j'ai eu mal aux dents. Pendant cinq minutes ce fut insupportable ; toute la soirée je suis resté à la maison, m'enveloppant de ce que j'avais sous la main. Aujourd'hui, bien que le mal de dents ait passé pendant la nuit, je sens quelque chose à l'oreille. C'est pourquoi si je me refroidis encore les dents me feront mal de nouveau. Aussi, ma chérie, si même aujourd'hui je reçois l'argent, peut-être ne partirai-je pas. J'ai peur ma chérie. Quand je suis venu ici, j'ai passé une nuit épouvantable à cause du froid dans le wagon, dans mon pardessus d'été ; et maintenant il fait encore plus froid. Permets-moi d'attendre un jour, mon ange, autrement c'est le mal de dents pour plusieurs années.

Permets-moi d'attendre, ma chérie, et ne m'en

veuille pas. Je t'aime infiniment, mais qu'est-ce que ce sera si j'arrive à la maison en poussant des gémissements et des cris.

D'ailleurs j'espère que les dents maintenant se sont calmées et que le mal ne se réveillera pas. Dieu le veuille ! Alors je ne tarderai pas un instant. En tout cas je ferai tout ce que je pourrai pour ne pas tarder. Crois-moi, crois que j'ai autant que toi le désir de t'embrasser, peut-être davantage. Mon ange, pardonne-moi aussi pour ma lettre d'hier. N'y vois pas le moindre reproche. Au revoir le plus tôt. Je t'embrasse sans fin, de toute mon âme.

Ton mari qui t'adore.

F. D...

Je n'ai pas de crayon, autrement j'aurais ouvert ma lettre à la poste pour t'informer si j'avais reçu l'argent ou non. C'est égal, si hier tu as envoyé à temps, je l'aurai certainement aujourd'hui. Je t'embrasse encore une fois, ma chérie.

P.-S. — 11 heures et demie. J'ai reçu ta lettre, mais il n'y a pas celle du banquier. L'employé des postes m'a dit de passer au bureau à 5 heures, qu'il y aura peut-être quelque chose, mais c'est douteux. Alors demain je recevrai sûrement. En tout cas, aujourd'hui on ne peut partir. Ne t'inquiète pas, mon ange, je ferai tout ce que je pourrai pour venir plus vite. Je te remercie de tout mon cœur, ma chérie, et t'embrasse.

P.-P.-S. — Ma chérie, lis attentivement cette lettre. Le froid est terrible et j'ai mal aux dents. Et si je tombe malade? Mais attends un peu; je te jure que je ferai tous mes efforts pour venir plus vite.

Hombourg, 24 mai 1867.

Anna, ma chérie, mon amie, pardonne-moi, ne me traite pas de lâche. J'ai commis un crime; j'ai perdu tout ce que tu m'as envoyé ici, tout jusqu'au dernier pfennig. J'ai reçu l'argent hier et je l'ai tout perdu hier. Annette, ma chérie, comment pourrai-je te regarder maintenant, que me diras-tu! C'est la seule chose qui m'effraye : ce que tu diras, ce que tu penseras de moi. C'est ton jugement seul qui me fait peur. Pourras-tu, auras-tu la force de m'estimer maintenant, et qu'est-ce que l'amour sans estime? Oh! mon amie, ne m'accuse pas irrévocablement.

Je hais le jeu et non seulement maintenant, mais hier, avant-hier je le maudissais. Ayant reçu l'argent, hier je l'ai changé et suis allé là-bas avec l'idée de gagner quelque chose, ne fût-ce qu'une somme minime pour augmenter nos ressources. Je croyais tellement pouvoir gagner quelque chose. D'abord j'ai gagné un peu, mais quand j'ai commencé à perdre, alors j'ai voulu me rattraper et j'ai perdu encore plus. Alors, malgré moi, j'ai continué à jouer, afin de récupérer au moins l'argent nécessaire pour mon retour, et j'ai perdu tout. Annette, je ne te supplie pas d'avoir pitié de moi, il vaut mieux que tu gardes ton indépendance de jugement. Quant à moi, je n'ai pas peur. Au contraire, maintenant, après une pareille leçon, je me sens subitement tout à fait tranquille pour l'avenir.

Maintenant ce sera le travail et le travail. Je montrerai ce que je puis encore faire ! Je ne sais pas comment s'arrangeront les choses, mais maintenant Katkov ne refusera pas des avances, et tout le reste dépendra, je pense, de la qualité de mon travail. Si le travail est bon, il y aura de l'argent, oh ! si seulement cela ne touchait que moi seul, j'aurais ri et serais parti. Mais toi, tu ne peux ne pas juger mon acte, et voilà ce qui me trouble et me tourmente. Annette, que seulement je ne perde pas ton amour. Avec le mauvais état de nos affaires, j'ai dépensé pour ce voyage à Hombourg et perdu plus de mille francs, trois cent cinquante roubles. C'est un crime !

Mais je les ai dépensés non par légèreté, avidité, non pour moi, oh non !

J'avais d'autres buts! Mais ce n'est pas le moment de me justifier. Maintenant, que je retourne le plus vite près de toi! Envoie au plus vite, à l'instant même, l'argent pour que je parte, fût-ce le dernier. Je ne puis plus rester ici et je ne veux pas rester ici. Près de toi, près de toi au plus tôt, t'embrasser. Tu m'embrasseras, dis? Oh! sans ce temps mauvais, froid, hier j'aurais pu aller à Francfort et rien ne serait arrivé; je n'aurais pas joué. Mais le temps était tel qu'il n'y avait pour moi, avec mes dents et ma toux, la possibilité de voyager et de passer toute la nuit en pardessus d'été. C'était impossible, tout à fait impossible. Je risquais d'attraper du mal. Mais maintenant, cela même ne m'arrêtera pas. Aussitôt que tu recevras cette lettre, envoie dix impériales (c'est-à-dire comme la dernière fois la lettre de change sur Robert Rhoul), dix impériales, c'est-à-dire quatre-vingt-dix guldens pour liquider mes dettes et partir. Aujourd'hui, c'est vendredi; dimanche, je les recevrai; le même jour, je partirai pour Francfort, là je prendrai le rapide et lundi je serai près de toi. Mon ange, ne pense pas que je perdrai aussi cet argent-là. Ne m'offense pas à tel point. N'aie pas de moi une aussi mauvaise opinion. Je suis tout de même un homme; il y a en moi quelque chose d'humain.

N'invente pas aussi, par méfiance pour moi, de

venir me chercher toi-même. Cette méfiance que je ne viendrai pas me tuerait. Je te donne ma parole d'honneur qu'aussitôt je partirai, malgré tout, même avec la pluie et le froid.

Je t'embrasse. Que penses-tu de moi maintenant? Oh! comme je voudrais te voir pendant que tu liras cette lettre!

A toi.

F. D...

P.-S. — Mon ange, ne t'inquiète pas de moi. Je te répète que, si j'étais seul, je ne ferais que rire de cela. C'est toi, ton jugement, qui me fais souffrir. C'est la seule chose qui me tourmente.

Au revoir. Oh! qu'au plus vite je sois près de toi! Plus vite! Ensemble, nous aurions trouvé quelque chose.

Hombourg, 25 mai 1867. Samedi, 10 heures du matin.

Annette, mon ange, mon unique bien, ma joie, me pardonneras-tu pour tout le tourment et l'émotion que je te fais éprouver. Oh! comme tu m'es nécessaire. Hier je suis resté seul toute la soirée; j'ai essayé de lire mes trois livres, que j'ai déjà lus et relus, et dans ma tête frappe une seule pensée : qu'est-ce que tu fais? Qu'adviendra-t-il de nous maintenant. Je ne parle pas de l'avenir, l'avenir est inconnu ; mais Dieu nous sauvera. Dans ma vie je n'ai jamais compté au delà de six mois, comme chaque homme qui vit de son seul travail quotidien. C'est sur mon travail que je compte maintenant. Comprends-moi, Annette, mon prochain ouvrage doit être admirable, meilleur encore que *Crime et châtiment ;* alors la Russie qui lit sera à moi, et les éditeurs aussi. Je crois en notre avenir. Que seulement Dieu nous donne la santé. (Ici il n'y a pas de crise.) Ce qu'on ne peut deviner c'est notre avenir le plus proche, le moment quand il faudra revenir en Russie, payer les dettes, etc. Je ne sais pas ce qu'il adviendra. Maintenant, sérieusement et résolument, je crois en l'aide de Katkov. (M'ayant aidé une fois et voyant que j'ai terminé le travail pour l'hiver, il aidera une seconde fois, il aidera aussi l'hiver quand il viendra. Le malheur c'est que tout cela ne sera pas suffisant.) Mais voilà, il faut que nous puissions attendre ; il faudrait être maintenant garantis jusqu'à l'envoi de Katkov. Et avec quoi ? Nous n'aurons pas ensemble probablement trente thalers. Le seul espoir c'est que ta mère envoie. C'est étonnant ce qui se passe là-bas et pourquoi l'on n'envoie pas. La seule chose qui me donne espoir c'est qu'on aurait certainement écrit si l'on ne pouvait pas envoyer. Et personne d'eux n'écrit. C'est étrange. Peut-être ne savent-ils pas comment envoyer ?

C'est vers toi, vers toi Annette, que se tournent maintenant toutes mes pensées, pour venir plus vite près de toi. Quand nous serons ensemble nous parlerons de tout. J'attends demain avec une impatience maladive. Malgré n'importe quel temps je partirai, et, dès ce soir, je commence mes malles. Le malheur c'est que certainement je ne recevrai pas ta lettre avant midi, si c'est avec l'argent, et peut-être même à 4 heures de l'après-midi seulement. Mais en tout cas je partirai et ne resterai pour rien au monde. Encore une chose qui m'inquiète : hier la logeuse m'a remis la note de la semaine, une note terrible. J'ai prétexté que partant dimanche, je paierais tout à la fois. On n'était pas content, mais on se tait encore. Mais voilà le malheur, pour dimanche je crains que la note grossisse encore et que l'argent envoyé ne suffise pas pour le voyage et l'hôtel. Je partirai en troisième classe. Trouverai-je le rapide à Francfort (ici on ne peut rien savoir) ou faudra-t-il coucher quelque part? Le temps est dégoûtant, froid et pluvieux ; les nuits sont comme chez nous en octobre. Mais ce n'est rien. Je partirai sans remise. Je mettrai mon linge en double : deux chemises, etc. Mais peut-être que tout ira bien. Annette, mon ange, seulement être le plus tôt près de toi, et là-bas tout s'arrangera. Aussitôt arrivé j'écrirai à Katkov. La réponse peut arriver en deux semaines, mais il faut compter un mois. J'ai résolu de demander mille roubles, même en plusieurs versements. Alors nous nous installerons en Suisse le plus vite possible. Le voyage coûtera cinq cents thalers, mais ce n'est rien. Après, au travail !

Au revoir Annette, mon cœur. Après-demain près de toi ! Moins de quarante-huit heures. Je compte les heures. Dieu fasse que tout s'arrange.

Pardonne-moi, mon ange. Pardonne-moi, mon cœur.

Ton

F. D...

Hombourg, 26 mai 1867, 10 heures du matin.

Mon cher ange, je t'écris sur un bout de papier emprunté à la logeuse car mon paquet de papier à lettre est fini. Si je reçois aujourd'hui l'argent de toi, alors je ferai tous mes efforts pour partir aujourd'hui même. Le train part d'ici à 3 h. 20. Mais trouverai-je la correspondance à Francfort ? Je l'ignore. On m'a dit qu'il n'y a pas de troisième classe dans le rapide et que si l'on part en troisième (pas dans un rapide) il faut coucher en route. Mais le rapide est cher. La note de la logeuse sera d'au moins soixante-dix guldens ; il ne m'en restera que vingt, et le rapide seul coûte au moins vingt guldens. On ne peut partir sans un kopeck. Mais puisque je veux partir absolument, je m'arrangerai d'une façon quelconque. Ce qui m'inquiète le plus c'est le froid. Si je m'enrhume ce sera pire. D'après les journaux il y a le choléra à Berlin et à Paris. Avant hier, 24 mai, il a gelé dans la nuit, les pommes et les cerises sont perdues ; on ne se rappelle pas chose pareille. Tout était couvert de givre et, le 24 mai, il y a eu de la grêle et de la neige ! Hier, ici, à Hombourg, dans la journée, l'haleine faisait buée. Je vais essayer de mettre le linge en double, et après à la grâce de Dieu !

En tout cas, mon ange, ne t'inquiète pas. De toutes mes forces je désire partir. Si je n'arrive pas demain et qu'au lieu de moi tu reçoives cette lettre, alors sache que quelque chose ne s'est pas arrangé, une petite chose quelconque et que, quand même, je suis sur le point de partir. Je t'embrasse sans fin, mon trésor. Aime-moi. Pardonne. Ne te souviens pas du mal, il nous faut vivre ensemble toute la vie.

Ton éternel et fidèle.

Féd. DOSTOÏEVSKY.

Aujourd'hui c'est dimanche et il est peu probable que le bureau soit ouvert pour changer l'argent ; il est possible que si je ne reçois pas le matin, je reçoive à 5 heures de l'après-midi. Oh ! comme je ne voudrais pas cela.

Mon ange, mon amie, pardonne-moi.

Saxon-les-Bains, 5 octobre 1867, 6 heures du soir.

Ma chère amie, mon ange bien-aimé, Annette (et Sonitchka) (1), du premier pas, il m'est arrivé une aventure ennuyeuse et comique. Imagine-toi, chère amie, que malgré toute mon attention, j'ai laissé passer Saxon-les-Bains. Je ne m'en suis avisé que trois stations plus loin, à la petite ville de Sion, et encore j'ai dû payer pour cela à ces brigands un franc quarante-cinq de supplément. Je ne comprends pas du tout comment c'est arrivé. Je regardais à chaque gare. Le temps était vilain, froid, pluie et grêle, et juste en arrivant à Saxon-les-Bains, le ciel s'est éclairci et... je suis passé devant. En route j'ai lu, j'ai mangé pour quatre-ving-dix centimes. Les vues sont remarquables, vraiment il faut dire que Genève est situé dans le plus vilain endroit de toute la Suisse. Vevey, Vernex, Montreux, Chillon et Villeneuve sont

(1) Diminutif de Sonia. Dostoïevsky parle ici du bébé que sa femme attendait et qui fut en effet une fille, Sophie, née à Genève le 28 février 1868. Dans plusieurs de ses lettres, Dostoïevsky parle de ses enfants futurs, comme s'ils étaient déjà nés.

T. I.   4 admirables. Et c'est sous la pluie et la grêle ; que serait-ce avec le soleil !

A Sion j'ai attendu une heure, j'ai mangé. Au restaurant près de la gare, on vendait des saucisses et de la soupe. Horreur des horreurs !

A 5 heures, j'ai pris un billet, payé de nouveau un franc quarante-cinq et j'arrive à l'instant, à 6 heures, à Saxon-les-Bains. Je n'ai encore rien vu, c'est en plein le crépuscule. Saxon est un village misérable mais il y a beaucoup d'hôtels bien installés. On m'a annoncé tout de suite (sans que j'aie parlé de rien) qu'il y a une roulette et demandé si je ne veux pas y aller? J'ai demandé s'il y avait une lettre. On m'a dit que le garçon de l'hôtel irait à 10 heures et qu'on ne peut rien recevoir avant. Je me suis mis à écrire après avoir commandé un rosbif et du café, car j'avais très faim.

C'est tout, Annette. Qu'y aura-t-il après, je ne sais.

Annette, mon ange, prends soin de Sonia, de toi, sois gaie. Combien de choses j'aurais voulu te raconter. Je t'ai vue pendant tout le trajet. A Sion, sur un petit tableau j'ai vu ton portrait. L'hôtelière a une petite fille de neuf mois ; elle rit et m'a tendu ses petits bras. J'ai pensé à toi tout de suite. Es-tu bien portante, ma chérie? Comme je me tourmenterai, surtout le soir. Je pense que je reviendrai demain, sûrement demain. Trois trains partent d'ici : à 5 heures du matin, à 11 heures et à 5 h. 45 du soir.

Au revoir, cher ange. Je t'embrasse et aussi Sonia ! Je baise tes pieds et tes mains.

Ton mari fidèle, qui t'aime.

F. DOSTOÏEVSKI.

P.-S. — Je vais mettre la lettre dans la boîte de l'hôtel tout de suite. Elle sera remise aujourd'hui à la poste, à 10 heures ; mais le courrier pour Genève ne part pas avant demain matin, 5 heures, tu ne l'auras donc pas avant midi ; et moi, si je pars demain, ce que je pense, je partirai à 11 heures du matin, et, dans ce cas, serai à Genève à 5 heures et demie de l'après-midi. Si je pars d'ici avec le dernier train du soir, à 6 heures, j'arriverai à minuit.

Au revoir, cher ange.
Ton

F. DOSTOÏEVSKI.

Saxon-les-Bains, dimanche 6 octobre,
7 heures et demie du soir.

Annette, ma chérie, je suis pire qu'une brute. Hier, vers 10 heures du soir, j'avais un gain net de 1.300 francs. Aujourd'hui, pas un kopeck...

Tout, j'ai perdu tout ! Et tout cela parce que cette canaille de garçon de l'hôtel des Bains ne m'a pas éveillé, comme j'en avais donné l'ordre, pour que je parte à 11 heures pour Genève. J'ai dormi jusqu'à 11 heures et demie. Il n'y avait rien à faire, je ne pouvais partir qu'à 5 heures. A 2 heures je suis allé à la roulette et j'ai perdu tout, tout. Il ne me restait que 14 francs... juste pour le voyage. A 5 heures je vais à la gare et on m'apprend qu'on n'arrive pas directement à Genève, qu'il faut coucher à Lausanne. En voilà une surprise pour moi, qui ai juste 14 francs. J'ai pris ma bague, j'ai trouvé où l'engager ; on m'a promis l'argent pour 8 heures, et l'on m'a dit que ce sera 10 francs. Maintenant je suis allé coucher chez une autre logeuse, Mme Orsa. Je veux partir demain matin à 5 heures. Je serai à Genève à 11. Si je ne viens pas c'est que quelque chose m'aura retenu. J'envoie cette lettre à tout hasard, parce que j'arriverai peut-être avant elle. Je me porte bien. Annette, le sort me poursuit. J'ai reçu ta charmante lettre. Ma petite âme, ma joie, ne pense pas à moi, ne t'inquiète pas. Insulte-moi comme une brute, mais aime-moi. Je t'aime follement. Je sens maintenant comme tu m'es chère.

Au revoir, à bientôt.

Tout à toi.

F. DOSTOÏEVSKY.

Saxon-les-Bains, dimanche, 17 novembre 1867.

Ma chère chérie, ma joie Annette (avec Sonia et Micha) (1), je vous embrasse tous trois très fortement, et toi, Annette, cinquante fois. Que fais-tu ma chérie? Comment as-tu passé le temps? Es-tu bien portante? Tu ne m'es pas sortie de la tête de la journée. Je suis arrivé à 3 heures un quart. Quelle journée! Quelle vue dans le trajet! C'est deux fois mieux que la dernière fois. Quel charme, par exemple, Vevey, je ne parle pas déjà de Montreux. J'ai regardé en détail Vevey. C'est une charmante ville où il y a probablement de beaux logements, des médecins et des hôtels. C'est à tout hasard, Annette, à tout hasard.

Ah! ma chérie, il ne fallait pas me laisser aller où il y a une roulette! Je suis arrivé ici à 4 heures moins le quart et j'ai appris que la roulette est ouverte jusqu'à 5 heures (j'avais pensé jusqu'à 4). Alors il me restait une heure. J'ai couru là-bas. Du premier coup j'ai perdu 50 francs. Puis, tout d'un coup, je me suis rattrapé. Je ne sais pas combien; je n'ai pas compté. Ensuite, j'ai perdu terriblement, presque jusqu'au dernier kopeck, et tout d'un coup, avec la dernière mise, j'ai regagné mes

(1) Dostoïevsky pensait avoir des enfants jumeaux.

125 francs, et, en plus, 110. De sorte qu'en tout j'ai maintenant 235 francs. Annette, ma chérie, je me suis demandé fortement s'il ne fallait pas t'envoyer 100 francs. Mais c'est trop peu, si au moins 200 ! En revanche je me suis promis que le soir, de 8 à 11 heures, je deviendrai un vrai juif : je jouerai de la façon la plus raisonnable. Je te le jure ! Si j'ajoute quelque chose à mon gain, dès demain je te l'enverrai et moi-même reviendrai après-demain, c'est-à-dire mardi.

Je ne sais pas quand cette lettre partira. A l'instant on m'a interrompu : on a apporté le dîner, mais on a oublié le pain. Je suis descendu pour en demander et, tout d'un coup, le propriétaire de l'hôtel m'ayant vu (et pensant que j'étais Russe) me demanda : « Est-ce que ce télégramme n'est pas pour vous? » Je défaillis. Je regardai : « A monsieur Stablenski. » Non, dis-je, pas pour moi. Je suis allé dîner mais mon cœur battait fort. Je pensais que peut-être il t'est arrivé quelque chose, que la logeuse ou le docteur ont envoyé un télégramme, sur ta demande, qu'on estropie toujours les noms russes, et qu'on a pu déformer le mien, qu'il est peut-être de toi pour moi ! Je suis redescendu. J'ai demandé si l'on pouvait savoir d'où venait le télégramme. (J'aurais voulu l'ouvrir et lire.) On m'a dit de Prusse. Eh bien, Dieu soit loué ! Ah ! comme j'ai eu peur !

Annette, ma chérie, ma joie, tout ce temps je n'ai pensé qu'à toi. Veille sur toi, je t'en supplie. Je t'embrasse. Ma chérie, comme je me repens. L'autre jour, j'étais si nerveux, j'ai tant crié ! Mon ange, tu sais comme je t'aime, comme je t'adore. Aime-moi seulement ! Au revoir, ma chérie. A mardi sûrement. Je t'embrasse un million de fois et t'adore pour toujours. Ton fidèle et affectionné.

Fédor DOSTOÏEVSKY.

Ma santé est très bonne. Vraiment je me sens très bien. La bonne route m'est venue en aide. J'ai prié pour toi et eux.

Annette, ma chérie, n'espère pas un gros gain, ne fais pas de rêves. Je perdrai peut-être, mais je te jure que je serai prudent comme un juif.

Saxon-les-Bains, 18 novembre 1867. Lundi.

Annette, ma chérie, j'ai tout perdu, tout ! Oh ! mon ange, ne t'attriste pas, ne t'inquiète pas. Sois sûre que maintenant le temps viendra qu'enfin je serai digne de toi et ne te volerai plus, comme un misérable et indigne voleur. Maintenant, le roman, le roman seul nous sauvera. Et si tu savais comme j'y compte. Sois sûre que j'atteindrai le but et mériterai ton estime. Jamais, jamais plus je ne jouerai.

La même chose est arrivée en 1865 (1) ; il était difficile d'être plus près de la perte, mais le travail m'a sauvé.

Avec amour, avec espoir, je me mettrai au travail et tu verras ce qui sera dans deux ans. Et maintenant, mon ange, ne t'inquiète pas. Je fais tous mes efforts pour revenir près de toi, mais je ne puis bouger avant jeudi et voici pourquoi. Sache tout. J'ai engagé ma bague et mon pardessus d'hiver et j'ai perdu tout. Pour la bague et le pardessus, il faudra payer cinquante francs. Mais je les dégagerai, tu verras comment. Maintenant il ne s'agit pas de cela. Il est maintenant 3 heures de l'après-midi ; dans une demi-heure, je mettrai cette lettre à la poste et j'irai chercher la tienne, s'il y en a une (je suis passé à la poste ce matin, mais il n'y avait personne). Ainsi ma lettre partira demain à 5 heures ou à 11 heures du matin, je ne sais pas ; en tout cas, tu la recevras demain. Mais je resterai débiteur de l'hôtel pendant tout ce temps et ne pourrai partir. C'est pourquoi je t'en supplie, Annette, mon ange, mon sauveur, envoie-moi de quoi payer cinquante francs à l'hôtel. Si tu peux envoyer l'argent mercredi matin de

(1) Dostoïevsky écrivit alors *Crime et châtiment*, qui, publié cette même année, le tira d'un grand embarras d'argent.

bonne heure — ou mardi soir — alors je le recevrai mercredi soir, et jeudi matin ou à 6 heures du soir je serai chez toi. Mon amie, ne sois pas triste que je t'aie ruinée, ne te tourmente pas pour l'avenir, je réparerai tout, tout.

Ma chérie, je demanderai à Ogarev (1) trois cents francs jusqu'au 15 décembre. Premièrement il n'est pas Herzen, et, deuxièmement, bien que ce me soit pénible jusqu'à la souffrance, malgré tout je ne serai lié par rien moralement. Je dirai cela en empruntant ; je le lui dirai avec noblesse. Enfin c'est un poète, un homme de lettres, il a un cœur et, en outre, il me recherche, donc il m'estime. Il ne me refusera pas cet argent pour trois semaines. En même temps j'écrirai à Katkov (celui-ci ne refusera pas non plus) que, par exception, il m'envoie à Dresde 200 roubles au lieu de 100 (et les autres 200 par mois comme c'était convenu). Le 15 décembre nous rendrons à Ogarev les 300 francs et il nous en restera encore 380.

Cependant de l'argent emprunté maintenant à Ogarev nous paierons : pour le pardessus et la bague 50 francs ; pour tes robes 80 francs et pour les bijoux 150. En tout : 280. Il ne restera presque

(1) Poète, ami de Herzen, qui était très bien disposé pour le ménage Dostoïevsky. Cet emprunt de trois cents francs n'eut pas lieu, la mère de Mme Dostoïevsky ayant envoyé de Pétersbourg un peu d'argent.

rien, mais, en revanche, nous aurons les objets. Si l'on ne paie pas aux logeuses, alors avec l'argent des diamants et des bagues on pourra vivre en attendant de recevoir l'argent. Le 15 décembre on peut de nouveau racheter et de nouveau engager, et cela durera ainsi trois mois, et dans trois mois j'enverrai à Katkov le roman, pour trois mille roubles, et alors il enverra certainement, selon ma demande, au moins 300 roubles pour ton accouchement (1), et deux mois après, encore 500.

Quant aux dépenses pour notre futur hôte et ange, d'ici-là j'inventerai quelque chose et trouverai l'argent.

Annette, ma chérie, je t'en supplie, ne t'inquiète pas. Pour l'instant, je me porte bien, mais comment pourrai-je attendre jusqu'à jeudi le moment de nous revoir. Annette, je suis indigne de toi, mais pardonne-moi pour cette fois. Je pars avec grand espoir et je te jure, je te promets le bonheur dans l'avenir. Seulement aime-moi comme je t'aime, infiniment, éternellement. Ne vois pas, dans le cas présent, la légèreté, la faiblesse de mon amour. Dieu sait comme je suis puni moi-même et me tourmente surtout pour toi. J'ai peur que tu sois seule encore jusqu'à jeudi ; tu pleu-

(1) Le 22 février 1868, Mme Dostoïevsky mit au monde une fille, Sophie, qui mourut à Genève le 12 mai de la même année.

reras, tu te tourmenteras, tu ne te soigneras pas. Mon ange, ma chère Annette, comprends que je parle sérieusement, que c'est une nouvelle vie qui commence. Tu me verras enfin tel que je suis. Je sauverai et réparerai tout. L'autre fois, je suis venu anéanti, mais maintenant l'espoir est dans mon cœur. Le seul tourment : comment vivre jusqu'à jeudi. Au revoir.

Fédor Dostoïevsky.

(*Sur la marge*). Mon ange, au revoir. Je t'embrasse. Oh! pourquoi, pourquoi suis-je parti? J'embrasse tes mains, tes pieds. Je t'aime éternellement.

P.-S. — Envoie l'argent de la façon suivante : mets un billet de 50 francs dans la lettre, ensuite sous enveloppe et envoie : *Recommandé* à *Saxon-les-Bains, poste restante.*

P.S. — Pour l'amour de Dieu, ne t'attriste pas ; quand je pense que tu peux être malade ces jours mon cœur saigne. Et j'ai pu te quitter ! Je ne sais pas comment je pourrai vivre jusqu'à jeudi. Ne pense pas, pour l'amour du Christ, que je jouerai avec tes 50 francs. Ne le pense pas. Tout de suite chez toi. J'arriverai à 5 heures (et non le matin) parce qu'ici, dans ce maudit hôtel, on ne peut obtenir qu'on t'éveille à 4 heures du matin.

1868

Saxon-les-Bains, samedi 4 avril 1868.

Mon cher ange, Annette, j'ai tout perdu ! Aussitôt arrivé, en une demi-heure, j'ai perdu tout ! Eh bien ! que pourrais-je te dire maintenant, mon ange, que je tourmente tant ? Pardon, Annette, j'ai empoisonné ton existence, et cela après la naissance de Sonia !

J'ai porté ma bague à la prêteuse. Elle l'a prise à contre-cœur et n'a pas donné l'argent, sous prétexte qu'elle n'en avait pas, et elle m'a dit de venir chercher la réponse à 7 heures. Maintenant il est 6 heures un quart. Elle m'a dit qu'en tout cas elle ne donnerait pas plus de 10 francs. Tout simplement on voit qu'elle a peur, à cause des autorités qui interdisent l'usure ; elle-même me l'a laissé entendre. Je la supplierai de me donner, non pas 10 mais 15 francs. Mais avec 15, même avec 20 (que sûrement elle ne me donnera pas), je ne pourrai partir. Il faut compter pour l'hôtel au moins 17 francs ; le voyage, 8 ; en tout 25, et moi je n'ai rien, absolument rien ; pas un centime. Cependant, Annette, il m'est impossible de rester ici. Tire-moi de là, mon ange. (Ah ! mon ange, je t'aime infiniment, mais c'est mon sort à moi de tourmenter ceux que j'aime !) Envoie-moi le plus que tu pourras. Pas pour le jeu (je te l'aurais juré, mais t'ayant menti déjà des milliers de fois, je n'ose pas). Voici, au pire, les comptes ; je prends la situation au pire, c'est plus sûr. Si ton argent arrive après-demain matin, alors il faudra compter pour l'hôtel au moins quatre jours. Ainsi :

Hôtel (au minimum)...	60 francs.
Chemin de fer.........	10 —
Rachat de la bague....	20 —
En tout..........	90 francs.

Mon ange, envoie-moi 100 francs, il me restera 20 ou un peu moins. Engage quelque chose. Que seulement j'arrive plus vite chez toi.

Je ne jouerai pas. Auparavant je recevais tes lettres (avec l'argent) le matin, (la dernière fois, à 9 heures) de sorte que j'avais le temps de partir aussitôt. Si maintenant je le reçois aussi le matin, j'aurai quand même le temps de réfléchir et n'irai pas jouer (le jeu commence à 2 heures).

J'ai mis la situation au pire. C'est pourquoi je ne dépenserai probablement pas 90 francs. Mais si de l'argent que tu m'enverras, il me reste, les dépenses payées, 40 francs, alors je n'irai pas jouer et te les rapporterai intégralement.

Écoute encore. A 7 heures, cette vipère me donnera de 10 à 15 francs. Puisque de toute façon, avec cette somme, je ne puis rien faire et que vivre ici m'est odieux, alors je les mettrai au jeu, et si seulement je gagne 10 francs, alors demain matin, avec ou sans lettre, je partirai chez toi, et pour la lettre je laisserai à la poste d'ici mon adresse de Genève, afin que quand ta lettre recommandée — avec 100 francs — arrivera, on me la retourne immédiatement à mon adresse à Genève. Voilà la chance d'après laquelle je puis encore rentrer demain. Mais mon Dieu ! quelle est mince cette chance. Pardonne-moi, Annette ; pardonne-moi ma chérie. Quelque lâche que je sois, je vous aime toutes deux, toi et Sonia, le plus au monde. Sans vous deux je ne puis vivre. Je t'en supplie, ne te fais pas de souci pour moi. Je te jure que j'ai une mine meilleure que tu ne penses, mais tu m'aimes tant que sûrement tu t'ennuies de mon absence. Ne regrette pas ces cent francs, Annette. Avec l'envoi de Maïkov (1) nous aurons tout de même 200 roubles et aussitôt de retour je réaliserai un projet. Tu sais que je dois écrire à Katkov. Eh

(1) A. Maïkov avait promis à Dostoïevsky de lui envoyer deux cents roubles à Genève.

bien ! je sais maintenant ce que je lui écrirai, et sois sûre que j'ai de l'espoir. J'ai eu cela en vue il y a déjà trois jours. Pardonne-moi, Annette. Je baise tes pieds. Pardonne à ton fol. Et Sonia, Sonia, ce cher ange !

Ne te tourmente pas pour moi. Mais pour toi, pour toi. Oh ! comme je me tourmente ! Je vous embrasse toutes deux sans fin. Prends soin de Sonia, autant que tu pourras. Dis à la logeuse et à tous que tu as reçu une lettre de moi et que peut-être je ne rentrerai pas avant deux jours. Comment vivrai-je sans vous? Moi j'aurai des occupations, je composerai ou j'écrirai des lettres en Russie, mais toi, toi, tu pleureras tout ce temps! Oh ! Annette, qu'ai-je risqué là? Ton lait peut tarir. Ne regrette pas ces cent francs; je les rendrai. Seulement venir plus vite chez toi ! A toi et à Sonia pour toujours je rendrai tout par l'amour.

Ton

F. DOSTOÏEVSKY.

P.-S. — Annette, ne considère pas comme une folie ma demande de 100 francs. Je ne suis pas fou. Ne la considère pas comme une lâcheté. Je ne te tromperai pas : je n'irai pas jouer. Je travaillerai maintenant jour et nuit. Quand nous sommes arrivés à Genève, en septembre dernier, nous étions dans une situation pire encore.

Saxon-les-Bains, 4 avril 1868, 9 heures et demie du soir.

Mon ange Annette, au lieu de moi c'est cette lettre qui t'arrivera demain à 5 heures, si seulement tu as l'idée d'aller à la poste le soir. (Il est possible que tu n'y penses pas, avec tes soins à Sonia, dont je ne suis pas digne. Quel père suis-je !) Et cependant, puisque tu recevras le matin ma lettre, il serait bien que tu pusses lire celle-ci aussi demain.

De cette canaille de Mme Dubuc, aujourd'hui, à 7 heures, j'ai reçu 20 francs, mais puisque je n'avais que cinquante centimes en poche et que 20 francs n'étaient pas suffisants pour payer l'hôtel et prendre le train, alors je suis allé jouer à 8 heures, et j'ai tout perdu. Maintenant je reste avec les mêmes 50 centimes. Mon amour, que ce soit une dernière et définitive leçon. Oui, la leçon est terrible. Écoute, ma chérie : une fois, c'est-à-dire la dernière fois, tu m'avais envoyé l'argent très vite, si bien que j'ai pu partir par le train du matin. Au pire, c'est-à-dire le plus tard, je rentrerai mardi. Mais si Dieu permettait que l'argent arrivât de bonne heure lundi, je pourrais rentrer lundi. Oh ! Si cela pouvait être !

N.-B. — (A propos, au cas où la lettre que je t'ai envoyée aujourd'hui à 6 heures ne t'arriverait pas — c'est-à-dire si elle se perdait, ce qui, je crois, n'est pas possible — je te répète ce que je t'ai écrit : que j'ai perdu tout, engagé ma bague et que j'ai besoin, au plus vite, de 100 francs. Outre cela, je te suppliais de ne pas t'attrister que 100 francs est une somme énorme — presque tout — et te donnais mon ultime parole d'honneur de ne plus jouer, et, aussitôt ces 100 francs reçus, de revenir près de toi.)

Maintenant, mon ange éternel et charmant, écoute l'essentiel de ce que j'ai l'intention de te dire ; et, premièrement, sache, mon ange, que sans cette vilaine aventure de maintenant, sans cette dépense inutile de 220 francs, peut-être n'aurais-je pas eu l'admirable idée qui m'est venue et qui contribuera à notre salut général et définitif. Oui, mon aimée, je crois que Dieu, dans sa miséricorde infinie, a peut-être fait cela pour moi, misérable petit joueur, pour m'inspirer et me sauver du jeu, et sauver toi, Sonia, nous tous et tout notre avenir ! Écoute donc.

Cette idée je l'avais eue avant mon départ pour ici, mais elle n'était qu'un rêve que je n'eusse réalisé à aucun prix si je n'avais reçu ce choc, cette perte stupide de nos derniers sous. Mais maintenant je le ferai. Je t'avoue même qu'exprès j'ai tardé d'écrire à Katkov, ce qu'il aurait fallu faire il y a une semaine (pour m'excuser de mon retard).

J'attendais le résultat de mon voyage ici. Et maintenant, ayant perdu tout, je travaillerai sur cette lettre — c'est-à-dire je la composerai définitivement — toute la journée de demain. Aussitôt rentré à Genève, le même jour, je l'expédierai à Moscou. Dans cette lettre, d'un ton tout à fait sincère et franc, je lui exposerai toute ma situation. Cette lettre sera si sincère et si franche que je n'aurai, je crois, aucune difficulté à l'écrire. Je commencerai par lui expliquer la raison de mon retard, raison accidentelle, ton accouchement. Cela ne se répétera plus (c'est-à-dire le retard) ; il le comprendra. Ensuite je lui dirai que ma santé et la tienne étant dérangées à Genève, le médecin me conseille — et surtout à toi — d'aller vivre dans un meilleur climat, et que cela seul peut me remettre. Mais, comme je ne puis maintenant, en aucun cas, compter sur de grandes ressources et n'ai pas le loisir de me ménager, j'ai l'intention (c'est-à-dire que je le désire fortement) de m'installer non loin de Genève, à Vevey, sur la rive droite du lac, où il n'y a pas de bise et de brusques changements de temps. Dans cette petite ville, où le climat est beaucoup plus sain, mais qui ressemble beaucoup à un village, je vivrai dans l'isolement complet jusqu'à ce que soit fini mon roman (1), et

(1) *L'Idiot.*

l'isolement et le calme me sont nécessaires pour cela. En automne, le roman sera terminé et je l'enverrai par fragments, sans interruption. A ce moment, la santé de ma femme sera rétablie et nous élèverons notre enfant sans avoir peur de l'enrhumer en l'exposant à la bise brusque d'ici. Ensuite, je lui écrirai qu'il m'est déjà pénible de vivre à l'étranger, mais que j'ai 3 000 roubles de dettes, en billets à ordre. Tout mon espoir est sur le roman et son succès. Je veux y mettre mon âme, et peut-être aura-t-il du succès. Alors mon avenir sera sauvé. Le roman sera terminé à l'automne, et s'il est bon on me l'achètera pour la deuxième édition (c'est-à-dire si toute la dette à Katkov est payée). Alors, en rentrant, je proposerai directement aux créanciers la deuxième édition.

Et je lui dirai : « De vous, Mikhaïl Nikiforovitch, dépend tout mon avenir ! Aidez-moi maintenant à bien terminer mon roman (et il me semble qu'il sera bon), soutenez-moi, donnez-moi la possibilité de vivre dans un bon climat, de m'isoler jusqu'à l'automne. Et voici ce que je désire. J'ai pris chez vous, Mikhaïl Nikiforovitch, en tout, jusqu'à présent, 5 060 roubles. Mais, puisque j'ai déjà remis près de douze feuilles du roman, on peut donc dire, approximativement, que je ne dois plus maintenant que 3 300 roubles. Je vous demande de m'avancer maintenant 300 roubles, alors ma dette sera de 3 600 roubles. Mais d'ici moins de deux mois j'enverrai encore de dix à douze feuilles, alors il ne me restera que 2 000 roubles de dette. Jusqu'à l'envoi de ces dix ou douze feuilles — c'est-à-dire toute la deuxième partie — je vous promets de ne plus demander d'argent. Mais dans deux mois, après l'envoi, je demanderai encore. En revanche, dans deux mois arrivera la troisième partie, et alors ma dette ne sera plus que de 1 000 roubles, peut-être moins. Ensuite il y aura la quatrième partie et j'éteindrai tout à fait ma dette.

N.-B. — Je ne me rappelle pas ce qui a été décidé lors de ma dernière entrevue avec Katkov, si c'est 150 roubles la feuille ou 125 (1). Je lui écrirai que si le roman est bon, c'est-à-dire a du succès, ce sera 150 ; s'il n'est pas très bien, mais simplement bon, alors à cause de sa longueur — quarante feuilles — ce sera 125 roubles. Quant aux 300 roubles, le principal est qu'il me les faut tout de suite, parce que nous avons beau calculer, ma femme et moi, il nous est impossible de vivre deux mois, de s'installer et de régler de petites dettes à moins de 1 000 francs.

Ainsi, Mikhaïl Nikiforovitch, presque tout mon

_____

(1) Le prix convenu était cent cinquante roubles.

sort est entre vos mains. En tout cas, la deuxième édition de *l'Idiot* vous appartient, tant que je ne vous aurai pas remboursé tout, c'est-à-dire n'aurai pas terminé le roman. Et après c'est encore à vous que je m'adresserai avec la demande de me donner la possibilité de rentrer cet automne en Russie.

Tel est le sujet de ma lettre (1). J'ajouterai que pour ta santé et la mienne, et vu toutes ces circonstances, je le prie de me répondre sans retard. A cette réponse pour moi est lié presque tout, et vous, lui dirai-je, vous êtes un homme trop noble pour vous offenser de cette demande de me répondre au plus tôt. Tout ce temps, lui dirai-je, vous avez été presque ma Providence, et c'est grâce à vous que je suis heureux, puisqu'il y a un an vous m'avez donné l'aide pour mon mariage. Voilà comment je vous considère.

Ainsi, mon cher ange, mon Annette, telle est la lettre que je me propose d'envoyer à Katkov le jour même de mon arrivée. Je te jure, mon amie, que j'espère une réponse favorable. Maintenant, écoute encore, Annette : La réponse de Katkov et 1 000 francs arriveront (je l'espère fermement) le 1er mai, nouveau style. J'en suis sûr comme je suis sûr de Dieu. Toute la question, à dire vrai, tient à nous, c'est-à-dire à toi et à moi, à la façon dont

(1) Cette lettre n'a pas été retrouvée.

nous saurons nous tirer d'affaire. Réussirons-nous, pour le 1ᵉʳ mai nouveau style (quand ⁻Katkov aura déjà envoyé sa réponse) à nous arranger pour qu'après avoir payé toutes les dépenses et le déménagement à Vevey, il nous reste 400 francs, ou au moins 350? Écoute. Je compte ainsi : pour les gages, 200 francs ; Mme Rolland et autres, une centaine de francs ; Josselin, 200 francs (au plus) et enfin 100 francs pour tes robes d'été, cela est nécessaire. En tout, c'est donc 600 francs. Alors il restera 400 francs. (Quand je serai rentré nous compterons tout en détail. Peut-être Mme Josselin demandera-t-elle plus, mais ce n'est rien ; le principal c'est de quitter au plus tôt Genève.) Nous parlerons encore beaucoup avec toi de Vevey. Mais je pense que pour notre logement nous ne paierons là-bas que 50 francs au lieu de 100 francs que nous payons ; la nourriture aussi est beaucoup moins chère. Nous traversons le lac, et emmènerons avec nous Joséphine (1). Si même il ne reste que 300 francs net, une fois tout payé et le voyage à Vevey, ce n'est pas peu, parce qu'à Vevey tout est certainement beaucoup moins cher qu'à Genève.

Maintenant, mon ange, ma joie, mon ciel infini, ma chère femme, je n'ai qu'un souci, écoute : c'est

______

(1) La bonne d'enfant.

de savoir ce qu'il adviendra de toi? Vevey est une ville beaucoup plus petite que Genève. Il est vrai que le site est un vrai tableau et le climat exquis, mais il n'y a rien, sauf peut-être la bibliothèque. Il est vrai qu'à six kilomètres, pas plus, il y a Vernex-Montreux où il y a musique, vauxhall, fêtes, etc. Malgré tout, c'est de nouveau l'isolement jusqu'à l'automne. Mon ange, tu t'ennuieras, voilà de quoi j'ai peur. Est-ce pour cela que je t'ai prise à ta mère, pour que tu t'ennuies?

Ma chérie, pense à ce qui est maintenant pour nous le principal. Le principal c'est le succès de mon roman (à bas maintenant le jeu maudit, le maudit mirage ; jamais plus il n'y aura rien de pareil). Et si le roman a du succès, tout est sauvé. De plus il faut le terminer le plus vite possible, pour l'automne, absolument. Alors, en tout cas, on ne peut plus voyager entre temps ; il faut rester en place. Genève me dégoûte et à Vevey nous serons comme à la campagne. J'écrirai jour et nuit, et le changement d'endroit me calmera pour longtemps. Avec cet agréable climat les crises se calmeront, l'ennui de Genève se dissipera peut-être. Je me dirai que si je termine le roman, et avec succès, je serai délivré plus tôt. Dans deux mois je demanderai encore 3 ou 400 roubles. Alors il y aura avec quoi vivre. Là-bas, à toi aussi, le bon climat fortifiera la santé, et quand le roman sera

terminé nous soignerons et fortifierons Sonia. (Ah !
si ta mère venait, comme elle nous aiderait en
tout !) Ensuite, pour l'automne, quand le roman
sera terminé et la dette à Katkov payée (ou à
peu près) je demanderai 1 000 roubles, et à la mi-
septembre, ou à la fin, nous quitterons Vevey et
nous partirons par l'Italie, que je désire te montrer — Florence, Naples, Venise, Vienne — pour
la· Russie. (Si ta mère est avec nous, on pourra
visiter d'abord deux ou trois endroits en Suisse.)
En Russie nous arriverons sans doute sans argent,
mais si le roman a du succès (ce que je saurai) alors
j'aurai des propositions et pourrai vendre *l'Idiot*.
Je dirai nettement aux créanciers : si vous voulez
me mettre en prison maintenant (1), c'est-à-dire si
vous exigez que je vende tout de suite le roman, je
le vendrai pour un morceau de pain. Attendez,
faites-moi confiance quatre mois et je vous paierai.

Avec quoi vivrons-nous en Russie? Mais en
Russie je trouverai des ressources, je trouverai
un nouveau travail, de nouvelles commandes.
Ainsi, tout dépend du roman, de son succès et de
notre installation à Vevey. Peut-être qu'à l'avenir,
plus cela ira plus ce sera facile. Peut-être que dans
trois ans nous serons fermes et définitivement
d'aplomb sur nos pieds.

(1) A cette époque la prison pour dettes existait encore en
Russie.

Annette, ma chérie, je ne sais pas comment tu trouves cette idée, mais à moi elle plaît beaucoup. Katkov nous aidera certainement, j'en suis convaincu, j'en suis sûr. Je te lirai la lettre que je lui écrirai ici, demain, aussitôt que je serai rentré et aurai embrassé toi et Sonia. Oh! mes chéries! Mais conviens, ma joie, que si cette ignoble perte au jeu n'était pas arrivée maintenant, je ne me serais point décidé à faire ce pas qui nous débarrassera de tout et que je considère comme tout à fait sûr. Seigneur Dieu! peut-être faut-il encore le remercier pour cela, puisqu'il a fixé maintenant, définitivement, mon seul espoir sur mon travail.

Ne pense pas, ne pense pas, mon ange, que de ces 100 francs que tu vas m'envoyer je perdrai maintenant un seul franc. Si même j'étais sûr de gagner quelque chose en risquant encore une fois, j'aurais trop honte, devant toi et devant moi-même, de ce gain, après ma résolution définitive et mes nouvelles espérances. Oh! si tu savais comme tout cela m'a calmé soudain et avec quelle foi, quelle espérance j'écrirai demain à Katkov. Ce ne sera plus les lettres d'autrefois. Maintenant je suis si courageux, si énergique! Une seule chose me tourmente, c'est de penser combien de temps encore je vais rester sans vous voir, toi et Sonia. Peut-être même jusqu'à mardi. Je ne ferai que penser à vous jour et nuit. Mais ce qui me tourmente surtout c'est que tu seras au désespoir, pleureras, tomberas malade et peut-être le lait te montera-t-il à la tête. Et pourquoi, pourquoi ne t'ai-je pas écrit tout cela au lieu de cette lettre désespérée? C'est qu'alors, bien que déjà je l'entrevoyais, je n'avais pas encore mûri définitivement cette excellente idée qui m'est venue ce matin. Elle m'est venue à 9 heures à peu près, quand j'eus perdu et que j'allai me promener dans les allées. (C'est la même chose qu'à Wiesbaden, quand, après avoir perdu au jeu, j'imaginai *Crime et Châtiment* et résolus de me mettre en rapport avec Katkov. C'est le destin ou Dieu.)

Annette, crois en Dieu ; crois, ma chérie, en sa miséricorde, et sache que jamais je n'ai eu autant de courage et d'espoir ! Seule la pensée de vous deux fait que je m'ennuie terriblement. Qu'arrivera-t-il avec toi et Sonia? Tu t'ennuieras peut-être, tu t'épuiseras et Sonia, Sonia? Oh ! que plus vite je sois près de vous ! Ma chérie, jusqu'au 1er mai nous vivrons à crédit, en engageant les objets, et avec l'argent de Maïkov. Maintenant, je vais me mettre tout de suite au travail, et hourra ! Mais vous deux, ah ! mon Dieu ! Nous vivrons encore par l'amour et le cœur. Maintenant je me sens tant de courage, si sûr que nous nous installerons à Vevey. Je te jure que c'est beaucoup mieux que le gain au jeu (surtout si ta mère venait ;

il y aura de l'argent pour vivre, de cela il n'y a pas même de quoi parler.) Je t'embrasse, j'embrasse Sonia. Soyez gaies, heureuses, attendez-moi. Je tremble pour vous. Ne te tourmente pas. Dors davantage, mange plus. A propos, dis chez toi que j'arriverai lundi, que j'aurai un jour de retard.

Oh! mes chéries, je vous bénis! Que nous nous voyions le plus tôt et le plus heureusement!

Je me porte tout à fait bien. Je crains une chose : que tu n'ailles pas le soir à la poste et ne reçoives pas cette lettre aujourd'hui. Peut-être l'adresserai-je chez toi directement.

Au revoir, mon ange. Je vous embrasse toutes deux.

Tout à vous.

F. DOSTOÏEVSKY.

Nous serons sûrement à Vevey.
Crois, espère!

1870

Ma très chère Annette. Je viens d'arriver ; je n'ai encore rien mangé et ne me suis pas lavé. Ma main tremble. Je suis fatigué ; j'ai souffert terriblement ; la nuit je n'ai pas pu dormir. Le froid est ici si vif (bien que le soleil brille) que je n'en revenais pas d'étonnement. La nuit, dans le wagon (à partir de Leipzig nous étions dans le wagon comme dans une caisse de harengs) tous étaient transis et ne savaient que faire. Imagine-toi que le matin les prés verts étaient couverts de givre ; les champs, les routes, les bois, les maisons semblaient recouverts d'une couche épaisse de neige ; et cela jusqu'à 7 heures. Ici, j'ai tout d'abord ordonné de faire du feu. D'ailleurs, il me semble que je ne me suis pas enrhumé. Le soleil est plus vif et dans la rue il n'y a que 2 degrés Réaumur. Tout à l'heure on m'a dit que la semaine dernière il avait fait 20 degrés de chaleur. L'hôtel où je suis installé s'appelle Hôtel du Parc et se trouve près dé la gare. Il me semble qu'il est mauvais. C'est le garçon de l'hôtel qui m'y a amené. Du désordre, une chambre misérable, néanmoins on demande un florin et demi. J'occupe la chambre numéro 10. En attendant, en ce qui me concerne, c'est tout, mon amie. La tête me tourne un peu et je suis triste. Je vais me laver, manger, me changer et j'irai au vauxhall. En passant devant j'ai entendu la musique ; il me semble qu'il y a de la musique.

Maintenant, de toi, mon pigeon chéri. Écris-moi sans rien cacher tous les détails de ce qui te touche ; surtout si tu es bien portante, si tu n'es pas enrhumée, car je suppose que chez vous il fait froid comme ici. N'y a-t-il pas de nouvelles? Écris-moi en détail sur Luba (1), embrasse-la pour moi et dis-lui mon profond respect. Quand tu l'embrasseras embrasse-la deux fois : une fois pour toi et une pour moi. Comment vous êtes-vous arrangées pour les chambres ; est-ce que ta mère couche dans la tienne? Par un froid pareil il faut chauffer. J'ai oublié de te dire d'aller chercher mes lettres à la poste plus tard, dans l'après-midi, car je puis expédier la lettre le soir et elle arrivera tard. Va à la poste entre 4 et 5 heures.

(1) Leur seconde fille.

Ne m'en veuille pas, mon ange, de t'écrire brièvement. Je t'assure que je suis si fatigué que je tiens à peine la plume. Peut-être quitterai-je cet hôtel, il est trop mauvais. Que t'écrirai-je demain ma chérie, sur mes succès? Ce n'est pas bon de venir ici avec les nerfs dérangés. D'ailleurs, advienne que pourra. J'ai décidé d'être calme. Je t'embrasse mille fois ainsi que Luba. Je ne sais pas si tu veux saluer de ma part maman et I. G. (1). Si tu le trouves bon, fais-le. Mais ne laisse pas traîner ma lettre et l'enveloppe, afin qu'on ne sache pas d'où elle vient. Je t'aurais écrit davantage si je n'étais aussi fatigué. En route il n'y a pas eu que le froid, il y a eu aussi des choses très drôles. A partir d'Eisenach les vues sont extraordinaires. Quelle verdure. Ne m'écris pas à l'hôtel, Annette, écris poste restante, cela vaut mieux.

Je t'embrasse bien fort. Je t'aime de tout cœur. Ton

F. DOSTOÏEVSKY.

Veille sur Luba la nuit et embrasse-la pour moi.

(1) Ivan Grigorievitch Snitkine, frère de Mme Dostoïevsky.

1871

Dresde, 1er février 1871, 4 heures trois quarts.

Annette, ma chérie, ne recopie pas ce que nous avons sténographié hier. J'ai décidé de tout déchirer. En revanche, si cela ne te dérange pas, recopie le dernier feuillet. Mais si, par exemple, tu ne te sens pas bien portante, ne le recopie pas ; je bifferai tout simplement. Remarque qu'on a besoin de tout cela pour 5 heures seulement, c'est pourquoi ne te force pas trop et ne te hâte pas. J'embrasse la petite Luba, ainsi que le sieur N. N... qui se trouve en attendant étroitement isolé et se tait encore, mais qui se fera connaître comme Luba.
Ton

F. Dostoïevsky.

Réveille-moi à 2 heures, mais, auparavant, jette un coup d'œil (1).

(1) Dostoïevsky laissait souvent sur sa table des billets de ce genre, pour ne pas déranger sa femme.

Wiesbaden, 28 avril 1871. Vendredi.

Annette, pour l'amour du Christ, pour Luba, pour tout notre avenir, ne t'inquiète pas, ne t'agite pas et lis cette lettre jusqu'au bout très attentivement. Tu verras qu'en réalité ce malheur ne vaut pas un tel désespoir. Au contraire, on acquiert ainsi quelque chose qui vaut beaucoup plus cher que ce qu'on a payé. Ainsi, mon ange, calme-toi, écoute et lis. Au nom du Christ, ne te trouble pas.

Mon amie, ma chérie, mon ange, tu as compris sans doute. J'ai tout perdu : les 30 thalers que tu m'as envoyés. Rappelle-toi que tu es mon seul sauveur, et que personne au monde ne m'eût aimé. Rappelle-toi aussi, Annette, qu'il est des fautes qui portent en elles-mêmes leur punition. J'écris et pense à ce qui arrivera avec toi? Comment cela agira-t-il sur toi? Pourvu qu'il n'arrive rien? Ah ! si tu me plains en ce moment, ne me plains pas, ce n'est pas assez. Je n'ai pas osé t'envoyer un télégramme après ta lettre où tu me disais que tu serais inquiète. Imaginer seulement que le lendemain arrive un télégramme... que se passerait-il avec toi? Ah ! Annette, pourquoi suis-je parti?

Voici comment la chose est arrivée. D'abord, j'ai reçu ta lettre à midi et demie, mais il n'y avait pas encore l'argent. Ensuite je suis rentré et t'ai répondu (lettre lâche, ignoble, dans laquelle je te faisais presque des reproches). Tu recevras cette lettre probablement demain samedi si tu ne vas pas à la poste avant 4 heures... J'ai porté ma lettre, et l'on m'a dit de nouveau que l'argent n'est pas arrivé ; il était déjà 2 heures et demie. Quand je suis revenu pour la troisième fois, à 4 heures et demie, on m'a remis l'argent. J'ai demandé alors quand il était arrivé et l'on m'a répondu tranquillement : « Il y a près de deux heures. » Pourquoi donc ne me l'a-t-on pas donné à 2 heures et demie? Alors voyant que je devais attendre 6 heures et demie pour partir d'ici, je suis allé au vauxhall. Maintenant, Annette, crois-moi ou non, mais je te jure que je n'avais pas l'intention de jouer ! Pour que tu me croies, je t'avouerai tout. Quand je t'a demandé par télégramme 30 thalers et non 25, je voulais risquer encore 5 thalers, et même ce n'était pas sûr. Je comptais rapporter l'argent, s'il m'en restait. Mais quand, aujourd'hui, je reçus les 30 thalers, je ne voulais pas jouer pour deux raisons : 1° ta lettre m'avait trop frappé : imaginer ce qui sera avec toi (je me l'imagine maintenant) et 2° cette nuit j'ai vu en rêve mon père, sous un aspect horrible, tel que je ne l'ai vu que deux fois dans ma vie, et chaque fois il m'a prédit un malheur épouvantable et chaque fois le rêve s'est réalisé. (Maintenant, quand je me rappelle mon rêve : en ces trois jours tes cheveux étaient devenus tout blancs, mon cœur se fend. Mon Dieu qu'arrivera-t-il quand tu recevras cette lettre !) Mais, en arrivant au Vauxhall, je me suis mis près de la table et, mentalement, j'ai joué : devinerai-je ou non? Eh bien ! Annette, dix fois de suite j'ai deviné, même le zéro. J'ai été si frappé de cela que je me suis mis à jouer et, en cinq minutes, j'ai gagné 18 thalers. Alors, Annette, j'ai tout oublié. J'ai pensé : je partirai par le dernier train, je passerai la nuit à Francfort, mais au moins je rapporterai quelque argent à la maison. Pour ces 30 thalers que je t'ai volés j'étais si honteux ! Croirais-tu, mon ange, que toute l'année j'ai rêvé de t'acheter des boucles d'oreilles, que jusqu'à présent je ne t'ai pas rendues. Pour moi tu as engagé tout ce que tu possédais et pendant ces quatre ans tu t'es traînée à mes côtés souffrant après notre patrie. Annette, Annétte, rappelle-toi aussi que je ne suis pas un lâche, je ne suis qu'un joueur effréné.

Mais voilà, rappelle-toi encore, Annette, que cette fantaisie est maintenant passée pour toujours. Autrefois aussi je t'ai écrit cela, mais jamais je n'avais eu en moi le sentiment avec lequel je te l'écris maintenant. Oh ! maintenant, fini ce rêve, et je bénirais Dieu que tout se soit arrangé ainsi, même avec un malheur pareil, si ce n'était ma crainte pour toi, en ce moment, Annette. Annette, si tu es fâchée contre moi, rappelle-toi ce que je souffre maintenant et ce que je souffrirai encore ces trois ou quatre jours ! Si jamais, dans le cours de notre existence, tu me trouves ingrat et injuste envers toi, alors tu me montreras cette lettre.

J'ai perdu tout, vers 9 heures et demie, et suis sorti comme hagard. Je souffrais tant que j'ai couru aussitôt chez le prêtre. (Ne t'inquiète pas, je ne suis pas allé chez lui et n'irai pas.) En route, tandis que je courais dans l'obscurité à travers des rues inconnues, je pensais : c'est un pasteur de Dieu, je lui parlerai non comme à un homme mais comme à un confesseur. Mais je me suis égaré dans la ville et quand enfin je suis arrivé à l'église que j'avais prise pour l'église russe, on m'a dit, dans une boutique, que ce n'était pas l'église russe mais la synagogue juive. Ce fut pour moi comme une douche froide. Je courus à mon hôtel. Maintenant il est minuit, je t'écris. Je n'irai pas, je n'irai pas, je te jure que je n'irai pas chez le prêtre (1). Il me reste un thaler et demi en petite monnaie, assez pour envoyer un télégramme, mais j'ai peur de ce qui pourrait arriver avec toi.

(1) Mme Dostoïevsky, qui craignait que son mari n'empruntât de l'argent au prêtre, l'avait supplié, dans une de ses lettres, de ne pas aller chez lui.

C'est pourquoi j'ai décidé d'écrire cette lettre, je te l'enverrai demain matin, à 8 heures. Pour que tu l'aies sans retard dimanche, je te l'envoie à ton adresse et non poste restante. (Car si, m'attendant, tu n'étais pas allée à la poste?) Mais demain je t'enverrai peut-être une autre lettre poste restante, seulement je la porterai plus tard ; et après-demain, dimanche, sûrement j'écrirai de nouveau. Annette sauve-moi pour la dernière fois. Envoie-moi 30 thalers. Je m'arrangerai pour que cela suffise : j'économiserai. Si tu réussis à envoyer dimanche, même tard, je pourrai arriver mardi, en tout cas mercredi.

Annette, je suis à tes pieds et les embrasse. Je sais que tu as le droit absolu de me mépriser et de penser : « Il jouera de nouveau. » Par quoi puis-je te jurer que je ne jouerai plus. Je t'ai déjà trompée. Mais, mon ange, comprends : je sais que tu en mourras si je joue de nouveau. Je ne suis pas fou. Je sais qu'en ce cas moi-même je suis perdu. Mais je ne jouerai pas, je ne jouerai pas et viendrai aussitôt. Crois-moi pour la dernière fois et tu ne t'en repentiras pas. Maintenant je travaillerai pour toi et la petite Luba, sans ménager ma santé, tu verras, tu verras, toute ma vie, et j'arriverai au but : je vous mettrai à l'abri du besoin. Si tu n'as pas le temps d'envoyer dimanche, envoie lundi le plus tôt possible, alors mercredi, vers midi, je serai chez vous. Ne t'inquiète pas si dimanche on ne peut pas envoyer et ne pense pas à moi, je n'en suis pas digne.

Mais qu'est-ce que cela me ferait (je suis trempé jusqu'à la grossièreté. C'est peu : je suis un nouveau-né moralement ; je le dis à toi et à Dieu), je serais même heureux si ce n'était mon tourment pour toi pendant trois jours et la pensée constante de ce qu'il peut advenir de toi. Ne pense pas que je sois fou, Annette, mon ange gardien. Une grande œuvre s'accomplit en moi : une fantaisie stupide, méprisable, qui me tourmentait depuis dix ans s'est évanouie (1). Pendant dix ans (ou plutôt depuis la mort de mon frère, quand je me trouvai couvert de dettes), j'ai toujours rêvé de gagner. Je l'ai rêvé sérieusement, passionnément. Maintenant tout est terminé. C'est la toute dernière fois. Croirais-tu, Annette, que maintenant mes mains sont libres ! J'étais lié par le jeu. Maintenant je ne penserai plus qu'à mon travail et je ne rêverai plus du jeu des nuits entières, comme cela m'arrivait. Alors mon œuvre se réalisera mieux et plus vite et Dieu me bénira. Annette, conserve-moi ton cœur ; ne me hais pas ; ne cesse pas de m'aimer. Maintenant que je suis rénové nous mar-

---

(1) En effet, à dater de ce jour, et bien que Dostoïevsky ait fait encore plusieurs séjours à l'étranger, jamais plus il ne joua à la roulette.

cherons ensemble et je ferai que tu sois heureuse.

Et Luba, Luba! Oh! comme j'ai été lâche!
Mais je ne pense qu'à toi. Je m'imagine seulement
ce que tu éprouveras en lisant cette lettre. Et
même avant cette lettre, combien tu te tourmenteras en voyant que je n'arrive pas ; qu'est-ce que
tu penseras? Est-ce qu'on te remettra cette lettre à
temps? Et si elle se perd ! Mais comment se per-
drait-elle, si le télégramme envoyé à la même
adresse est arrivé? A tout hasard, demain j'écrirai
quelques lignes poste restante. Demain, dans la
journée, je les mettrai à la poste. Je me demande
si je recevrai une lettre de toi demain? Sûrement
non. Tu m'attends demain, donc tu ne m'écriras
pas. Si dimanche tu ne réussis pas à m'envoyer
l'argent, écris-moi. Je serai si heureux, même si tu
me maudis, d'avoir quelques lignes de ta main.
Si tu ne réussis pas à écrire dimanche, envoie la
lettre lundi, le plus tôt possible, avec l'argent. La
lettre arrivera en tout cas avant l'argent. Et moi
je serai si heureux de ta lettre. Annette, quand je
pense à ce qui sera avec toi quand tu recevras
cette lettre, je suis près de défaillir. Ce sera mon
châtiment. Et le reste, l'angoisse, l'incertitude,
tout cela je le supporterai. C'est peu. Je tâcherai
de m'occuper ; pendant ces trois jours j'écrirai
des lettres d'affaires à Katkov et à Maïkov.
Annette, crois que notre résurrection est arrivée ;

crois que, maintenant, j'atteindrai le but et te donnerai le bonheur. Je vous embrasse toutes deux. Pardonne, Annette.

Tout à toi.

Fédor DOSTOÏEVSKY.

P.-S. — Je n'irai pas chez le prêtre, en aucun cas. Il est un des témoins du passé disparu, il me serait pénible de le rencontrer.

P.-S. S. — Annette, ma joie éternelle, mon bonheur, ne t'inquiète pas, ne te tourmente pas. Ne t'inquiète pas à cause de ces maudits misérables 180 thalers. Il est vrai que, maintenant, de nouveau nous sommes sans argent, mais ce n'est pas pour longtemps et peut-être que Stellovsky nous tirera d'affaire (1). Il est vrai que maintenant il faudra engager, ce que tu détestes tant, mais c'est la dernière fois et après je trouverai de l'argent. Je sais que j'en aurai. Seulement rentrer en Russie plus vite. J'écrirai à Katkov et le supplierai d'accélérer, et je suis sûr qu'il prendra ma demande en considération. J'écrirai de telle façon qu'il le fera.

Pour l'amour de Dieu, surtout ne t'inquiète

____

(1) Stellovsky, pendant le séjour de Dostoïevsky à l'étranger, avait édité le quatrième volume de ses œuvres : *Crime et châtiment*, pour lequel il devait payer à Dostoïevsky mille roubles. Mais Dostoïevsky ne reçut cet argent que quelques années plus tard, après un procès qu'il dut intenter à Stellovsky.

pas pour moi. (Toi, mon ange, tu me maudis et me plains en même temps.) Mais ne t'inquiète pas. Je me transformerai pendant ces trois jours. Je commencerai une nouvelle vie. Ah ! plus tôt chez vous, plus tôt ensemble ! La seule chose terrible : qu'est-ce qu'il adviendra de toi quand tu recevras cette lettre? Crois seulement à mon amour infini pour toi, et maintenant je ne te causerai jamais plus de tourment, par rien.

P.-S. S. — Je me le rappellerai toute ma vie, et chaque fois je te bénirai, mon ange. Non, maintenant, à toi, à toi inséparablement ; tout à toi. Car jusqu'aujourd'hui j'appartenais à demi à cette maudite passion.

Wiesbaden, 29 avril 1871. Samedi.

Ma chère amie Annette. Je t'ai envoyé ce matin, à 9 heures, une lettre d'hier, écrite pendant la nuit et que j'ai expédiée à l'adresse Moritz-Strasse.

Maintenant j'envoie celle-ci au cas que l'autre n'arriverait pas ou serait en retard, et je l'adresse comme toujours poste restante. Ainsi je serai sûr qu'en tout cas demain dimanche tu auras de mes nouvelles.

Je te raconte tout dans cette lettre. J'ai perdu

tes derniers 30 roubles et je te prie de me sauver encore, pour la dernière fois, et de m'envoyer encore 30 roubles. Mon amie, je me suis éveillé aujourd'hui à 8 heures du matin après m'être endormi à 4 heures. Il m'a fallu courir à la poste porter ma lettre de la nuit. Dans la journée j'ai eu encore plus peur pour toi. Dieu, qu'est-ce qui va se passer avec toi? Qu'ai-je fait? (Je n'ai pas osé t'envoyer un télégramme pour ne pas t'effrayer. J'ai pensé qu'il valait mieux envoyer une lettre à Moritz-Strasse, que tu l'aurais plus vite. Tout cela je te l'ai expliqué dans ma lettre d'hier.) J'ai devant moi encore trois jours de souffrance insupportable. Il me semble que physiquement je vais bien. Mais toi, est-ce que tu es bien portante? Voilà ce qui m'inquiète.

Je n'irai pas chez le prêtre. J'ai oublié de t'écrire dans la lettre précédente quelque chose qui peut être très important. Si tu reçois une lettre à la maison, c'est-à-dire à l'adresse Moritz-Strasse, puisque au lieu de la lettre c'est moi que tu attendais, tu pourrais dire à ta mère, qui sait sans doute que tu m'attendais, que j'ai eu une crise et qu'en cet état je n'ai pas pu risquer de partir pour rester dix-sept heures dans le train et passer une nuit sans sommeil, et que c'est pourquoi j'ai décidé de rester encore deux ou trois jours pour me reposer afin que la crise ne se répète pas. Voilà comment

on peut lui expliquer mon retard. Et si elle a appris
ou deviné que tu es allée engager quelque objet
pour m'envoyer l'argent, dans ce cas aussi on peut
trouver une explication : que, comme à l'ordinaire,
dans mes crises, j'ai abîmé le matelas, qu'on m'a
demandé pour cela 15 thalers et que, pour qu'on
ne crie pas, j'ai consenti à payer, mais que, maintenant, il me manque de l'argent pour retourner
à Dresde, et que, devant attendre cet argent trois
jours, j'aurai aussi des dépenses supplémentaires,
de sorte qu'il faut m'envoyer non pas 15 thalers,
mais davantage.

Annette, je pense toujours à toi et me tourmente. Je pense à notre retour en Russie. J'ai tout
calculé. Avec l'argent de Katkov et de Maïkov
nous pourrons nous tirer d'affaire, et Katkov arrivera avant juin (je lui écrirai et le lui demanderai).
Mais j'écrirai aussi d'une façon pressante à Maïkov.
J'ai calculé qu'avec cet argent on pourra faire
tout, même acheter des vêtements, du linge et
payer le voyage. Et à Pétersbourg je trouverai de
l'argent, j'en suis sûr. En outre, je suis convaincu
qu'Ivan Grigorievitch (1) ne refusera pas de me

(1) Frère de Mme Dostoïevsky. Il avait hérité cet argent de
son père et, plusieurs fois, avait proposé à Dostoïevsky de le
lui prêter ; mais il ne pouvait le toucher avant sa majorité.
Cette même année, à l'automne, Ivan Grigorievitch amena
de Dresde à Vienne sa future femme Olga, qu'il épousa secrè-
tement. Cet événement lui occasionna de grosses dépenses,

prêter 4 000 roubles. Il passera tout l'été à Tsars-koié-Sélo. Tu ne peux t'imaginer, Annette, quel ferme espoir j'ai que nous ressusciterons et serons tout à fait d'aplomb pour l'hiver. Dieu nous aidera, je le crois.

Je suis arrivé à la conviction que, dans notre situation, avec nos dépenses extraordinaires, quelque argent que nous recevions, cela ne sera pas suffisant ; nous aurons toujours l'air de gens dans la dèche, et, pour sortir de là, il faudrait d'un coup une forte somme, en dehors de nos ressources ordinaires, c'est-à-dire quatre ou cinq mille. Alors, bien rétablis, nous pourrions marcher. Et je m'arrangerai pour cela. J'ai beau réfléchir, il est impossible qu'Ivan Grigorievitch refuse. C'est impossible. Mais la chose principale, maintenant, c'est le retour en Russie. Voilà ce qu'il faut réaliser avant tout. Aujourd'hui même je vais écrire à Katkov. Annette, ne regrette pas l'argent. Je comprends comme il t'est pénible d'engager, mais bientôt, bientôt, tout sera terminé pour toujours. Nous ressusciterons. Crois-le. Ah ! Annette, prends soin de toi pour notre futur enfant, pour Luba et pour moi. Ne t'inquiète pas. Ne te fâche pas que j'écrive ainsi. Je comprends moi-même ce que j'ose en te disant de prendre soin de toi, alors que moi-

de sorte qu'il ne pût prêter à son beau-frère qu'une très petite somme.

même ne le fais pas. Annette, je souffre tant maintenant que je suis déjà trop puni, sois-en sûre. Je me rappellerai cela longtemps. Mais maintenant, que Dieu te conserve. Que deviendrais-je? Mon cœur s'arrête quand j'y pense!

Aujourd'hui pluie, humidité, tout est mouillé, tout est triste, mais je pense à l'avenir avec courage. L'idée de l'avenir me ressuscite. Si j'avais seulement le temps, la tranquillité, mon roman serait admirable (1). Alors, une seconde édition dans la revue; nous aurons du crédit et, de nouveau, nous serons sur nos pieds. Oh! seulement plus vite aller en Russie! Fini le maudit étranger, finie la fantaisie... Avec quelle haine je me rappellerai ce temps-là. Seulement pardonne-moi et ne cesse pas de m'aimer. Au revoir mon amie. Je vous embrasse toi et Luba. Demain j'écrirai de nouveau.

Tout à toi.

F. DOSTOÏEVSKY.

P.-S. — Je comprends bien que dimanche tu ne pourras ni trouver ni envoyer l'argent. J'attendrai jusqu'à mardi, mais lundi, à tout hasard, je passerai à la poste. Je vais à la poste au moins deux fois par jour. Je vous verrai peut-être mer-

___

(1) *Les Possédés.*

credi, c'est-à-dire, certainement, si Dieu m'aide et si je reçois l'argent pas plus tard que 3 heures, mardi. J'ai demandé la note à l'hôtel ; des prix de brigands : 18 florins. Alors jusqu'à mardi ce sera 30 florins ou un peu plus. Avec le reste je voyagerai en troisième classe. Au revoir, mon ange, au revoir. Je t'embrasse.

Wiesbaden, 1er mai 1871. Lundi.

Ma chère amie Annette, je ne t'écris que quelques lignes en attendant ta lettre. Tout de suite je vais aller à la poste et si je n'ai pas une lettre de toi, au moins quelques lignes, je serai très malheureux. Sans doute, je n'espère pas recevoir de toi l'argent aujourd'hui. Je ne pense qu'à retourner au plus vite. Je vis dans une sorte de fièvre, et c'est très pénible. Hier la journée a été dure pour moi, et, en outre, il pleuvait, le temps n'est redevenu beau que dans la soirée, et je me suis promené. Mais le soir je suis toujours plus triste. Je pense sans cesse à toi et m'imagine comment tout cela agit sur toi ; je dors mal, j'ai des cauchemars.

Que fait Luba ? Embrasse-la et dis-lui que papa l'embrasse. Rappelle-moi à elle de temps en temps pour qu'elle ne m'oublie pas. Je crains beaucoup, quand je ferai les comptes, qu'il n'y ait pas d'argent pour tout. Mais je m'arrangerai. (Sois sûre que je n'irai pas là-bas. D'ailleurs c'est même inutile de l'écrire.) Voilà déjà une semaine que nous ne nous sommes vus.

Eh bien ! au revoir, ma chérie. J'ai comme la fièvre : que trouverai-je à la poste? Le maudit employé ne me donnera peut-être pas la lettre ou l'égarera. Si tu savais comme ils sont négligents à la poste d'ici, et comme ils sont arrogants. S'il faut encore ajouter quelque chose je rentrerai à l'hôtel, décacheterai ma lettre et écrirai. Au revoir mon amie éternelle. Je vous embrasse tous trois.

A toi.

F. DOSTOÏEVSKY.

1 heure et demie.

A l'instant (juste à une heure) j'ai reçu ta chère lettre, et j'ajoute quelques mots à la mienne. Ce qui m'a attristé le plus (sans plaisanter) c'est que Luba prenne le logeur pour moi. Alors elle a déjà réussi à m'oublier? Mais, avant, elle appelait tous les hommes papa. Quel être léger, quel cœur frivole ! Mais toutes les femmes sont ainsi, sauf toi. Merci Annette, tu m'as sauvé, et je te revaudrai cela. Maintenant, je parlerai de la chose la plus nécessaire. J'ai reçu la lettre mais pas encore l'argent. J'ai expliqué tout au directeur de la poste, et il m'a dit de la façon la plus absolue qu'avant

7 heures, ce soir, je ne recevrai pas l'argent. Néanmoins j'irai à la poste à 3 heures. Mais que faire maintenant, Annette? Si je n'ai pas l'argent avant 4 heures je ne puis partir aujourd'hui de Francfort; il n'y a pas de train. Alors il me faudra passer la nuit à Francfort. (Ici c'est très cher; la note est épouvantable; je doute d'avoir assez d'argent.) Si passer la nuit à Francfort, alors où? A l'hôtel? Et si on ne me réveille pas le matin? Rester à la gare toute la nuit? Mais la gare est fermée la nuit. Enfin je déciderai d'une façon quelconque. Le plus sûr, attends-moi demain jusqu'à minuit : le train arrive vers 11 heures. Pour l'amour de Dieu ne fais pas la sottise de venir à la gare à cette heure. Pour l'amour de Dieu, tu entends : je t'en supplie.

Note très importante. — Si je n'arrive pas demain (c'est-à-dire mardi) vers minuit, pour l'amour du Christ ne sois pas désespérée et ne pense pas que j'ai de nouveau perdu. Ce ne sera pas et ne peut être. S'il arrive que je tarde, c'est que j'aurai été retenu en route. Sait-on ce qui peut arriver?

Dernière note. — Probablement j'arriverai affamé, parce que je crois bien que je n'aurai pas d'argent pour manger en route. C'est pourquoi je te prie de préparer quelque chose pour mon arrivée, et si tu es tout à fait chrétienne, chère Annette, n'oublie pas de me préparer, en outre, un paquet de cigarettes, parce que sûrement je n'aurai pas de quoi en acheter.

Je suis tout mouillé, la pluie tombe sans arrêt et je n'ai pas de parapluie. Ce sera mal si je ne me suis pas séché avant le départ.

Au revoir ; à bientôt.. Je t'embrasse. A toi.

F. DOSTOÏEVSKY.

1872

Moscou, 2 janvier 1872.

Ma chère, ma précieuse Annette, ta lettre d'hier avec le mot de Luba m'a fait une si grande joie. Mon petit ange ! Je me représente comment elle a écrit cette lettre. Embrasse-la fort et sois indulgente pour elle si elle est capricieuse. Le petit Fédia (1) me réjouit beaucoup d'être guéri. Est-ce que vous êtes tous bien portants maintenant? Embrasse-le aussi, mon petit gars. Je parie qu'il me reconnaîtra quand j'arriverai et me sourira. Écoute, Annette, vos 13 degrés m'inquiètent (ici il y a eu quelque chose d'approchant, mais aujourd'hui pas plus de 8 degrés). Ton manteau n'est pas pour 13 degrés ; ne t'enrhume pas, pour l'amour de Dieu, veille sur toi, et, s'il arrive quelque chose, envoie-moi un télégramme. Je m'inquiète beaucoup pour vous et, principalement, j'ai un grand

____

(1) Fils de Dostoïevsky, né à Pétersbourg le 16 juillet 1871, décédé à Moscou en 1922.

désir de vous voir. Cependant ici (à cause des fêtes) j'ai appris combien je dépense de temps inutilement, ce qui est ennuyeux et dommageable. Hier j'ai pu seulement déposer ma carte de visite pour Katkov et sa femme, mais aujourd'hui, malgré que Katkov soit terriblement occupé et que, sauf moi, une foule de gens l'assomme à tout moment, je suis allé chez lui, à une heure, pour lui parler de l'*affaire*. A peine suis-je arrivé jusqu'à lui. Dans l'antichambre trois autres personnes attendaient l'audience. Enfin je fus introduit et exposai tout net ma demande d'argent et de règlement des comptes anciens. Il m'a promis une réponse définitive pour après-demain, 4. Ainsi ce n'est que le 4 que j'aurai la réponse, et pour toucher l'argent et le reste il faudra encore du temps. Ce sera bien si je réussis à partir le 5, mais si c'est le 6 ou le 7? Le principal c'est que je dépense de l'argent ici. Averkiev m'a invité pour demain à dîner. Quant à Véra je ne passe chez elle que les soirées. J'ai honte d'y dîner parce qu'il me semble qu'ils sont très gênés ; on le voit ; de sorte que je dîne à mes frais. Ainsi, après-demain je t'écrirai définitivement le résultat, et s'il arrive quelque chose je t'écrirai demain aussi. Katkov donnera sûrement quelque argent. Je l'ai vu à son ton, et il ne m'aurait pas retenu ici pour rien. De chez Katkov, je suis allé chez Aksakov qui m'a reçu admirablement bien ; je suis resté chez lui trois heures ; il m'a invité pour jeudi soir, mais c'est une circonstance imprévue qui pourra me retenir à Moscou jusqu'à jeudi. Je me demande toujours, ma chérie, si Poliakov ne t'a pas fait peur (1)? Mais, pour l'amour de Dieu, ne te trouble pas. Il ne pourra prendre aucune mesure fâcheuse avant mon retour, même s'il voulait nuire. Voilà, c'est avec Hinterlakh (2) qu'il aurait fallu s'entendre ; cela m'inquiète davantage.

Où as-tu passé le réveillon du 31 décembre? Moi, naturellement, chez Véra. Il y avait Sacha Karépine (3), et ce fut assez amusant, bien que toutefois très triste.

Pleschéev n'est pas ici. Je me propose d'aller voir Tchaev. Je crois que je n'irai pas à la rédaction de *Besséda* (4). Je n'ai pas encore eu le temps d'aller voir Hélène Pavlovna et, au surplus, ils ont la scarlatine. Fais attention aux enfants, pour l'amour de Dieu ; veille sur eux.

L'œil me fait un peu plus mal, mais moins qu'à Pétersbourg.

Au revoir, mon ange. Je pense qu'après le 4 tu n'auras plus à m'écrire parce que nos lettres se

(1) B.-B. Poliakov, l'un des créanciers de Dostoïevsky.
(2) Mme Hinterlakh, autre créancier.
(3) Docteur A. P. Karépine, neveu de Dostoïevsky, fils de sa sœur Varvara.
(4) Revue qui avait demandé un roman à Dostoïevsky.

croiseraient. Mais le 4 écris, et s'il arrive quelque chose écris ou télégraphie. Mais Dieu veuille que ce ne soit pas nécessaire.

Je t'embrasse de tout cœur. Je t'aime beaucoup. J'embrasse et bénis les enfants. Je remercie beaucoup Luba pour sa lettre. Baise-lui la main, achète-lui des bonbons et dis que c'est papa qui les lui donne. Le petit Fédia avec sa bouche ouverte je l'embrasse droit sur la bouche.

Tout à toi.

F. DOSTOÏEVSKY.

Moscou, 4 janvier 1872.

Mon cher petit pigeon Annette. Je suis allé aujourd'hui chez Katkov et, de nouveau, une difficulté. Il s'est excusé et m'a demandé d'attendre que les comptes soient faits ; ils n'ont pas encore eu le temps de les faire. Je pense que tout sera décidé demain. Mais si même la réponse est favorable, avec la lenteur et la négligence d'ici, il est douteux que tout soit terminé en un jour. Je pense, toutefois, que le 6 au plus tard, au pire le 7, je partirai, d'autant plus que je dépense un argent fou et que j'en pourrais manquer. Le pire serait une réponse défavorable, et je crains qu'elle ne soit telle, bien que Katkov désire vivement m'obliger. De chez Katkov, je suis allé chez Voskoboïnikov (dans la même maison). C'est une ancienne connaissance ; il travaille maintenant chez Katkov, dans la rédaction des *Moskovskia Viedomosti*. J'ai appris par lui que mes comptes, chez eux, sont dans un grand désordre, mais que lui-même, sur la demande d'Averkiev, les a vérifiés avant-hier et, qu'en définitive, c'est probablement moi qui redois 1 300 roubles. Remarque que les deux dernières feuilles du roman, qu'ils ont supprimées (1) ne sont pas entrées dans le compte. Ensuite il m'a dit que, depuis l'année dernière, les paiements ne sont faits qu'avec l'assentiment de Léontiev, auquel Katkov lui-même a donné bénévolement un pouvoir despotique. Ainsi, tout dépend de Léontiev, et je ne suis pas sûr des bonnes dispositions de cet homme pour moi. Voskoboïnikov pense même que Katkov ne m'a pas répondu aujourd'hui uniquement parce qu'il n'a pas encore eu le temps de parler à Léontiev, qui est très pris au lycée. De sorte que, de nouveau, je ne suis sûr de rien, et, principalement, s'ils refusent, je serai forcé tout simplement de rompre avec eux, ce qui sera très mal. Comme je regrette de t'avoir dit de ne plus m'écrire à partir du 4. On pourrait même écrire le 5, sans crainte que nos

(1) Le chapitre des *Possédés* ayant pour sujet la confession de Stavroguine. Ce chapitre supprimé a été retrouvé en 1921 et, depuis, a été publié.

lettres se croisent. Tes lettres, mon cher ange, me font un grand plaisir. Mais est-ce que maintenant tout va bien chez vous? Je suis content pour toi et Luba que vous ayez eu toutes deux un joyeux arbre de Noël. Embrasse-la. Je crains qu'elle ne m'oublie. Comment va Fedia? Est-il bien portant? Fait-il beau temps chez vous? Ma chérie, chauffe, si même vous n'avez qu'un peu froid. Aujourd'hui, ici, il y a 20°. Hier matin, Averkiev m'a apporté un billet de théâtre et j'ai vu son drame ; après j'ai dîné chez lui, et le soir je suis allé chez Véra. Chez eux c'est bien triste, ils manquent totalement d'argent. J'ai offert de leur prêter quelque chose, fraternellement, mais elle n'a pas accepté. Aujourd'hui Sonia devait recevoir du *Rousski Viesinik* 140 roubles.

En général, ici je m'ennuie beaucoup et, principalement, cette incertitude. Demain, en tout cas, je t'écrirai.

Au revoir, ma joie, ma chère Annette. Je t'embrasse de tout cœur. Je t'avoue que, malgré tout, j'espère encore fortement. Par exemple, j'ai raconté à Katkov, en tête à tête, le sujet de mon futur roman et j'ai appris d'Averkiev qu'il l'a déjà raconté à deux personnes. Si c'est ainsi il ne peut traiter ma demande avec négligence. (Mais il y a Léontiev).

J'embrasse nos enfants Luba et Fédia. Soigne-les

le mieux possible, Annette ; n'épargne pas la viande. Je crains que les créanciers ne te tracassent. J'ai peur horriblement de Poliakov.

Au revoir mon ange. J'embrasse Luba et Fédia. Je t'embrasse.

Tout à toi. Ton affectionné,

Fédor DOSTOÏEVSKY.

Que tu fasses l'acte de propriété au nom de ton frère, c'est bien. Tous te saluent. Mes compliments à Olga Kirilovna (1) et à son époux.

Staraia-Roussa, samedi 27 mai 1872.

Ma chère Annette, aujourd'hui, à 1 heure de l'après-midi, j'ai vu Fédia. Selon moi il est tout à fait bien portant et gai. Aussitôt il m'a reconnu et a grimpé pour ôter mon chapeau. Je crains que ce ne soit son idée fixe, le chapeau. Le prêtre lui a déjà donné en pleine propriété son vieux chapeau, mais le principal, ce n'est pas le chapeau, mais le fait de l'ôter de la tête. En ce moment on le berce pour l'endormir (3 heures), mais pendant ces deux heures il est venu me trouver et n'a cessé de babiller. Il aime aussi

(1) Femme du frère de Mme Dostoïevsky, Ivan Grigorievich Snitkine.

beaucoup ramper sur le parquet. Il n'a pas du tout maigri, mais son visage est parsemé de petites taches de la grosseur d'une lentille, assez foncées. On m'a dit que ces taches étaient auparavant beaucoup plus nombreuses et plus rouges et que, maintenant, elles passent. Son petit ventre est tout à fait bien et ses selles sont bonnes et régulières. Il paraît très gai. On dit que les premiers jours il était triste, se traînait d'une chambre à l'autre et cherchait tout le temps. La nounou dit que la première nuit il n'a pas du tout dormi, mais il mangeait avec appétit ; maintenant il dort bien. En général, en ce qui le concerne tout va bien. Hier on a ouvert ici le Vauxhall. J'attendrai encore un jour et si les taches ne passent pas je m'adresserai à Rokel ou à Shenk. Le prêtre m'a rencontré avec joie, m'a interrogé sans fin et je lui ai raconté tout. La nounou est très contente du succès de l'opération, mais paraît mécontente que tu ne viennes pas ici.

En ce moment la tête me tourne parce que je n'ai presque pas dormi. A Novgorod nous n'avons pas trouvé le bateau parce que, à l'occasion de l'ouverture du Vauxhall, il a fait un voyage spécial avec le gouverneur à son bord. Le bateau est arrivé à 6 heures du matin, mais on a permis d'embarquer seulement après avoir pris les billets, à 7 heures et quart. De 2 heures à 6, je suis resté à l'hôtel de Soloviev, où j'ai dormi une heure et demie seulement. Ici le temps est clair, mais il pleut chaque jour. Il ne fait pas aussi chaud qu'à Pétersbourg ; d'ailleurs le climat est merveilleux.

Maintenant, le principal, c'est Luba. Je suis très inquiet pour elle. Si tu sors avec elle dans la rue et qu'il t'arrive de t'évanouir? Enfin tu peux tomber malade. En outre, est-ce que le petit bras sera droit quand, dans trois semaines, on ôtera l'appareil? Il y a eu assez de mal par notre négligence et notre confiance. Il faut que les os se soudent. La chaleur est peut-être mauvaise pour elle et elle peut tomber malade. Pour l'amour de Dieu que ta mère ne t'abandonne pas ! Ta situation avec Lili est bien pire et plus désagréable que celle d'Olga Kirilovna, qui sera entourée de toutes les commodités et des raffinements de la science. Et eux-mêmes, j'en suis convaincu, ne permettront même pas à maman de laver leur bébé. Je me demande aussi comment tu viendras ici avec tous ces tracas. Je m'ennuie de Lili, je l'ai laissée en un moment si critique ; sans doute je ne pourrais lui être très utile, mais cependant je la verrais et ne serais pas si triste. Sois prudente quand tu sors avec elle dans les rues ; à Pétersbourg, on bouscule tant, il y a tant d'ivrognes. Pour l'amour de Dieu, ne va pas voir les fêtes, celle du 30 mai ; sûrement que dans la foule on casserait de nouveau son petit bras. Je pense à tout cela et à mille autres choses et m'ennuie.

Ton billet m'a embrouillé : 1º nous n'avons pas ici de blanchisseuse, alors à qui pourrais-je donner tout de suite tout à laver. J'avais pensé que nous avions depuis longtemps une blanchisseuse. Marie a amené une femme quelconque et je lui ai donné quelques pièces à laver, à l'essai (naturellement en faisant une note du linge). 2º dans ton billet, que j'ai devant moi, il est dit clairement et nettement que tout le linge, propre et sale, et le gros linge, je le trouverai dans la grande malle. Fatigué, fourbu par le voyage, me tenant à peine sur mes jambes, je me suis mis à chercher dans la grande malle, et là je n'ai rien trouvé, absolument rien, pas un morceau. Il y a deux ou trois chemises à toi, blanchies il me semble à Dresde, et rien de plus, sauf quelques chiffons. A vrai dire, il y a encore une serviette, qui enveloppait des chiffons, mais c'est tout, et de linge pas de trace. Il y a un peu de linge dans la petite armoire, ensuite mon linge sale dans l'armoire à habits et des objets quelconques sur les chaises ; deux ou trois serviettes dans le second tiroir de la commode et des draps sales. En un mot tout est dispersé et jeté dans un désordre parfait. La blanchisseuse reviendra lundi, alors je ramasserai les autres chiffons, les lui donnerai et inscrirai. Maintenant mes jambes fléchissent ; j'ai fouillé la malle toute une heure et demie. Je n'ai rien chiffonné. D'ailleurs je chercherai encore. En général, n'ayant pas la liste du linge, il me sera difficile de rétablir l'ordre.

Ici pour qu'une lettre parte le jour même, il faut la mettre à la poste avant 9 heures du matin. Ainsi cette lettre ne pourra plus partir aujourd'hui et ne partira sans doute que demain. Je ne pense pas à toutes les autres affaires, je suis trop fatigué et tombe de sommeil. Seulement je souffre en pensant que quelque chose pourrait vous arriver et je pressens que ces trois semaines je ne serai pas tranquille. Ici, quand on commence à faire prendre des bains salés aux enfants, les deux premières semaines paraissent des éruptions qui se dissipent dans les trois mois. Est-ce que Fédia ne serait pas scrofuleux? Encore avant le bain, simplement sous l'action de l'air d'ici, l'éruption a commencé chez lui. Ne lui faudrait-il pas des bains? D'ailleurs si l'éruption ne passe pas d'elle-même, je m'adresserai à Shenk ou à Rokel. Sauf ces taches (qui diminuent), je répète qu'il est tout à fait gai et bien portant. J'embrasse Lili sans fin. Parle-lui de moi. S'est-elle souvenue de moi au moins une fois? Eh bien au revoir. Je te prie instamment de m'écrire au moins cinq lignes, mais plus souvent et surtout avec pleine franchise. Je t'embrasse bien fort.

A toi. Ton très fatigué.

Fédor DOSTOÏEVSKY.

P.-S. — Les taches du visage de Fédia sont plus petites qu'une lentille, je me suis trompé ; elles sont brun-pâle ; au commencement elles étaient rouges. Il se gratte beaucoup les bras et les jambes. Il vient de s'éveiller ; il est très gai. Imagine-toi que le prêtre n'a pas encore reçu mes deux lettres.

Staraia-Roussa, 28 mai 1872, dimanche.

Ma chère Annette, je veux t'écrire encore une fois et après je t'écrirai, comme convenu, tous les deux jours. J'attends avec impatience ta lettre, il est déjà 7 heures, je n'aurai probable-ment rien aujourd'hui. Comment va Luba? Je m'inquiète terriblement pour notre future ins-tallation à Pétersbourg. Hier soir Fédia a pris un bain, mais la nuit il s'est réveillé souvent. D'ailleurs il est tout à fait bien portant et va très bien à la selle ; il est très gai, arrache les chapeaux et rit tout le temps. Je soupçonne que ses dents commencent à percer, parce qu'il mord beaucoup, mais il n'a pas de fièvre. Il me semble que la nounou aime trop à le bercer pour l'endormir. Selon moi, cela épaissit le sang, tandis qu'il aurait besoin de se promener. La famille du prêtre, lui surtout, aime beaucoup Fédia, à ce qu'il me semble. Les taches sont toujours là, très petites. et tout à fait de la couleur de ses cheveux. Aujourd'hui il y a même trois taches nouvelles, rouges. Mais je suis convaincu que ce n'est point une maladie mais tout simplement la floraison. Il y a eu ici trois grands changements : l'air, l'eau, la nourriture. Tout à l'heure le prêtre m'a raconté qu'il a rencontré un médecin et lui a demandé ce que cela veut dire quand paraissent sur le visage des taches, comme chez Fédia? Il a répondu que cela arrive toujours chez les bébés soumis à de pareils changements, qu'un seul de ces changements, par exemple de l'air, suffit parfois à provoquer pour quelques jours, non seulement la floraison, mais même une éruption. Il a demandé, en outre, si l'enfant est gras ou maigre? S'il est gras, cela durera certainement quelques jours. Ayant appris qu'il est gai, mange bien, marche bien, qu'il n'a pas de température, il a dit qu'il n'y a pas de quoi s'inquiéter, et que ce doit être ainsi. D'ailleurs, si demain ou après demain les taches ne passent pas, malgré sa bonne santé, j'appellerai Shenk. Je t'avoue que j'ai peur de consulter un médecin avant ton arrivée : on peut tomber sur un imbécile qui s'écriera aussitôt qu'il faut soigner la scrofule, tandis que Fédia n'est en rien scrofuleux. Avec les médecins, cela arrive très souvent.

Soigne bien Luba et, pour toi-même, fais plus attention à ta santé ; dors davantage, par exemple. On ne peut ne pas sortir, mais j'ai terriblement peur qu'il ne vous arrive quelque chose dans la rue.

Ici je m'ennuie beaucoup. Le temps est beau, pas trop chaud, mais toute la journée il est tombé une petite pluie. Avec Roumiantzev (1), je suis allé ce matin chez Ivan Smelkov, l'archiprêtre, lui faire visite. Sa femme a exprimé le désir de faire ta connaissance. L'archiprêtre a paru très content de ma visite, mais il me semble qu'il est dix fois au-dessous de notre Roumiantzev.

Je suis allé à la gare, à l'administration des eaux, et je suis arrivé à la conclusion qu'il n'y a rien de plus difficile que de recevoir un renseignement. Il faut tout chercher soi-même. Il n'y a pas énormément de promeneurs dans le jardin, mais il y a pas mal d'officiers venus du dehors et beaucoup d'enfants scrofuleux. D'ailleurs les baigneurs continuent à arriver et parcourent la ville en quête de logements. Je suis convaincu que jusqu'à votre arrivée je vais m'ennuyer beau-

(1) Le Père Jean Roumiantzev, propriétaire de la villa où logeait Dostoïevsky.

coup ici. Demain, je me mettrai au travail; le principal, que tu ne puisses m'aider en sténographiant; j'aurais bien voulu expédier le plus tôt possible la suite (1) au *Rousski Viestnik*. Aujourd'hui le prêtre m'a rendu l'argent. J'ai pris finalement, sans objection, 21 roubles; quatre sont déjà dépensés. En tout, j'ai en poche 72 roubles. Ah ! Annette, il faut travailler, terminer la tâche et l'argent viendra. Mais je me tourmente pour vous jusqu'à la souffrance. Et si tu tombes malade, qu'arrivera-t-il de Luba? Si au moins tu écrivais. Que fait maman? Est-ce que Olga Kirilovna a accouché? (Fédia s'est réveillé et il ne cesse de jaser avec nounou. Il aime beaucoup à jaser, mais il ne dit autre chose que da da, li li li ou éclate de rire et ne prononce rien de plus. Aujourd'hui il nous a décoiffés, moi et le prêtre, peut-être dix fois.)

Ici, le public est terriblement cérémonieux et s'efforce de ressembler au grand monde en parlant un français atroce. Les dames tâchent de briller par leurs toilettes, bien que tout doive être une affreuse camelote. Aujourd'hui s'ouvre le théâtre dans le jardin : on jouera une comédie d'Ostrovski. Les prix sont élevés. Cependant j'aurais voulu y aller pour connaître cette pièce.

(1) Des *Possédés*.

T. I.   8

Il y a très peu de cafés et de pâtisseries. Cette ville d'eaux est terriblement miteuse. Le parc ne me plaît pas, et tout ce Staraia-Roussa n'est rien du tout. Cependant l'air d'ici vous ferait du bien à toi et à Luba. Je t'embrasse. Je bénis Luba et prie pour elle. Rappelle-moi à son souvenir. Oh ! si vous étiez ici plus vite ! Alors nous pourrions penser à l'avenir. Pour l'amour de Dieu, écris surtout, très franchement. Tu vois, moi je t'écris tout. A toi.

F. DOSTOÏEVSKY.

Embrasse Luba. Je t'embrasse. Je t'en prie, ne maigris pas.

Staraia-Roussa, 30 mai 1872.

J'apprends par toi, mon amie, la mort de Marie Grigorievna (1). J'ai été très frappé et plains énormément la pauvre femme. Mais comment est-elle morte le 1er mai, quand, depuis trois mois seulement, nous entendons parler de sa maladie? C'est malheureux pour les enfants. Ton intention au sujet de ta mère, je la réprouve au plus haut degré. Elle est contraire à toutes les données de l'expérience et de la connaissance

(1) Sœur de Mme Dostoïevsky, décédée à Rome.

du cœur humain. Si tu l'amènes à Staraia Roussa et ne lui annonces la nouvelle qu'ici, alors elle sera beaucoup plus frappée ; c'est-à-dire qu'elle sera frappée de la façon la plus intense ; tu choisis la façon la plus foudroyante. Écoute. Si Pavel Grigorievitch est désespéré, si les enfants pleurent, alors en lui apprenant maintenant, la moitié de sa douleur sera dépensée à les plaindre ; elle pensera que, malgré tout, ils n'ont pas perdu moins qu'elle et même que les enfants ont perdu encore plus. Sa douleur, malgré elle, s'atténuera devant leur douleur et il sera plus facile pour ta mère de pleurer sur les enfants et avec les enfants. Au contraire, si on le lui cache maintenant, alors après le premier moment de la douleur elle partira aussitôt pour Pétersbourg, près des enfants, afin de pleurer sur eux (et elle sera convaincue de leur être utile). Et comme elle t'en voudra en se rappelant que depuis longtemps elle n'a pas vu les enfants, ou que, peut-être même, elle avait mal jugé Marie ! En un mot, il faut lui apprendre le malheur tout de suite, et, pour la soulager, la mettre immédiatement en rapport avec Pavel Grigorievitch et les enfants, surtout avec ceux qui pleurent. Autrement tu seras peut-être cause qu'elle tombera malade.

Mais je sais qu'avec vous autres, les Snitkine, quoi qu'on dise, on ne peut rien obtenir ; c'est pourquoi je suis sûr que tu ne m'écouteras pas. Mais je t'aurais conseillé d'amener maman à Staraia-Roussa après qu'elle saura (quand toi-même viendras). Ici on est isolé, il y a beaucoup de chambres, elle sera chez elle, comme en Saxe, et pourra se reposer. Alors invite-la et insiste. Mais pour cela, il faut absolument lui dire maintenant.

Je me tourmente pour Lili et j'imagine la chaleur ou le froid de Pétersbourg. Tu n'écris rien du temps. Est-ce que le petit bras se remettra droit? J'ai lu dans les journaux qu'il y a la petite vérole à Pétersbourg. Prends garde aux quartiers Saint-Basile et Pétersbourg, c'est là que sévit la petite vérole. Écris-moi de Lili, je t'en prie.

Fédia est bien portant et très gai. Hier j'ai fait venir Shenk. Il l'a examiné attentivement et dit que ce n'est absolument rien, que cela arrive chez tous les enfants. Il n'est point besoin de bains salins, mais il ne serait pas mal de laver de temps en temps dans le baquet avec du savon. Comme Fédia n'a cessé de rire devant lui, il n'a pu ne pas l'admirer et a dit que pour dix mois c'est un bel enfant.

Notre nounou est bonne et aime Fédia, mais elle est originale et il faut aussi la surveiller; elle n'aime pas dire comment l'enfant se salit, etc. Ici, les soirées, après 7 heures, sont humides et elle promène Fédia toujours dans la même blouse, sans bonnet, et le pose sur le sol. Le prêtre et moi surveillons cela, ne t'inquiète pas.

Où est-tu maintenant? N'est-tu pas installée dans un autre appartement? Voilà, je crains que ce décès d'une femme jeune et forte n'impressionne fâcheusement Olga Kirilovna, à la veille de son accouchement. Hier, j'ai reçu ta première lettre. Vous écrivez trop peu, Madame. Enfin j'ai trouvé dans la malle deux draps et quelques serviettes, mais c'est tout. Mon linge n'y était pas, mais je l'ai trouvé ailleurs.

J'embrasse Lili. Ce serait bien d'écrire maintenant un peu plus souvent. Je t'embrasse.

Ton

F. DOSTOÏEVSKY.

P.-S. — Profonde pitié pour Marie ; elle n'avait maintenant qu'à se laisser vivre. Je crains que les malheurs ne fondent maintenant sur nous. Ce serait bien que nous nous réunissions au plus tôt. Je fais toujours de mauvais rêves. Les taches de Fédia diminuent, mais il s'est gratté affreusement les jambes, d'anciens boutons causés par les moustiques de Volkoff et les punaises d'ici. Shenk a vu tout cela et dit qu'il n'y a aucune maladie, que les piqûres de moustiques passeront d'elles-mêmes ; que les taches ce n'est rien, et s'il y a démangeaison, tant mieux, car dans toute éruption infantile plus cela démange, moins c'est dangereux. Ce sont ses paroles, et Fédia n'a même pas d'éruption.

Staraia-Roussa, 3 juin 1872.

Chère amie Anna Grigorievna, je n'ai reçu qu'hier ta lettre du 30. Le courrier, je ne sais pourquoi, n'est pas arrivé et aujourd'hui aussi je n'espère plus rien recevoir, puisqu'il est déjà 7 heures du soir. Tu écris que je m'inquiète en vain. Mais comment ne pas s'inquiéter quand il y a, à chaque pas, tant de complications. Tu écris que tu as été malade, mais tu peux l'être de nouveau. Que sera-ce encore avec la maladie de ta mère et son ignorance du sort de la défunte Marie Grigorievna? En outre, est-ce que tout se passera bien avec Olga Kirilovna? Tout cela doit te tourmenter, et pourtant tu es maintenant l'unique providence de Lili. Qui soignera la pauvre petite malade si tu tombes à ton tour. Comment ne m'inquiéterais-je pas ici? Je ne dis déjà rien de Lili : à chaque instant son petit bras peut dévier tant que l'os n'est pas repris ; il suffit de la perdre de vue un instant.

On vient de m'apporter ta lettre du 1er juin, pour laquelle je te remercie vivement, car les nouvelles que tu me donnes me réconfortent beaucoup. Le pire, c'est que tu ne dormes pas. Écoute, Annette, ne faudrait-il pas prendre une infirmière? Tu dormirais et elle resterait avec Luba; tu ne pourras pas t'arranger seule, et, en général, la situation n'est pas fameuse et on est encore loin de la fin. La pauvre petite Lili, sans doute qu'elle s'ennuie! Fédia, lui aussi s'ennuie, et pourtant tu sais quel garçon simple et peu capricieux il est. Il m'aime extraordinairement. Dès que j'entre dans sa chambre il devient presque fou, crie, se débat pour venir à moi. Il me semble que tu le trouveras grandi et forci. Nounou fait tout ce qu'elle peut pour le distraire et j'ai même pitié d'elle. Sa santé est meilleure, mais Fédia aussi se réveille la nuit, si encore il pleurait, mais non, il s'éveille et commence à rire aux éclats. Les enfants exigent la vie, le soleil; ils veulent croître et ici, précisément, il n'y a pas de soleil. Lili est dans la coquille étouffante de la ville, nous ici, sommes dans un tas de boue. Voilà déjà le quatrième jour que le temps es abominable; hier et aujourd'hui nous avons eu une telle pluie que même à Pétersbourg je n'ai vu rien de pareil. Et cela ne cesse pas; tout est mouillé, gonflé; dans les rues une boue, une saleté qu'on ne peut imaginer, et sûrement que demain ce sera la même chose. En outre, il fait très froid; hier et aujourd'hui j'ai fait chauffer.

Enfin, souvent le vent change. Fedka demande à se promener, mais on ne peut même pas penser à cela ; il crie, s'ennuie. Je lui montre par la fenêtre les chevaux qui passent, il s'y intéresse beaucoup, il crie quand il en voit : « Prou ! » Mais maintenant on ne peut même pas s'approcher de la fenêtre à cause du vent qui souffle ; si l'on ne chauffait pas, on ne pourrait y tenir.

J'aurais voulu savoir ce que tu as décidé avec la maison de santé. Où comptes-tu t'installer et ne serait-il pas possible que vous veniez plus tôt sans risque. Quant à ta mère, je pense comme auparavant qu'il faut le lui dire maintenant ; sinon elle accusera dans son âme Ivan Grigorievitch de l'avoir épargnée pour qu'elle soigne Olga Kirilovna, et de ne lui avoir annoncé la mort de Macha qu'après l'accouchement. Mais si on la lui annonçait maintenant, crois-moi : elle redoublerait de soins envers Olga Kirilovna au moment décisif, par le besoin seul de raviver en soi l'énergie après une douleur pareille, et ces soins guériraient la douleur même en l'attirant sur un autre objet. D'une seule chose je doute, c'est que sa jambe aille mieux. Il arrive parfois que le malheur complique et augmente la maladie physique.

Quel temps avez-vous? Fait-il aussi mauvais que chez nous? C'est affreux. Il n'y a rien de plus insupportable que la verdure et les maisons de bois pendant la pluie et avec un ciel si vilain. Si tu savais comme je m'ennuie. C'est bien d'écrire quand ça coule, mais chez moi tout va lentement, sans aucun désir. Quelle Alexandra Mikhaïlovna a été chez toi? (1) Est-ce ma sœur? Je ne sais pas si je réussirai à mettre cette lettre aujourd'hui assez tôt pour qu'elle parte demain avant huit heures du matin. La poste est loin et, de plus, je ne puis pas marcher tant c'est sale et mouillé. Ne ris pas. Ici, il est presque impossible de marcher par un temps pareil. La population d'ici n'est pas très bien : sauf notre prêtre, les gens sont bizarres, stupides et grossiers. Pour l'amour de Dieu, prends une voiture et ne marche pas. Ne fais pas de sottises comme autrefois ; ne porte pas Luba. Va en voiture et arrange-toi pour dormir : le manque de sommeil te tuera. Ici il faut de nouveau penser à tout cela. Il faut que tu puisses te reposer au moins deux mois. Chez moi aussi, bien que je ne me permette aucun excès, l'argent file. Cette semaine, j'ai déjà dépensé 20 roubles.

Au revoir, ma chère Annette. Je t'embrasse ainsi que Lili. Donne-lui de ma part mille baisers et ma bénédiction.

Ton

F. DOSTOÏEVSKY.

(1) Mme Golenovskaia, sœur cadette de Dostoïevsky.

Staraia-Roussa, 5 juin 1872.

Ma chère amie Annette, je viens de recevoir à l'instant ta lettre de samedi. Toutes ces nouvelles me tuent, tout simplement. Avant tout, toi, ta situation : sans doute tu ne le supporteras pas ; on ne peut vivre ainsi. Ne pas dormir et souffrir avec Luba, c'est au-dessus des forces physiques. Il faut absolument prendre une décision. Mon avis : il faut venir ici coûte que coûte, immédiatement. Il faut demander à Bartch (1) une ordonnance détaillée sur les soins à donner au bras de Luba, l'amener ici pansée, et ici, quand le délai d'un mois sera expiré, Shenk pourra ôter l'appareil. Je ne pense pas qu'il puisse arriver rien de fâcheux. Parle à Bartch et à Glama, demande des précisions et s'il peut arriver quelque chose de mauvais? Je pense que non. Explique-leur que tu ne peux rester plus longtemps. J'ai peur pour toi, tout à fait. Rappelle-toi que ce sera pire pour nous tous et que toutes nos affaires seront dérangées si tu tombes malade. Quant à ta mère, voici ce que je pense : si cela lui est possible, qu'elle vienne avec toi ici, sinon est-ce qu'elle désire perdre aussi une deuxième fille? Tu as des

(1) Chirurgien.

enfants, des obligations, tu ne peux pas tout le temps ne te soucier que des autres. Ils ne doivent pas te retenir à Pétersbourg. Prends de l'argent autant qu'il t'est nécessaire pour venir et après qu'Ivan Grigorievitch nous en envoie. Pense encore que si vous restez à Pétersbourg, il faudra attendre qu'un mois se soit écoulé après l'opération, car on ne peut ôter l'appareil au bout de trois semaines, si même le médecins étaient d'accord. Je me rappelle très bien que Bartch et Glama ont fait la grimace quand je leur ai parlé de trois semaines et m'ont conseillé de rester un mois. Mais tu ne supporteras pas un mois cette vie à Pétersbourg, alors ne vaudrait-il pas mieux venir ici et charger Shenk des soins, d'autant qu'il n'y aura plus grand'chose à faire. Tu désires t'installer demain (c'est-à-dire mardi) chez Ivan Grigorievitch. J'imagine comme tu seras bien là-bas ! A ce qu'il me semble, Olga Kirilovna s'est trompée d'un mois entier. Tu vivras dans un maison pleine de brouhaha, où tous sont malades, où Ivan Grigorievitch sûrement perdra la tête, où tu seras gênée et où Luba ennuiera tout le monde, principalement Olga Kirilovna. Non, Annette, avant tout viens ici, à Staraia-Roussa, mais tout de suite, immédiatement.

Pense que l'indécision est très fâcheuse pour nous tous. En effet, qu'est-ce qui peut te retenir !

Quand tu liras cette lettre il y aura exactement
deux semaines que le bras de Luba sera dans
l'appareil, c'est déjà un délai assez encourageant :
elle se porte bien, elle est calme, a de l'appétit,
ne souffre que d'ennui et assomme tout le monde.
Eh bien si dans deux semaines, ici, Shenk trouve
quelque chose quand il enlèvera l'appareil, alors,
en mettant les choses au pire, tu repartiras. Mais
cela ne peut se produire. C'est pourquoi, viens.
Peut-être t'est-il pénible de quitter maman
et la famille de Pavel Grigorievitch? Mais pense
qu'en revanche tu seras un fardeau dans la maison d'Ivan Grigorievitch. Quant à maman, sup-
plie-la de venir à Roussa. Si elle ne peut pas maintenant, alors quand sa jambe sera guérie. Je
t'assure, Annette, que j'irai moi-même te chercher.
Je vois que rien ne peut être pis que ta situation,
et si tu tombes malade, alors il sera déjà trop
tard. Et je ne pourrai plus rien écrire de tout l'été.
Que pourrons-nous faire alors? Nous pendre?

Je ne puis pas vivre dans ce désordre. Toutes
tes raisons pour rester à Pétersbourg sont spé-
cieuses. Pourquoi vis-tu là-bas, en effet? Tout ce
qu'il y avait d'inquiétant pour le petit bras de
Lili est passé. L'argent? Mais prends-en un peu
chez Ivan Grigorievitch, de quoi venir ici, et c'est
tout. C'est pourquoi, aussitôt que tu recevras
cette lettre, je te prie instamment de commencer

tes malles. Va voir Bartch ou Glama et pars le même jour. En outre, puisque je souffre au delà du possible de tous les doutes, réponds-moi sur l'heure même, quand tu recevras cette lettre. (et en général, je désire qu'on écrive chaque jour, autrement c'est intolérable). La dissimulation ou la fausse nouvelle que tu es bien portante, que tout va bien, sera une lâcheté devant moi ou devant Lili (je ne parle pas encore du pauvre Fédia). Lili s'ennuie parce que la campagne lui manque, seulement elle ne peut pas l'exprimer, mais il est très possible qu'elle tombe malade dans l'air suffocant de Pétersbourg ! Sera-ce mieux si dans trois ou quatre jours je viens moi-même te chercher, en perdant du temps. Sans cela nous avons déjà perdu beaucoup de temps et d'argent sans le moindre profit pour nous. En aucun cas, je ne voudrais qu'on enlevât avant un mois le pansement de Lili. Ta mère ne peut pas dire de toi que tu es une fille ingrate. Fédia se porte bien ; mais je voudrais que tu fusses là. Il lui manque évidemment quelque chose et, parfois, il s'ennuie beaucoup. Principalement, je t'en prie, informe-moi tout de suite, à la minute, sans retard, et, en tout cas, écris chaque jour, ne serait-ce que trois lignes.

Depuis hier le temps est devenu beau. Ici, en tout cas, c'est plus sain qu'à Pétersbourg. Je te dirai encore ceci : quand tu seras ici, nous dépenserons moins d'argent. J'ai en tout et pour tout, maintenant, 57 roubles, avec les 21 que m'a rendus le prêtre. D'ailleurs je les garde très scrupuleusement.

Hier je suis allé à la messe à la cathédrale. L'archiprêtre est venu déjà deux fois chez moi ; je suis allé chez lui une fois ; j'irai encore. Je m'ennuie beaucoup ici. Sans Fédia, je serais peut-être devenu fou. Je travaille très mal. Quand auronsnous enfin un mois de tranquillité, sans soucis, pour être entièrement au travail. Autrement je ne suis pas capable de gagner de l'argent. Et même, sans vouloir me plaindre, quelle vie de bohème, quelle vie sombre, sans la moindre joie ; ne faire que souffrir et souffrir ! Ne te fâche pas ; cela n'a aucun rapport avec toi. Mais comprends qu'il vaudrait mieux vivre d'une façon sensée que stupidement.

Ainsi, pense à ma proposition et viens immédiatement. Je n'admets aucune raison qui pourrait te retenir, sauf celle que tu es malade. Mais que Dieu nous épargne cela ! Autrement tout est perdu et, principalement, pas un sou pour entreprendre quoi que ce soit. Pour l'amour de Dieu réponds tout de suite.

Ton très affectionné,

Fédor DOSTOÏEVSKY.

P.-S. — J'ai relu cette lettre. Pour l'amour du Christ ne m'en veuille pas. Ce n'est pas à toi que je fais des reproches ; mais tout devient si pénible qu'on ne peut plus le supporter. Je prévois l'affreuse chose possible : que tu n'en pourras plus et tomberas malade ; c'est pourquoi, d'avance, je suis désespéré. Mais si par malheur ta mère tombe malade et que tu sois forcée de rester auprès d'elle, reste, mais fais-le-moi savoir tout de suite et écris chaque jour. Si tu as le moindre malaise, écris immédiatement ou fais écrire, et sans rien dissimuler.

P.-S. — Sois calme. J'attends ta réponse, mais envoie-la immédiatement et écris chaque jour. Il n'est pas besoin de style : trois lignes. J'embrasse mille fois la pauvre Lili, martyre pour elle et les autres. Oh que c'est pénible de vivre ! Pénible jusqu'à la folie !

Staraia-Roussa, 8 juin 1872.

Je viens de recevoir à l'instant ta lettre du 6 juin, chère amie Annette. Il me semble que les lettres me sont remises plus tard qu'à tout le monde de la ville. La poste arrive à 1 heure, moi j'ai mon courrier à six. J'en ai fait la remarque au facteur, il s'est encore fâché contre moi. Le peuple, ici, est terriblement insolent. Tu écris que Bartch veut ôter l'appareil le 12. J'en suis heureux si c'est possible, mais je crains : si le bras n'est pas complètement remis et commence à dévier? Bartch veut peut-être le faire parce qu'il ne voit pas pour toi la possibilité d'attendre? Ah! Annette, nous nous hâtons et qu'adviendra-t-il après. Voici ma dernière demande : fais-le seulement si Bartch donne sa parole qu'il n'y a pas le moindre risque. Encore : après qu'on aura ôté l'appareil, il faudra prendre des instructions précises ; il n'est pas possible que tout soit terminé avec cela. Pendant un certain temps, il faudra soigner le bras, peut-être le surveiller. N'oublie pas de demander si le bras ne fera pas mal après l'enlèvement de l'appareil ; si par exemple la peau ne commencera pas à peler, après avoir été si longtemps soustraite à l'influence de l'air ; enfin si ce n'est pas dangereux, une fois l'appareil enlevé, de laisser l'enfant se servir de son bras comme s'il était déjà complètement guéri? Serait-ce prudent de frapper sur quelque chose, de se cogner le bras ou le poignet ; l'os si fraîchement soudé ne se casserait-il pas de nouveau? C'est bien que tu te sois installée chez Snitkine, le médecin (1) et non chez Ivan Grigorievitch. J'étais désolé de

(1) Cousin de Mme Dostoïevsky.

ta précédente intention. Comment peut-on vivre dans une chambre étouffante où il y a une nouvelle accouchée avec son bébé ; comment vivre là avec Lili qui pleure et a des caprices. C'eût été folie. Chez les Snitkine, le docteur, je doute que ce soit très bien. Ah ! Annette, il valait mieux rester à l'hôtel jusqu'à mercredi, si Bartch trouve possible d'enlever l'appareil. Eh bien, qu'est-ce que c'est que 35 roubles ; au moins tu serais chez toi. Et là-bas, on sera mécontent de Luba, chez eux aussi il y a un enfant : Luba gênera, assommera..

Ainsi je vous attends sous peu. Ici je m'ennuie beaucoup et le travail — qui est mauvais — n'est pas une distraction. Sans Fédia je serais mort d'ennui. Fédia est gai mais un peu trop calme. Il est charmant. Les piqûres de moustiques sur ses bras et ses jambes ne passent pas ; chaque nuit il se gratte que c'est effrayant à voir ; je ne sais que faire. Et ici, il a été piqué de nouveau par des insectes quelconques dont la piqûre démange terriblement ; ça enfle et ne passe pas très vite. Ce sont peut-être encore des moustiques. N'oublie pas de m'acheter des paquets de papier, je n'en ai plus ; peut-être me trouveras-tu de gros paquets. N'oublie pas d'acheter *Rousski Viestnik* et *Besséda*. Je n'ai absolument pas le temps de faire des visites, cependant je dois aller voir l'archiprêtre. Je n'ai même pas le temps de me promener.

J'entre, pour un instant seulement, à la Bibliothèque afin de lire les journaux. L'argent file, ici, très rapidement. Je t'embrasse. J'embrasse sans fin Lili. La voir au moins pour un instant !

Tout à toi.

F. DOSTOÏEVSKY.

Maintenant je compterai les jours jusqu'à votre arrivée. Je ne sais pas à quelle adresse t'écrire. J'écris à l'ancienne. Et maman, est-ce que tu ne l'amèneras pas? Invite-la avec insistance, et faites plus sérieusement attention à sa jambe.

Staraia-Roussa, 9 juin 1872.

Annette chérie, j'ai reçu ta lettre du 7 dans laquelle tu tâches de me tranquilliser. Je suis tranquille, mais Bartch a été stupide de ne pas dire dès le commencement de quoi il s'agissait. Ces messieurs s'imaginent que nous tous vivons comme des êtres abstraits, n'ayant aucun souci et disposant de tout leur temps. Et voilà qu'il résulte maintenant que changer le bandage est chose assez importante. Pourquoi alors ne l'avoir pas dit tout de suite, cela eût évité bien des malentendus. Le fait qu'on enlève l'appareil le 14 au lieu du 12 me paraît bien, mais je me tourmente d'avance à l'idée qu'on trouvera peut-être que l'affaire n'est pas terminée et qu'il faut un autre bandage de drap. Sans doute si l'on t'ordonne de rester il faut rester, mais comme j'eusse désiré que vous vinssiez plus tôt. On s'ennuie ici à mourir. Mais si même l'ennui continue quand tu seras rendue, il me semble que malgré tout tu seras mieux ici qu'à Pétersbourg, et pour Lili c'est certain. Tu écris que tu as expédié ta lettre de l'autre jour dans un moment de nervosité, mais le fait seul qu'il y a des moments pareils prouve beaucoup. Je pense aussi à Lili. Pétersbourg maintenant est pire pour elle que l'hiver, tandis qu'ici l'air est pur, le sable est bon et les bains seront peut-être efficaces. A propos des bains, demande conseil à Michel Nicolaïevitch (1).

N.-B. — Ici pour qu'on te permette de prendre les bains, il faut avoir un certificat d'un médecin qui, ayant indiqué la maladie dit que tel malade doit prendre pour commencer tant de bains, dix par exemple, et qu'après il verra. Pour ces dix bains on paie à l'administration qui délivre les entrées pour les bains. On peut demander cette ordonnance à un médecin de Pétersbourg, à Michel Nicolaïevitch, par exemple, s'il le trouve utile. D'ailleurs, c'est inutile parce que de toute

(1) Docteur Snitkine.

façon nous serons obligés de nous adresser ici à Shenk. Pour le Vauxhall, la musique, la bibliothèque, il faut des billets individuels ou de famille et payer à part de 4 à 6 roubles, je crois.

Si Bartch insiste pour ôter l'appareil personnellement, alors c'est très bien ; au moins ce sera terminé une fois pour toutes. Mais le fait qu'il insiste me trouble un peu.

J'ai grand besoin de recopier ce que j'ai réussi à écrire ; le travail durera longtemps ; elle me coûte cher cette petite Lili. L'archiprêtre m'a proposé le berceau que les Vladislavlev ont laissé chez lui quand ils sont partis ; il me l'a déjà envoyé. C'est un immense berceau dans lequel tiendrait une grande personne, très profond et ne balançant pas. Ainsi il y a des lits pour les enfants.

Tu écris que tu visites des appartements, quand en trouves-tu le temps ? Tu demandes mon impression, mais que puis-je dire sans voir ? Je te dirai seulement une chose : pour rien au monde il ne faut louer un appartement rue Chestilavotchnaia. Mon principe concernant l'appartement, tu le connais : payer plus cher, mais qu'il soit confortable et tranquille, car dans un tel appartement on peut travailler davantage. Autrement, on fait une économie de 200 roubles et l'on en perd mille sur le travail. D'après tes descriptions, l'appartement de la rue Saperny me plaît le mieux, mais puisque la différence avec celui de Troïtzkaia est très petite, alors fais ce que tu voudras. Oui, donne la préférence aux plafonds hauts, plus ils sont hauts, mieux cela vaut, que les pièces soient plus petites mais que les plafonds soient hauts. Six ou sept cents roubles ce n'est pas encore énorme, si Dieu nous conserve la vie. Mais à partir de quelle date va-t-on compter : depuis le mois de septembre ou depuis le jour de la location? D'ailleurs, que faire ; il faut se soumettre. Une seule chose : qu'on puisse travailler. Ce serait bien si tu louais maintenant et donnais des arrhes.

Fédia est bien portant et gai, mais il serait mieux si tu venais plus tôt ; un peu de distraction lui serait utile. Le temps n'est pas mauvais. J'embrasse Lili. Est-ce qu'elle se souvient de moi? Ne m'a-t-elle pas oublié?

Ton

Fédor DOSTOÏEVSKY.

Staraia-Roussa, 12 juin 1872.

Tout à l'heure, à 7 heures du soir, j'ai reçu ta lettre du 10 juin. Il n'y a pas à dire, on m'apporte le courrier de plus en plus tard, et il me semble que les facteurs s'entendent pour me servir le dernier de toute la ville. Je ne te répondrai que quelques lignes. J'approuve tout à fait tes intentions, comme tu le sais, mais je vais m'ennuyer affreusement si Bartch te retient encore une quatrième semaine (bien qu'il n'y ait qu'à obéir). Tu écris que notre séparation t'ennuie, probablement plus que moi. Je te répondrai ; je ne sais pas qui de nous deux s'ennuie le plus, mais je m'ennuie tant que, le croirais-tu, je regrette qu'il n'y ait pas de crise. Je me serais fait mal pendant la crise, ce serait au moins une distraction. Non, il ne peut être rien de plus dégoûtant que cette existence et ce Staraia-Roussa.

Fédia est bien portant, mais hier, à plusieurs reprises, il a beaucoup pleuré, et cette nuit il n'a presque pas dormi. Maintenant c'est clair : ce sont les dents. La nuit il a pleuré énormément, incroyablement. Quand je rentre aussitôt il devient gai et, dans mes bras, il commence à me montrer comment meuglent les vaches et gazouillent les oiseaux. Aujourd'hui il est beaucoup plus gai. Une petite diarrhée (pas si petite que ça) ; il a bien mangé ; tout à l'heure il a dormi et s'est éveillé gai. Qu'y aura-t-il cette nuit ?

Ma Lili chérie comme elle doit s'ennuyer ! Ainsi vous vivez petite rue Fonarny, presque seules ; la famille est à la campagne. Ça c'est bien. Si tu pars bientôt, fais attention, pour l'amour de Dieu, à ce que je t'ai écrit sur la route ; ne te fatigue pas et ne fatigue pas Lili. Hier j'ai reçu ta lettre ; j'étais très inquiet pour mon frère Nicolas et j'ai oublié de te l'écrire (1). Ne penses-tu pas, ma chérie, te renseigner en détail avant ton départ, et lui donner un peu d'argent? S'il meurt, cela me sera pénible.

Au revoir, mon amie, je te remercie de t'ennuyer un peu après moi. Je travaille tout le temps, mais péniblement. Il est déjà sept heures et je ne suis pas sorti de la journée. Le temps n'est pas mauvais, mais beaucoup de vent.

J'embrasse mille fois toi, tes mains et Lili.
Ton

F. DOSTOÏEVSKY.

Si tu pars mercredi, alors cette lettre ne te trouvera pas? Mais sûrement tu ne partiras pas mercredi. En revanche, je ne sais pas s'il faut encore t'écrire demain et après-demain. Je verrai selon les circonstances.

(1) Nicolas Mikhaïlovitch Dostoïevsky avait une très mauvaise santé et souffrait d'alcoolisme héréditaire. Dans ses *Souvenirs*, la fille de Dostoïevsky note : « Mon oncle Michel, malgré qu'il buvait, pouvait cependant travailler, mais le malheureux oncle Nicolas, qui avait brillamment terminé ses études, ne put jamais rien faire, et, toute sa vie, il fut un fardeau pour ses frères. »

Staraia-Roussa, 14 juin 1872.

Aujourd'hui j'ai reçu ta lettre du 12. et je vois que décidément tu viens chez nous, chère Annette. C'est pourquoi je n'écrirai que deux mots au cas que, n'ayant pu partir, ce qui serait triste, tu recevrais cette lettre. Fédia est bien portant et de bonne humeur. Tous nous t'attendons. J'ai eu dans la nuit du 13 une crise très forte, de sorte que jusqu'ici j'ai du brouillard dans la tête et tous les membres brisés. Cela a arrêté encore plus mon travail, de sorte que je ne sais pas comment je m'arrangerai avec *Rousski Viestnik* et ce qu'on pense de moi là-bas. On t'a raconté des blagues que le vapeur ne peut pas accoster. Aujourd'hui encore il a abordé la rive même. C'est fin juillet et août, quand le fleuve est bas, qu'il n'accoste pas. Pour ce qui est de l'argent, je dois dire que ça va mal. J'ai très peur pour votre voyage, pour toi et Luba. Tu ferais bien de venir en bateau de Pétersbourg à Roussa.

Alors, au revoir. Je t'embrasse. Viens au plus tôt. Aujourd'hui c'est mercredi, que dira Bartch, comme je voudrais le savoir ! Sans doute, il est même difficile de croire que tu arriveras demain jeudi. Si seulement tu étais ici samedi ! Eh bien, au revoir. Je vous embrasse mille fois, toi et Lili. Je crains pour elle en voyage.

Ton mari

F. DOSTOÏEVSKY.

Salut à tous. Aujourd'hui, il pleut.

Moscou, lundi 9 octobre 1872.

Ma chère amie Annette, hier soir j'ai reçu ta bonne lettre pour laquelle je te remercie de tout cœur et t'embrasse bien fort. Ainsi Lili et Fédia pensent que je dors dans ma chambre? Je les plains, les anges ; qu'ils m'oublient un peu. Dis-leur que j'achète ici des cadeaux que je leur apporterai. Comment vas-tu? Je suis installé, depuis samedi, (après une journée passée à l'hôtel de l'Europe), chez Hélène Pavlovna (1), et je loge dans l'annexe, une maison plus loin. Je me sens tranquille. Avec Lubimov tout est arrangé : je paraîtrai en novembre et décembre, mais ils ont été étonnés que ce ne soit pas encore terminé et font grise mine. En outre, ils redoutent (puisque Katkov n'est pas là) la censure. D'ailleurs Katkov rentre bientôt : il est en Crimée et sera de retour à la fin du mois. Ils désirent faire paraître le

(1) Parente de Dostoïevsky, qui louait en meublé, à Moscou.

numéro de novembre le 10 novembre, et celui de décembre le 1ᵉʳ décembre. C'est-à-dire que je suis obligé de tout terminer presque en trois semaines. C'est effrayant ce qu'il faudra travailler à Pétersbourg. Je leur ai demandé le manuscrit pour le réviser, ce que Lubimov désirait aussi. Il faudra énormément corriger, et c'est un travail lent. Et cependant j'ai un grand désir de partir mercredi, c'est pourquoi je reste dans ma chambre et travaille. Cependant tout à l'heure je vais être obligé d'aller chez Vesselovsky (1) que, sûrement, je ne trouverai pas chez lui, et il me faudra y retourner deux ou trois fois. Hier je suis allé chez Pérov (2). J'ai fait la connaissance de sa femme (personne taciturne et souriante). Pérov est logé dans un appartement de l'État, qu'il faudrait payer à Pétersbourg 2 000 roubles, même davantage. Il a l'air d'un homme très riche. Trétiakov n'est pas à Moscou, mais, avec Pérov, je vais aujourd'hui visiter sa galerie ; ensuite je dînerai chez Pérov. Je ne suis encore allé chez personne. J'ai cherché Averkiev, mais n'ai pu trouver son adresse. Si je l'ai, j'irai le voir. Je ne sais pas si j'irai à la rédaction de *Besseda* : la correction du manuscrit est très longue, je n'aurai pas de temps, et selon moi, avec *Besseda* rien ne presse. Et voilà toutes mes

(1) Avocat de Moscou.
(2) Peintre célèbre.

aventures. Il fait ici un temps d'été, mais les soirées sont humides. Pour l'amour de Dieu, achète-toi un chapeau. Tout de même j'attendrai une lettre de toi. Demain mardi j'écrirai peut-être encore. J'aurais désiré recevoir encore au moins une lettre de toi. Et je te prie instamment de m'envoyer même un télégramme s'il arrivait quelque chose aux enfants. Mais cela en cas de malheur. (Que Dieu préserve !)

Toi, à partir de mardi, tu pourrais ne plus m'écrire si cela te dérange, parce que je veux absolument partir mercredi. Si quelque chose me retient un jour de plus c'est la correction du manuscrit ; mais je ne le pense pas. Si je tarde, même d'un jour, je te préviendrai.

Au revoir, ma chère amie. Je t'embrasse bien fort. Je t'ai vue en rêve.

A toi,

F. DOSTOÏEVSKY.

J'embrasse Luba. Dis-lui que je l'aime le plus au monde, ainsi que Fédia. Mon Dieu, comme ici j'ai peur pour eux. La nuit, une telle tristesse m'envahit. Tous te saluent. Sonia est très malade et Marie très grosse, mais avec quelque chose de scrofuleux dans l'aspect. Hélène Pavlovna se démène du matin au soir.

Moscou, 10 octobre 1872.

Chère amie Annette, je travaille aux corrections et il y en a tant que je ne partirai que jeudi, au lieu de mercredi. J'écris cette lettre à 3 heures de la nuit ; j'ai une grande envie de dormir, mais il y a trop de travail, on ne peut pas. En outre, demain matin, à 9 heures, j'irai de nouveau chez Vesselovsky, que je n'arrive pas à rencontrer. Il est au tribunal du matin au soir, pour l'affaire Miasnikov. Mais je ne puis rester ici plus tard que jeudi, je m'ennuie affreusement. Je t'écris pour que tu ne m'attendes pas inutilement jeudi. Aujourd'hui j'ai dîné chez Pérov. Embrasse les enfants. Pour l'amour de Dieu, Annette, veille sur eux. Je t'embrasse.

Tout à toi des pieds à la tête.

Fédor DOSTOÏEVSKY.

11 heures du matin. — Cette nuit j'ai eu une forte crise ; la tête me fait mal, il faut travailler, je ne sais que faire. Je ne suis pas allé chez Vesselovsky, je me suis éveillé trop tard ; j'irai aujourd'hui à tout hasard, après dîner, ou au tribunal. Diable que de tourments me donne ce Nicolas !

1873

Moscou, 20 mai 1873.

Ma chère amie Annette, aujourd'hui, à midi, puisque le train a eu une heure de retard, je suis arrivé à la maison meublée d'Hélène Pavlovna. Je n'ai trouvé personne. Sonia est à la campagne avec les enfants et Hélène Pavlovna est allée la voir. J'ai appris qu'Hélène rentrerait le soir, et j'ai pris possession d'une chambre ; ensuite je me suis habillé et suis allé chez Poliakov (1), qui avait laissé à Hélène Pavlovna l'adresse de son hôtel. Par bonheur, je l'ai rencontré chez lui. Il a été très content de me voir et a dit que sans moi il ne peut rien faire. Il a raconté qu'il s'est renseigné partout au tribunal mais qu'il n'y a aucune affaire fixée pour le 21 mai. Mais, d'après

(1) Avocat de Pétersbourg. Toute cette année 1873, Dostoïevsky soutint un procès au sujet de l'héritage laissé par sa tante, Mme Koumanina, sœur de sa mère. Pour ce procès il eut affaire à trois avocats : Vesselowsky, Poliakov et Jéromsky.

lui, les Scherr (1) ont fait quelque chose. Il s'est procuré la copie du testament et de tout le dossier ce pourquoi il a payé 25 roubles (il dépense pas mal d'argent). Il dit que c'était nécessaire. Il m'a raconté qu'il est allé chez Varvara Mikhaïlovna qui l'a reçu avec méfiance et lui a dit entre autres: « Est-il possible que mon frère Fédia veuille me priver de tout ? » Aussitôt je suis allé chez Varvara. En outre, elle est très affligée de la mort de son gendre (il a été enterré avant-hier) qui a laissé sa fille veuve avec cinq petits enfants. La pauvre Varvara pleure, mais elle m'a accueilli d'une façon très affectueuse. Elle est même contente (et je la crois sincère) que nous engagions l'affaire. Elle est convaincue que les Scherr ont déjà commencé et ont déposé une requête au tribunal. Elle a prié qu'on n'oublie pas, au partage, le quatorzième qui lui revient (2). Mais ici, tous sont persuadés que les Scherr gagneront : il y a pour une affaire analogue, une décision de la Cour de cassation, de décembre, qui leur serait favorable. Varia est convaincue encore par ce fait qu'il y a deux semaines notre frère André est venu et s'est installé chez elle, et, n'ayant pas trouvé Vesselovsky à Moscou, lui a

(1) Les adversaires de Dostoïevsky dans l'affaire de l'héritage.

(2) Selon l'ancienne loi russe chaque sœur recevait la quatorzième partie des biens immeubles laissés en héritage.

envoyé un télégrame. André n'est venu que parce qu'il avait appris l'histoire des Scherr ; mais, comme nous, il était sûr de la possibilité de recevoir tout. Tous sont persuadés que nos reçus de 10 000 roubles empruntés par moi et mon frère Michel, et les paroles de la tante nous concernant dans le testament, nous privent maintenant du droit de revendiquer quelque chose. Mais Poliakov se moque de cela. Et André, probablement comptait là-dessus s'il ne m'a rien écrit. Vesselovsky est arrivé le lendemain (c'est Varvara qui raconte) et notre frère est revenu de chez lui tout à fait découragé. Vesselovsky aurait dit, paraît-il, qu'il n'y a rien à faire, et que les Scherr ont raison. Et André est parti sur cela.

(*N. B.* — Mais d'où André a-t-il appris la nouvelle, c'est inconnu...)

Varvara m'a remis de très importants documents, originaux des actes de naissance. C'est une preuve qu'elle est pour nous et se tient d'une façon très amicale. Je suis resté chez elle assez longtemps et je suis allé chez Poliakov le soir. Après lui avoir tout raconté et remis les documents, je l'ai prié de passer chez Vesselovsky, qui vient en ville deux fois par semaine, et reçoit de dix heures à midi, et de prendre une décision définitive. Que les Scherr aient entamé quelque chose, cela ne fait aucun doute, mais quoi, où et quand? c'est inconnu, et c'est ce que Poliakov veut trouver. Il dit qu'il restera ici jusqu'à mercredi et, en partant, il demandera à une de ses connaissances de suivre l'affaire au tribunal et dès que les Scherr auront entamé l'affaire, de l'en informer à Pétersbourg. Poliakov se démène plus que jamais et espère. Il dit que la propriété est évaluée, d'après l'estimation du tribunal, à 52 000 roubles. S'il en est ainsi, elle vaut certainement bien davantage. J'ai dit tout net à Poliakov que je ne marcherais dans l'affaire que si les Scherr commencent, car je ne voudrais pas faire de tort à ma sœur. Je le lui ai dit avant d'aller chez Varvara, mais maintenant il est clair qu'ils ont déjà commencé, et peut-être même en secret. Je t'écrirai ce que nous ferons en ces trois jours. Jéromsky est allé chez Varvara ; elle lui trouve l'air plus habile que Poliakov. En deux jours, Jéromsky a trouvé en différentes paroisses tous les actes de naissance. Il a appris aussi qu'il n'y aura rien au tribunal le 21, mais il reste pour agir et se renseigner. Il a dit à Varvara qu'il agit pour Nicolas et simplement par amitié. Jéromsky et Poliakov se moquent des espoirs des Scherr et ne croient pas à l'arrêt de la Cour de cassation de décembre.

C'est tout pour l'affaire. Demain nous saurons

davantage. Je crains seulement que Poliakov ne dépense beaucoup d'argent. Ensuite, le soir, j'ai regagné ma chambre et j'ai vu Hélène Pavlovna. Sonia rentre demain. Hélène Pavlovna dit qu'elle craint beaucoup pour elle, qu'elle se tue de travail. Je t'écris très tard, il faudra demain se lever de bonne heure ; j'ai mal dormi la nuit et maintenant je me tiens à peine. Écris-moi comment tu vas, et, je t'en prie, en détail. Pour moi cette journée, après tous ces troubles et ces démarches, a été très dure. Auparavant je ne venais pas comme ça à Moscou. Écris-moi sur les enfants avec le plus de détails possible. Il est déjà dix heures et demie mais la servante attend ma lettre pour la mettre encore aujourd'hui à la boîte. Marie est très malade. Vitia (1) est arrivé aujourd'hui, il est allé directement à Darovoïe (2).

Pour l'amour de Dieu écris sur les enfants.

Au revoir. Je t'embrasse.

Tout à toi,

F. DOSTOÏEVSKY.

Si tu as une syncope ou quelque autre chose télégraphie-le moi tout de suite. Ne te fatigue pas trop. Je partirai sûrement jeudi, sinon avant.

Tout à toi.

(1) Un des fils de Varvara Mikhaïlovna.
(2) Propriété achetée par le père de Dostoïevsky, en 1831.

Pétersbourg, mardi, 12 juin 1873.

Chère Annette, je viens de recevoir ta lettre, à huit heures du soir, et déjà je pensais t'envoyer un télégramme au nom du prêtre (1), tellement j'étais inquiet de vous. Je suis content que tout aille bien chez vous. J'ai peur que tu ne te fatigues trop. J'embrasse mes petits anges Fédia et Lili. Je m'ennuie beaucoup. Loue une villa le plus vite possible, avec jardin. Hier matin, mon procès est venu et j'ai été condamné à 25 roubles d'amende et deux jours de prison. Mais l'arrêt définitif ne sera prononcé que le 25. J'ai donc encore le temps d'attendre (2). J'écris en hâte. Réponds-moi le plus tôt possible. J'ai beaucoup à faire. Tout à l'heure le metteur en pages a été très grossier avec moi : chez Mestcherski il attend dans l'anti-chambre, moi je le reçois toujours et le prie de s'asseoir, c'est probablement pour cela. Mais je crois la raison plus importante et je suis inquiet : c'est que Mestcherski n'a pas payé Tranchel (3)

(1) L'ami du prêtre Roumiantzev, à Staraïa Roussa. Dostoïevsky qui dirigeait alors *Grajdanine* (le Citoyen) du prince Mestcherski, était resté à Pétersbourg, tandis que sa famille villégiaturait à Staraïa Roussa.

(2) Dostoïevsky avait été jugé comme rédacteur en chef du *Grajdanine* pour l'article « les Délégués Kirghiz à Saint Pétersbourg », publié dans le numéro 5, 29 janvier 1873.

(3) Imprimeur du *Grajdanine*.

et demande toujours du crédit. Voilà pourquoi maintenant tous travaillent avec négligence et sont très grossiers. Moi je ne puis pas travailler dans ces conditions. Tout à l'heure, en rentrant chez moi, j'ai trouvé Poliakov et Fédia. Nous nous sommes arrangés : Poliakov m'a demandé 25 roubles pour son voyage à Moscou. Fédia t'envoie ses meilleurs compliments. Une masse d'affaires. Je ne vois presque personne mais hier je suis allé chez les Kachpirev (1). Je rentre dans la chambre des enfants, je regarde leurs petits lits vides. Embrasse-les longuement. Au revoir, je t'embrasse.

Tout à toi,

F. Dostoïevsky.

Donne aux enfants beaucoup de cadeaux, soigne-les. Dors bien, c'est le principal, et tâche de ne pas t'ennuyer.

Pétersbourg, jeudi, 14 juin 1873.

Annette chérie, je viens de recevoir ta lettre ; je suis très heureux que vous tous soyez bien portants. Embrasse les enfants. Je serai heureux si

(1) V.-V. Kachpirev, homme de lettres, éditeur de l'ouvrage connu : *Les Monuments de la nouvelle histoire russe*. Conservateur ardent, il était très lié avec Dostoïevsky.

les bains te sont utiles. Si tu es contente de la campagne, alors il ne faut pas chercher mieux. Je suis très pris : il est déjà neuf heures du soir et je n'ai pas commencé le grand article qui doit être remis demain. En outre, je me fatigue beaucoup : beaucoup de courses à faire à pied et toutes sortes de petits tracas. Je ne vois presque personne ; hier Ivan Grigoriévitch est venu chez moi et s'est informé de toi. Rien d'important. Fédia a demandé d'ajourner le paiement de sa dette, c'est-à-dire qu'il ne rendra probablement jamais. Avec l'imprimeur toujours de misérables petites disputes. Mon logeur est venu chez moi quatre fois, toujours quand je n'étais pas là, sous différents prétextes stupides : il veut sans doute faire ma connaissance. Alexandrine, la servante, est peut-être une brave femme, mais trop grimacière. En un mot je n'ai rien à écrire de moi. Je suis submergé d'affaires et passe des nuits entières sans dormir. En plus, l'air suffocant, la poussière. Je te souhaite de vivre plus gaiement que moi. Tes lettres ont le caractère de lettres d'affaires, ça vaut mieux. N'oublie pas de m'écrire sur les enfants ; je les embrasse mille fois.

Au revoir. A toi,

F. DOSTOÏEVSKY.

Mon salut au prêtre.

Pétersbourg, 22 juin 1873. Vendredi.

Chère amie Annette. Hier j'étais si fatigué et j'avais tant d'affaires urgentes (épreuves, lecture des articles), qu'il m'a été impossible de t'informer de mon arrivée. J'ai fait un très bon voyage, j'ai trouvé tout en ordre à la maison, mais seulement à la revue beaucoup de petits soucis ; je ne me suis couché qu'à 3 heures du matin, toutefois j'ai bien dormi et aujourd'hui je suis dispos, malgré le temps qui a changé soudain cette nuit. Au lieu de la chaleur insupportable, aujourd'hui il fait froid comme en octobre ; tout le ciel est couvert de vilains nuages couleur de plomb, très bas, mais il ne pleut pas. Hier matin, en sortant de l'imprimerie, j'ai rencontré Ivan Grigoriévitch (il venait de chez moi) ; il m'a dit qu'Anna Nicolaievna était en ville et que probablement elle viendrait chez moi. Mais elle n'est pas venue. Il est rentré avec moi, a pris le thé ; il m'a beaucoup questionné sur toi et je lui ai tout raconté. Entre autres, il m'a dit qu'il leur a déjà envoyé ta lettre. Je lui ai parlé de l'argent mais sans insister beaucoup. Il m'a dit que Varlamov lui a promis de lui payer sa dette demain (s'il compte déjà là-dessus, cela veut dire que lui-même n'a rien). Je l'ai prié de ne pas s'inquiéter en lui expliquant que j'ai assez jusqu'à lundi et que pour la semaine prochaine je tâcherai de m'arranger (grâce aux 20 roubles que je t'ai pris). J'ai trouvé chez moi deux lettres : la tienne, qui était arrivée lundi, et celle de Fédia, de Moscou. Fédia écrit que chez Varvara Mikhaïlovna il a lu lui-même, dans le *Sovremennya Isvestia* du 12 juin, dans la chronique judiciaire, que le 12 juin a été appelée l'affaire en homologation d'héritage Scherr-Kasansky. Varvara lui a dit qu'elle a entendu dire que les Scherr ont perdu, mais qu'elle croit que la personne qui a dit cela a menti. D'après Varvara les publications légales ont été faites. Fédia, très inquiet, me demande ce que fait Poliakov? J'ai écrit aussitôt à Poliakov mais je l'ai rencontré hier au Pont de la Police. Il n'avait pas encore reçu ma lettre et je lui ai raconté ce que Fédia m'avait écrit. Il a ri béatement et a répondu un galimatias quelconque. Je lui ai dit que j'ai trouvé moi-même le numéro du journal (dans la rédaction) et que je l'ai lu : — « Des blagues ! » — « Mais je l'ai lu, de mes propres yeux ! » — « Des blagues ! Moi, à Moscou, je me suis renseigné au tribunal et on m'a dit que l'affaire serait plaidée à Toula. Des blagues ! » — « Mais prenez le journal et lisez vous-même. » — « Je lirai, mais cela ne changera rien ; des blagues ! » Que faire avec un imbécile pareil? Cependant il est évident qu'à Moscou il s'est passé quelque chose, et il est très possible qu'on ait joué Poliakov au tribunal, grâce aux intrigues de Vesselovsky. En un mot, il s'est déplacé, a pris l'argent et n'a même pas su se renseigner auprès du tribunal. Fédia écrit que maintenant les Scherr font des démarches plus que jamais. Il m'a prié de lui répondre, mais puisqu'il écrit dans sa lettre que le 22 il quitte Moscou, je ne lui ai pas répondu. Je ne sais ce qu'il adviendra de tout cela.

Hier, Strakhov est de nouveau venu chez moi. Une chose me trouble beaucoup : samedi prochain, c'est-à-dire dans une semaine, le 30, peut-être ne pourrai-je aller chez vous. D'après l'ordre du prince, je ne recevrai que le 1er juillet l'argent du mois de juillet (d'un Dmitrovsky quelconque). Est-ce qu'ils voudront me payer le 30 juin ? Et si je pars le 30 juin, alors moi-même n'aurai pas d'argent et il n'y aura pas de quoi payer les collaborateurs, lundi 2 juillet ; cela se fait maintenant par le secrétaire auquel, l'autre fois, j'avais laissé l'argent. Tout cela se décidera la semaine prochaine et, en attendant, je suis très triste.

Je suis allé hier chez Philippov (1), pour une

----

(1) Homme politique, ami du cercle slavophile de Moscou. En 1864 il fut nommé au contrôle d'État (Cour des comptes) et contrôleur général en 1889. Il était très lié avec Ostrovsky, Apollon Grigoriev, Pisemsky et Dostoïevsky.

affaire littéraire et j'ai appris de lui, entre autres, que Klotz (1) viendra à Pétersbourg, vers la mi-juillet, pour trois jours.

La semaine prochaine, je dois être arrêté (2). Toute la journée j'ai été très triste sans vous. Je pense à toi, aux enfants. Je crains pour le froid d'aujourd'hui ; probablement qu'il fait encore plus humide chez vous que chez nous ; de nouveau mon ange Lili aura mal aux dents. Soigne-la, Annette, Dieu t'en récompensera. J'ai pensé à eux toute la journée, même je les ai vus en rêve : Fédia m'a tellement embrassé mercredi matin, et Lili aussi, ne pouvait se consoler ; elle a pleuré sur le bateau, cependant auparavant elle était gaie, et voulait montrer qu'elle supporte bravement la séparation. Je t'aime, Annette. Écris davantage sur toi et les enfants, tous les petits détails. S'ils sont malades appelle tout de suite Schenk. Au cas où tu dépenserais plus de la moitié de l'argent, informe-m'en tout de suite, même sous terre j'en trouverai. Je vous embrasse.

F. DOSTOÏEVSKY.

Embrasse bien fort Fédia et Lili ; dis-leur que je viendrai bientôt, bientôt.

(1) On n'a pu établir ce qui était Klotz.

(2) L'arrestation n'eut pas lieu, mais la crainte qu'en avait Dostoïevsky le tourmentait beaucoup.

Pétersbourg, 26 juin 1873.

Chère Annette, hier j'ai reçu ta lettre et celle de Lili et vous en remercie toutes deux. Mais écris plus souvent, autrement je m'inquiète. Moi j'ai tant d'occupations (petits soucis, courses), que je n'ai pas un moment de libre pour causer avec vous. En attendant, je suis heureux de vous savoir tous bien portants, mais je crains pour l'avenir. Il me semble toujours que vous êtes là-bas seuls et que quelqu'un vous fera des ennuis. Les 25 roubles proviennent de l'engagement de tes effets, ce que j'ai appris hier à Anna Nicolaievna, qui est venue chez moi, à 5 heures, quand j'étais sur le point de sortir. Au même moment on a aussi apporté ta lettre. On voit, à maints détails, qu'il y a une grande gêne chez Ivan Grigoriévitch. Quant à moi j'ai eu assez d'argent pour tout. Hier je me suis levé à 8 heures du matin pour aller au tribunal entendre l'arrêt définitif. Mais le président m'a dit que ce n'est pas obligatoire d'entendre l'arrêt. A ma question : quand sera-t-il exécutoire? il a répondu qu'il y a encore un délai de deux semaines pour le recours en Cassation. Ainsi, pendant deux semaines encore je suis libre, et la troisième semaine on m'arrêtera. Mais voilà : puisque l'arrêt qu'on a lu hier est définitif, alors je me demande s'ils ne peuvent pas prendre de moi l'engagement de ne pas quitter la ville. Dans ce cas, pendant tout un mois je ne pourrais venir chez vous. D'autre part, même si on n'exige pas d'engagement pareil, si je ne reçois pas l'argent samedi, comme je te l'ai écrit, je ne partirai pas, et alors le samedi suivant je ne pourrai pas partir, puisque ce sera le moment de l'arrestation. C'est pourquoi j'insisterai coûte que coûte pour recevoir l'argent samedi, mais je ne sais pas si je réussirai. Outre mille petits soucis il faut travailler d'arrache-pied toute la semaine et écrire, afin de pouvoir remettre tout vendredi. C'est pourquoi, à partir de maintenant, j'ai devant moi trois jours de vrai bagne.

Tu as bien fait d'aller au théâtre. As-tu assez d'argent? Chez moi, c'est surtout la rédaction qui l'absorbe, personnellement je ne dépense pas trop. Il y a trois jours je suis allé chez les Kach-pirev : sa jambe est pire, et Sophie Serguéievna qui avait réussi à emprunter quelque part, ce même jour, 200 roubles les a perdus à *Gostiny Dvor* (1), et c'est la stricte vérité. Cet argent était destiné à payer les intérêts d'une dette de 2 000 roubles à un usurier que, depuis trois ans, ils n'avaient pu payer. Sophie Serguéievna a

(1) Agglomération de boutiques sur la Perspective Newsky, à Pétersbourg.

pleuré devant moi, à cause de cet argent perdu. En effet, la situation est pénible, et, bien qu'ils me reçoivent très amicalement, tu imagines cependant ma gêne : être là, voir ces larmes et savoir qu'on leur doit 400 roubles.

Je vous embrasse toi et les enfants. Peut-être nous verrons-nous bientôt. Je ne te raconte pas tous mes petits soucis. Il faut faire énormément de choses pour avoir la possibilité de venir chez vous. Ainsi, par exemple, je dois composer à l'avance les deux tiers du numéro de la revue pour oser m'absenter quatre jours. Hier, Soloviov (1) était chez nous, de retour de l'étranger. Ces visites me dérangent beaucoup ainsi que certaines lettres de la rédaction qu'il faut absolument écrire. Poliakov est venu aussi : au commencement de juillet, il veut aller à Moscou et à Toula. On étouffe ici ; une chaleur horrible ! Je t'embrasse bien fort et aussi les enfants. Dis-leur quelque chose de moi. Au revoir. Tout à toi,

F. DOSTOÏEVSKY.

Pétersbourg, 5 juillet 1873, jeudi.

Chère Annette, je t'écris dans un état de fatigue incroyable. Je n'ai pas du tout dormi. Je suis arrivé

(1) Vsevolod Soloviov, frère du célèbre philosophe Vladimir Soloviov.

ce matin. Tout le long de la route il a plu. J'ai trouvé cinq lettres auxquelles il fallait répondre immédiatement, concernant la rédaction de la revue. Aujourd'hui je dois corriger les épreuves de trois articles. J'ai reçu une lettre assez aimable de Mestcherski qui s'excuse de ce que je serai arrêté à cause de lui (c'est sûrement Philippov qui lui en aura parlé ; je lui avais dit que Mestcherski est trop négligent à mon égard et n'a même pas exprimé le regret que je sois emprisonné à cause de lui). Il écrit à propos de l'argent comme d'une affaire tout à fait décidée, cependant Dmitrovsky n'est venu qu'aujourd'hui et m'a envoyé lui-même 700 roubles. Maintenant, Annette chérie, j'ai fait mes calculs et suis horrifié : 100 roubles à toi ; 100 à Petchatkine ; 50, appointements de Poutzykovitch ; 100 à Glatkov (que la revue lui doit) ; une vingtaine de roubles de petites dépenses (à Trichine, aux domestiques, etc) ; 50 roubles au propriétaire, et compte ce qui restera. Cependant peut-être faudra-t-il encore partager avec Ivan Grigoriévitch, à qui j'ai déjà écrit, l'informant de mon retour. Lundi il faut faire tous les comptes pour le numéro qui coûte cher (les articles gratuits de Philippov ont cessé. Moi je n'écris rien, faute de temps) ; j'ai un déficit énorme. Enfin, c'est égal, pour le moment il y a quelque chose ; quant à l'avenir on n'a même pas le désir d'y penser ; la tête me tourne et je crains une crise.

Maintenant, nos affaires : demain je t'enverrai, au nom de Roumiantzev, 100 roubles (je tâcherai d'être exact à la poste). Sur l'enveloppe je n'écrirai pas : « Pour remettre à Mme Dostoïevsky, » mais dans l'enveloppe il y aura un billet pour qu'il te remette l'argent ; il n'y aura aucune lettre pour toi. Quant à toi, aussitôt cette lettre reçue (elle arrivera avant l'argent), préviens-le qu'il recevra une lettre contenant 100 roubles, parce que ton passeport n'est pas tout·à fait en règle, et tu t'excuseras. Peut-être que sur cet argent tu donneras quelque chose à nos propriétaires?

Ne m'en veuille pas si je n'écris qu'une lettre d'affaires ; je te jure que je me traîne à peine, j'ai peur de tomber. Si encore je pouvais m'endormir aujourd'hui à 3 heures du matin, mais je n'ai pas voulu remettre l'envoi de la lettre et de l'argent· pour toi. En tout cas ce sera plus vite. Que font les enfants? Donne-moi plus de détails sur eux, le plus possible, ne sois pas paresseuse, pour l'amour de Dieu. Pense que je suis seul ici avec un travail de tous les diables. Ah ! nos affaires, nos affaires ! Eh bien, au revoir. Tout à toi,

F. DOSTOÏEVSKY.

Le voyage était insupportable ; sans un bavard

qui était mon voisin je serais mort d'ennui. J'ai reçu une lettre très aimable de Soloviov; il est parti pour Moscou. Est-ce que Lili a eu mal aux dents? Est-ce que Fédia m'a cherché! Pourvu qu'il ne s'enrhume pas. Vous aussi avez de la pluie. Au revoir.

Ton,

F. DOSTOÏEVSKY.

Embrasse bien fort les enfants. Dis à Lili d'être sage, gentille et d'écrire une lettre; et embrasse Fédia sur la bouche et partout. Je baise les mains de Lili. J'ai remis la lettre de nounou.

La servante m'a dit qu'Ivan Grigoriévitch est venu lundi; il a dit qu'Olga Kirilovna viendra avec l'enfant et il est parti : je ne sais pas de quoi il s'agit, mais Olga Kirilovna n'est pas venue. Je suis rentré tout à l'heure; en mon absence Trichine est venu et a écrit son nom.

Pétersbourg, 10 juillet 1873.

Mon Annette chérie, je vois par ta lettre, reçue hier soir, que tu n'as pas encore reçu la mienne, bien que je l'aie envoyée le jour même de mon arrivée ici, c'est-à-dire jeudi soir, et, dans cette lettre, il y a la réponse à plusieurs de tes questions. Je t'ai envoyé l'argent que tu auras certainement reçu quand cette lettre t'arrivera. Dans ta bonne et charmante lettre il m'a été surtout pénible de lire ce que tu dis de tes crises (perte de la vue). Ainsi les bains ne t'ont pas encore soulagée. Ah ! Annette ! comment tout cela tournera-t-il ? Je suis effrayé quand je pense à ton état maladif ; mais je puis mourir et que deviendrez-vous alors, toi et les enfants ? Est-ce que cela ne peut pas se guérir ? Mais c'est bien qu'au moins tu me l'aies dit. Pour l'amour de Dieu ne crains pas de m'inquiéter ; écris-moi en détail sur ta santé ; si tu n'écris rien je serai encore plus inquiet, je croirai que tu me caches quelque chose : tu entends.

Ce que tu dis des enfants : qu'ils m'ont regretté, a agi fortement sur moi. Tu ne croirais pas comme je me sens mal ici, sans vous. Chère Luba ! qu'elle ne soit pas prophète, que je ne reviendrai jamais ! Et Fédia, mon Fédia chéri ! Cependant, en effet, la perspective d'avenir est très dure, et il est très possible que je ne vienne pas le 15 : les affaires peuvent tourner ainsi. Des 700 roubles que j'ai reçus, j'en ai remis 100 à Petchatkine, 100 à toi, 100 à la caisse du *Grajdanine,* 50 au propriétaire, 75 à Ivan Grigoriévitch, 50 au secrétaire de la rédaction. La collaboration pour le numéro d'aujourd'hui du *Grajdanine* va jusqu'à 150 roubles. Enfin j'ai donné aux Trichine les gages

du domestique, j'ai acheté un parapluie et j'ai
maintenant en caisse, en tout et pour tout,
64 roubles. Maintenant, écoute : pour le numéro
suivant, qui paraîtra lundi, il me faudra payer au
moins 125 roubles. Supposons que je m'arrange,
mais avec quoi viendrai-je chez vous ; avec quel
argent partirai-je ? Cependant Ivan Grigoriévitch
est venu chez moi aujourd'hui ; je n'ai eu aucune
nouvelle d'Obratzov et il est très possible qu'en
juillet aussi il ne reçoive rien. Supposons qu'Obratzov arrive et qu'il y ait de l'argent, mais il faudra
que je fasse ma prison. Si le procureur donne l'ordre
à la police de venir m'arrêter, ce sera juste vendredi ou samedi. Je sens qu'il en sera ainsi. Mais
si on ne peut pas ce samedi, la semaine prochaine,
le vendredi 20, Mestcherski et Pobiedonostzev
doivent venir. Et s'il faut les attendre une semaine,
c'est-à-dire jusqu'au 27 ? J'ai déjà informé Mestcherski que je partirai le 14 juillet et ne rentrerai
que le 19, et alors il viendra et moi je ne serai pas
là.

Ainsi, tu vois, Annette, si je ne réussis pas à
venir vers le 15, peut-être ne pourrai-je venir
avant août. Je suis littéralement désespéré. Cependant il me faut absolument écrire un article ;
juge de ma situation. Et voilà, j'ai reçu ta lettre
et je voudrais tant aller chez vous, mes chéris !
Je ne puis vivre sans vous, et cependant il le

faut. Que le diable emporte ma situation !
Dimanche, Anna Nicolaievna est venue chez moi.
Elle m'a beaucoup questionné sur toi ; elle est
restée environ une heure. Chez eux aussi il y a
des tracas : très peu d'argent, tout est engagé
et le lombard donne peu ; le bébé crie tout le
temps, les domestiques sont insolents et n'écoutent
rien. Ivan Grigoriévitch est désespéré, principalement de ce que son départ pour chercher une
propriété soit ajourné. Il croit fermement qu'il
recevra l'argent bientôt, mais ses espérances
peuvent ne pas se réaliser. Mais si elles se réalisent,
il est probable alors qu'il partira aussitôt, de sorte
qu'on ne pourra même pas lui parler sérieusement
d'un emprunt. En outre, il est probable qu'on lui
donnera un billet à ordre et très peu d'argent.

Je ne vais plus dîner au restaurant, je mange
à la maison. Alexandra ne cuisine pas mal du tout ;
il me semble que c'est tout de même moins cher.
Je verrai. Les Trichine sont venus chez moi et
ont pris le café. Ils se sont plaints de Paul. Ils ont
été très polis, très aimables, ont reçu les intérêts
et sont partis. Dimanche je suis allé au Jardin
d'été voir les illuminations, mais je me sentais si
mal et si triste que je suis allé à peine jusqu'au
milieu du jardin et suis rentré à pied à la maison.
Je dois dire que j'ai perdu un rouble à la loterie,
mais c'est tout, et Anna Nicolaievna a de nouveau

gagné quelque chose. Outre cela je ne suis allé nulle part et n'ai vu personne, sauf les rédacteurs et Poutsikovitch. Au lieu d'écrire voilà déjà la deuxième soirée que je passe à lire des articles qui se sont accumulés à la rédaction du *Grajdanine*. On ne compte ce travail pour rien, cependant il prend beaucoup de temps et vous abrutit tout à fait. Vraiment je deviens tout à fait méchant.

Ma petite chérie, si tu paies 50 roubles au propriétaire est-ce qu'il te restera assez? En général, informe-moi d'avance des besoins d'argent pour que je puisse me retourner et en trouver quelque part. D'ailleurs, maintenant, tout l'espoir est sur ce que recevra Ivan Grigoriévitch et si on le berne alors nous aussi sommes fichus. Mais que ferai-je sans toi si nous restons trois ou quatre semaines sans nous voir? Mon amie, tu ne sais pas comme je t'aime. Mais assez là-dessus. Je t'embrasse très fort, bien que ces baisers par lettre ne valent rien. Je répète que je ne puis vivre sans vous. J'embrasse sans fin les enfants. Parle de moi avec Luba ; dis-lui que je viendrai très prochainement et apporterai des cadeaux, dis-lui que j'écris que je l'aime beaucoup et m'ennuie sans elle. Je crains que Fédia ne m'oublie tout à fait, rappelle-moi aussi à son souvenir. Je pense que si je reste un mois sans venir il ne me reconnaîtra pas. Embrasse-le et aime-le. Oui, écoute, Annette, dès que tu te sens mal portante écris-moi aussitôt car je m'inquiète et me tourmente. Écris plus souvent. Vendredi je me disposais à aller à la poste, envoyer 100 roubles au père Jean, quand est venu Ivan Grigoriévitch, et je lui ai demandé de les expédier.

Je vous embrasse tous et toi particulièrement.

Ton mari.

P.-S. — Je crains surtout le retard à cause de mon arrestation. Nous sommes déjà mardi et aucune nouvelle. Peut-être me laissera-t-on encore une semaine. Si l'on ne m'arrête pas jusqu'à samedi, et si j'ai de l'argent, je viendrai sûrement.

Pétersbourg, 12 juillet 1873.

Ma chère petite amie Annette, je te réponds tout de suite, car le soir je serai si occupé que je n'aurai pas une minute de libre. J'écris mon maudit article, il doit être prêt pour demain matin, 8 heures : quatre cent cinquante lignes et je n'en ai encore écrit que cent cinquante. Cependant je deviens, me semble-t-il, de plus en plus stupide et je commence à écrire très difficilement : ma tête n'est jamais fraîche. Mon petit pigeon chéri, c'est très grave pour notre avenir.

Il y a un mois déjà que je constate une différence entre la facilité que j'avais à écrire à Dresde et la difficulté que j'éprouve ici. J'attribue ce fait à ce que la fonction de rédacteur en chef d'une revue, avec les petits soucis continuels et l'activité fébrile qu'elle exige, ne me convient pas ; elle m'oppresse, de sorte qu'après cette maudite année il me faudra me reposer longtemps. Mais le pourrai-je encore ?

Je suis content de ta lettre. Tes lettres me réjouissent toujours ; et pourquoi t'excuses-tu de ce qu'il n'y a rien à écrire ? Écris n'importe quoi et ce sera bien. Maintenant parlons affaires. Annette, je suis très triste : je ne vois pas la possibilité d'aller chez vous après-demain ou même dimanche, et peut-être Dieu sait quand. J'ai en tout et pour tout 50 roubles, cependant le *Grajdanine* commence à coûter très cher. Lundi prochain il faudra payer au moins 130 roubles. Où les prendrai-je ? Et il est impossible de ne pas payer. Il y a des collaborateurs nouveaux, on ne peut pas discréditer la revue en ne payant pas. Et, en général, on ne peut rester devoir à personne ; aussitôt le bruit courrait que *Grajdanine* ne paie pas. Jusqu'à demain, c'est-à-dire jusqu'à ce que mon article soit fini, je ne penserai pas à cela, mais à partir de demain j'essaierai d'engager ma montre chez un juif que connaît Ivan Grigoriévitch (qui lui a aussi prêté de l'argent), pour 80 roubles, mais je ne sais pas si je réussirai. Quant à Ivan Grigoriévitch je le vois souvent, ainsi qu'Anna Nicolaievna. Hier j'aurais voulu aller chez eux à la campagne, c'était la fête d'Olga Kirilovna et il m'avait chaleureusement invité, mais le temps est devenu pluvieux et je n'y suis pas allé. Il m'a emprunté en tout 75 roubles ; il est terriblement agité et inquiet, car il est sans aucune nouvelle d'Obrastzov. Ces jours derniers il a expédié là-bas un télégramme de 40 lignes, menaçant de porter l'affaire devant le tribunal. Moi, d'ailleurs, d'après certaines données, je suis convaincu qu'Obratzov va venir un de ces jours et je remonte Ivan Grigoriévitch autant que je puis. Hier c'était fête chez eux et aujourd'hui Anna Nicolaievna est venue chez moi ; elle venait d'engager des vêtements (Ivan Grigoriévitch a tout engagé et porte un très vieux costume), son habit, son gilet, deux corsets d'Olga Kirilovna, et pour tout cela Anna Nicolaievna a reçu 15 roubles. Comprends-tu comme cela va mal chez eux. Ainsi voilà dans quelle situation je suis en ce moment. Et ce qui me tue c'est que je ne puis venir et Dieu seul sait si je pourrai venir le samedi suivant ; dans ma dernière lettre je t'ai écrit pourquoi. Et c'est pour moi un besoin urgent de vous voir tous. Ici on peut devenir fou de toutes les vilenies et du dégoût qu'on ressent pour tout. Je vous embrasse tous. Tu dis que tu m'as vu en rêve (si tu ne mens pas) et moi je t'ai vue deux fois. Embrasse Fédia et Luba et si Luba pleure samedi parce que je ne suis pas là, dis-lui que je suis retenu et que dans deux jours je viendrai. Veille sur eux, ma chérie, fais plus attention, occupe-toi d'eux davantage. J'ai un grand désir de voir Fédia ; félicite-le pour son anniversaire ; organise pour les enfants une fête quelconque. Quant à l'argent que je t'ai envoyé, je suis sûr que tu l'emploieras admirablement ; mais, en tous cas, prends en considération l'état de nos affaires et sois plus économe. Tu m'as écrit quelque chose sur des objets que tu as chez Anna Nicolaievna, pour les engager. Mais il n'y a pas d'objets. On a engagé alors pour moi et on a reçu en tout 25 roubles ; on a payé pour les engagements, 9 roubles d'intérêts, et on paiera encore quelque chose, 22, comme m'a dit aujourd'hui Anna Nicolaievna. Au revoir, je vous embrasse tous. Souhaite que je ne crève pas cette nuit avec ce maudit article. Je vous embrasse. Dis à Luba que je lui envoie mille baisers et à Fédia aussi.

DOSTOÏEVSKY.

P.-S. — A propos, ma chérie, j'aurais grand besoin de toi en ce moment, tu comprends? Est-ce vrai que tu me vois en rêve? Peut-être n'est-ce pas moi? J'embrasse tes pieds et tout le reste.

Ton,

DOSTOÏEVSKY.

P.-S. — On ne m'arrêtera pas et on ne demande pas d'amende, Dieu sait pourquoi. Sûrement qu'ils ne viendront pas au moment propice. On traîne et l'on me tient dans un état d'irritation.

Pétersbourg, 20 juillet 1873.

Mon cher ange, Annette, depuis hier que je suis arrivé je suis plongé dans les affaires jusqu'au cou. Il est maintenant 10 heures du soir et j'ai à peine une petite minute pour t'écrire. Je suis arrivé à bon port et le temps n'a pas cessé d'être beau. A Novgorod nous sommes restés quatre heures : je suis allé me promener, j'ai visité la cathédrale. A la gare, quand je suis retourné, vers 10 heures du soir, une femme s'est approchée de moi et m'a demandé qui je suis, quels domestiques j'ai, etc. « Alors c'est vous que je cherchais ; j'ai pour vous une lettre de votre femme. » C'était une parente de Natalie par qui tu m'as envoyé 30 roubles et les photographies. Elle m'a remis tout cela... Elle-même n'était pas allée à Pétersbourg ; elle était venue seulement à Novgorod, d'où elle est repartie pour Staraïa Roussa (lundi sur le même bateau que j'avais pris en allant chez vous, mais alors elle ne m'avait pas vu). Maintenant elle venait de Roussa (de nouveau avec moi) et allait directement à Pétersbourg. Je pense que Natalie savait qu'elle venait pour quelques jours à Roussa. Aussi, résultat : j'ai reçu l'argent et les photographies. Comme toujours, à mon arrivée j'ai trouvé tout en désordre. Ce matin j'ai reçu du prince, en même temps, un télégramme et deux lettres au sujet de son article. Sa lettre m'a paru très grossière : il dit que le numéro de la revue coûte trop cher, qu'il ne peut pas le payer plus de 130 roubles, etc. Que le diable l'emporte ! Je ne lui ai jamais écrit qu'il faille plus de 130 roubles et que je manque d'argent. Aujourd'hui même je lui répondrai de telle façon qu'il perdra le désir de faire des sermons (bien que dans sa lettre il y ait aussi des phrases très amicales).

Hier j'ai passé toute la nuit sans dormir, à corriger les épreuves et je ferai de même aujourd'hui et demain. Tout à l'heure les Kachpirev m'ont envoyé une invitation à venir chez eux, et j'ai refusé. A l'instant Michel était ici : il est sans un sou ; je l'ai envoyé chez Klein (1) et lui ai

(1) Libraire.

dit de m'informer. En attendant je lui ai donné 10 roubles, il les rendra sûrement. Ivan Grigoriévitch est venu aujourd'hui, je lui ai remis le châle et le paquet avec les photographies, mais j'ai oublié de lui remettre ta lettre (qui était dans la lettre de tante Natalie). Je lui ai proposé de l'argent, mais il n'a pas accepté et s'est inquiété de savoir si je pourrai me passer de son aide jusqu'à lundi. Arkhangelsky lui a dit qu'Obrastzov lui a télégraphié que le 25 il sera à Pétersbourg. Ivan Grigoriévitch dit qu'il n'espère pas recevoir toute la somme.

J'attends ta lettre avec impatience, mon Annette, ma joie. Tu es un peu vilaine sous un rapport, mais quand même tu es mon unique joie et sans toi il m'est pénible de rester ici. Tu ne pourras jamais comprendre ma solitude ici. C'est la solitude complète et, en plus, des désagréments.

Écris-moi plus en détail sur les enfants, ce que font Lili et Fédia ; plus de détails sur leurs conversations, leurs gestes. Je t'embrasse, ma chérie. Écris. Je tâcherai de venir vers le 4 août. C'est terrible comme c'est long et loin. Mestcherski écrit qu'il viendra peut-être en septembre. Embrasse les enfants. Dis à Luba que je pense à elle à chaque minute et aussi à Fédia. Que Fédia ne m'oublie pas, mon cher petit gars. Tu ne peux pas comprendre combien l'existence m'est pénible sans eux. Au revoir, je t'embrasse, je t'aime. A toi pour toujours.

F. DOSTOÏEVSKY.

P.-S. — J'écris à la hâte et j'écrirai beaucoup. Femme jalouse et méchante. Ah! Annette, qui soupçonnes-tu?

P.-S. — Ivan Grigoriévitch dit que Rauchfuss (le docteur) a trouvé chez Grischa (1) un commencement de la maladie anglaise. Voilà, ils auraient dû venir à Roussa s'il n'est pas trop tard.

Pétersbourg, lundi 23 juillet 1873.

Ma chère amie Annette, je viens de recevoir ta lettre datée de vendredi. C'est affreux comme ça arrive lentement! Et ce que j'ai pu penser et souffrir à cause de vous! Dis-moi, ma petite Annette chérie, est-ce qu'on peut écrire comme tu le fais : « Un malheur m'est arrivé, je suis dans une grande douleur! » sans expliquer ce qu'il y a? Pour l'amour de Dieu écris immédiatement, sans quoi je me fâcherai et me querellerai avec toi, et je ne viendrai pas tant que tu ne m'auras pas écrit. Et ne recommence jamais cela, pour l'amour

(1) Fils d'Ivan Grigoriévitch Snitkine.

de Dieu ; j'ai déjà assez de tourment. Écris donc immédiatement, tu entends. Tes récits sur les enfants m'ont causé beaucoup de plaisir, écris toujours ainsi, il me semble vivre avec eux. En plus des pensées pénibles et de la tristesse qui m'envahit presque jusqu'à la maladie à l'idée seule que pour six mois au moins je suis encore enchaîné à ce travail de forçat du *Grajdanine*, j'ai peur de tomber malade sérieusement. Hier soir même j'ai eu un accès de fièvre, le dos me faisait mal et j'avais les jambes lourdes. D'ailleurs, aujourd'hui, je me sens beaucoup mieux ; seulement je dors mal, j'ai des cauchemars, de mauvais rêves, j'ai l'estomac dérangé. Réponds-moi tout de suite, dès que tu reçois ma lettre, sans remettre au lendemain et moi aussi je répondrai de même.

J'ai très bien répondu à la lettre grossière de Mestcherski, sans me fâcher, mais sévèrement, directement. Il n'osera plus se montrer tel qu'il est. Anna Nicolaievna est venue samedi matin ; elle a pris dans ta commode quelques objets (six morceaux différents, un mantelet rouge à carreaux, je crois, des rideaux, etc.), et, en plus, elle m'a emprunté 10 roubles, de sorte qu'avec mes dépenses pour la maison, tout d'un coup il ne me reste plus que 53 roubles (la veille j'avais donné 10 roubles à Michel). Samedi, sur ma demande, Michel est allé chez Klein. On lui a dit que cinquante exemplaires sont vendus, mais Klein lui-même n'est pas à Pétersbourg ; il est à Moscou et ne reviendra que dans les premiers jours d'août et il n'a pas laissé d'argent (ils avouent cinquante exemplaires seulement mais ils doivent en avoir vendu davantage). Cependant lundi il va falloir payer les collaborateurs. Aujourd'hui je me suis levé à 10 heures et suis allé chez le prêteur sur gages. Partout on donne 60 et rien de plus. Dans un seul endroit, près du pont Annitchkov, dans la maison de Lopatine, sur mon insistance on a donné 70 roubles. Mais tout de même je suis inquiet parce qu'ils m'ont donné un reçu où il est dit que j'ai vendu ma montre et que j'ai reçu comptant 70 roubles. Ils m'ont assuré que chez eux c'est une formule générale, comme dans toutes les banques privées. Peut-être ne me tromperont-ils pas. Ainsi j'aurai assez d'argent. Je paierai 106 roubles et il me restera pour vivre 15 roubles et quelque menue monnaie, mais, en revanche, je suis sans montre.

Maintenant je suis tout à fait seul, même Strakhov n'est pas là. Un de mes nouveaux collaborateurs, un certain Béloff, commence à me plaire beaucoup ; il écrit des articles de critique mais il habite très loin de chez moi. Il me semble que nous pourrions nous lier. Hier je n'ai vu que Paul et le pauvre Michel. Sa femme qui était à la mort est guérie ; en outre, hier dimanche, c'était sa fête et il n'a trouvé aucun argent, sauf 10 roubles. Dans mes rêves de la nuit de samedi à dimanche, j'ai vu que Fédia était monté sur le rebord de la fenêtre et tombait du quatrième étage. Aussitôt je cachai mes yeux dans ma main et criai avec désespoir : « Adieu Fédia ! » Alors je me suis réveillé. Écris-moi le plus tôt possible s'il n'est rien arrivé à Fédia dans la nuit de samedi à dimanche. Je crois à la seconde vue, d'autant plus que c'est un fait, et je ne serai pas tranquille tant que je n'aurai pas ta lettre. Je me réveille une dizaine de fois chaque nuit, à peu près chaque heure, et souvent en sueur. Cette nuit de d manche à lundi j'ai vu en rêve que Lili, devenue orpheline, était tombée chez une mégère quelconque qui la fouettait à mort avec de longues verges, de sor e que je l'ai trouvée déjà expirante et appelant tout le temps : « Maman, maman ! » De ce rêve, tout aujourd'hui je suis presque comme un fou.

En général, je sens que cet été et mes occupations ne me réussiront pas bien. Quant à mon voyage chez vous ne m'attends pas avant le 5 août ; ce ne sera pas possible avant. Pour le numéro 31, du 30 juillet, en général je suis tranquille, c'est-à-dire je pense qu'Ivan Grigoriévitch recevra enfin l'argent et me tirera d'embarras. Mais pour la composition du numéro je ne suis pas tranquille, et je dois même écrire un très long article. Je suis très dérangé. Aujourd'hui Nastia est venue (en mon absence). Elle a reçu enfin une lettre d'Alexandre (*N. B.* Alexandre est passé chez elle mais ne l'a pas trouvée à la maison). Nastia a lu la lettre et, à la proposition d'Alexandre d'écrire à sa mère, elle a répondu : « Mais il n'y a rien à écrire. Je suis vivante, bien portante et n'ai reçu de lettre ni de mon père ni de mon frère. » Cependant elle a promis d'écrire. Dis cela à Prokhorovna en lui transmettant mon salut.

Je t'embrasse sincèrement, avec toute la chaleur de mon âme. Écris plus vite. Écris sur les enfants et quel malheur t'est arrivé. Tu entends. Ne me trouble pas, ne m'irrite pas encore davantage. Je t'embrasse mille fois, Lili et Fédia aussi. Je pense souvent à eux et me tourmente : s'il arrive quelque chose que deviendront-ils?

Tout à toi.

F. DOSTOÏEVSKY.

En général ne t'inquiète pas de ma santé (en supposant que tu t'inquiètes) ; j'ai le coffre solide. Le temps est mauvais : une vingtaine de fois par jour pluie, tonnerre, éclairs, aussi la nuit ; et c'est comme cela depuis trois jours, c'est pourquoi je dors mal.

Pétersbourg, jeudi 26 juillet 1873.

Ma chère amie Annette, je viens de recevoir ta petite lettre. Tu écris très rarement. Je te remercie beaucoup pour tout ce que tu me racontes des enfants et je suis heureux que toi et eux soyez bien portants. Cela me réconforte. Quant à moi j'ai failli tomber sérieusement malade : état fiévreux (mais sans forte crise) et un terrible dérangement d'estomac (déjà plus d'une semaine). J'ai pris de l'huile de ricin qui ne m'a pas du tout soulagé. L'état fiévreux paraît s'améliorer mais l'estomac est toujours dérangé et j'ai la tête lourde. J'attendrai un peu et ferai appeler Bretzel (1) s'il est à Pétersbourg. Mais il me semble que cela passera comme ça. Remarque que je sors chaque jour pour mes affaires bien que je ne fasse plus de promenades.

Avant-hier Ivan Grigoriévitch est venu tout joyeux : Obrastzov est arrivé le 23 juillet et il a déjà eu un rendez-vous avec lui ; en outre il a reçu l'argent de Varlamoff, et tout cela en même temps. Obrastzov se montre froid et hautain et la vieille elle-même a envoyé une lettre (où elle dit vous) et de nouveau du linge en cadeau. Dans sa lettre

(1) Médecin qui soigna Dostoïevsky jusqu'à sa mort.

elle écrit que non seulement elle a conservé le
capital mais qu'elle l'a augmenté car elle connaît son devoir. Obrastzov a déclaré qu'il donnerait 16 000 roubles en argent et 80 000 en
billets à ordre payables dans un délai de douze
mois et il a fixé le 25 de ce mois pour la signature.
A en juger d'après le brouillon du reçu que doit
donner Ivan Grigoriévitch (c'est tout un acte)
et la manière dont l'argent doit être remis j'ai
quelque méfiance et je lui ai conseillé d'être plus
prudent. Il regrette beaucoup qu'il n'y ait pas
d'avocats pour prendre conseil et de ne pas
avoir le temps d'aller au tribunal pour vérifier
les comptes de tutelle. En tout cas il a décidé
d'ajourner jusqu'aujourd'hui (26) la réception
de l'argent, et il en a informé Obrastzov par télégramme.

Hier, à 3 heures, je l'ai rencontré sur Newsky,
avec Olga, pour une seconde car la pluie commen-
çait. Il a réussi à me dire qu'il était allé au tribunal et avait décidé d'accepter tout ce que proposait Obrastzov ; en outre, il a promis de venir
chez moi demain (c'est-à-dire aujourd'hui 26).
Maintenant il est 6 heures passées et il n'est pas
encore venu. Sans doute ont-ils reçu mais ou bien
Olga Kirilovna avait ses nerfs, ou leurs affaires
les ont retenus (et ils ont de quoi faire pour
dégager tout ce qu'ils ont engagé) et il viendra

tard dans la soirée (seulement il ne me trouvera pas) ou demain matin.

Ma chère petite Annette, il me semble qu'il ne pourra pas m'aider comme nous l'avions espéré : il faut compter avec Olga et beaucoup d'autres choses. Cependant c'est demain l'échéance du billet à ordre de Petchatkine, le numéro 30 du *Grajdanine* et, le 1er, l'échéance de toutes nos dettes.

Hier est arrivé Pobiedonostzev ; il est passé à la rédaction, m'a attendu, et je ne suis pas venu. Il m'a laissé un mot pour venir chez lui à 9 heures du soir. J'y suis allé et suis resté jusqu'à minuit. Il a parlé beaucoup et m'a demandé instamment de revenir aujourd'hui, et de lui faire savoir si je suis malade auquel cas il viendra chez moi. Il m'a enveloppé d'un plaid et comme dans l'appartement vide sauf une servante il n'y avait personne, malgré la servante accourue dans l'antichambre, il m'a accompagné lui-même dans l'escalier noir, tous les trois étages, une bougie à la main, jusqu'au perron. Si Vladislavlev l'avait vu ! A l'île de Wight, il a lu mon *Crime et Châtiment* pour la première fois, sur la recommandation d'un personnage que tu connais bien, mon admirateur, qu'il accompagnait en Angleterre. Ainsi les affaires ne sont pas encore trop mauvaises. Je t'en supplie, Annette chérie, ne bavarde pas.

A cause de mon indisposition et de l'article

sur Tutchev (il est mort) envoyé par Mestcherski j'ai abandonné l'article que j'avais commencé. Mais le numéro suivant, en tout cas, je dois le rédiger moi-même. C'est pourquoi, samedi, pour rien au monde je ne puis partir, et toute la semaine je travaillerai sur l'article politique : j'ai donné ma parole à Mestcherski, quoique de ma vie je n'aie écrit d'article politique. Il faut lire des dizaines de journaux et j'ai peur de tomber malade. En revanche, le samedi suivant (en août) je viendrai sans faute et j'aurai mon pardessus chaud. Sais-tu, Annette, quand je me suis enrhumé? C'est à la gare de Novgorod, à rois heures de la nuit, quand il faut changer de train et prendre la ligne de Nicolas (1). Il a fallu attendre une heure et demie et je suis resté sur le quai par un froid terrible et le brouillard. J'ai pensé alors : « Et si je m'enrhume? » Tous étaient ou enveloppés dans des plaids ou un pardessus chaud, moi seul étais en pardessus d'été.

Soigne-toi, ma chérie. Si je reçois quelque chose, je t'enverrai de l'argent. J'embrasse les enfants mille fois. Parle-leur de moi. Dis à Luba qu'elle ne soit pas triste et m'attende, que je viendrai pour longtemps. Embrasse mon cher Fédia et ne lui permets pas de m'oublier.

(1) Nom de la ligne de chemin de fer Pétersbourg-Moscou.

Au revoir, mon cher ange. J'ai des tas de choses à faire. Cette fois, comme rédacteur, il me faut corriger tout le numéro, c'est un travail fou. Je t'écrirai probablement, ne fût-ce que deux lignes, samedi ou dimanche, si j'apprends quelque chose d'Ivan Grigoriévitch.

Je vous embrasse tous. Aimez-moi.

Ton,

F. DOSTOÏEVSKY.

J'ai terriblement besoin de te voir, malgré la fièvre qui, sous certain rapport, me soulage.

Au revoir ma chérie. Quel malheur t'est-il donc arrivé? Aurai-je une réponse?

Pétersbourg, 29 juillet 1873.

Ma chère amie Annette, hier j'ai reçu ta charmante lettre où tu me dis que tu m'attends aujourd'hui (dimanche). Non, ma chérie, absolument impossible, il y a tellement d'affaires, et toutes désagréables. Maintenant je suis chargé de correspondre avec divers auteurs et de nouveau avec Mestcherski ; cela me prend tout mon temps et toutes mes forces. La semaine dernière j'ai commencé à écrire un article, et j'ai dû l'abandonner par déférence pour Mestcherski, pour publier l'article qu'il avait envoyé à propos de la mort de Tutchev. L'article était à tel point mal écrit qu'on ne pouvait rien comprendre et contenait de telles bévues que pendant dix ans il eût été la cible des feuilletonnistes. J'ai passé vingt-quatre heures, sans relever la tête, à le corriger. Je n'ai pas laissé un seul mot. Je lui ai écrit tout net qu'il me met dans une situation impossible. Cependant je dois commencer pour le numéro suivant un article politique et je n'ai jamais écrit d'article pareil.

Non seulement je ne puis venir chez vous aujourd'hui, mais je crains de ne le pouvoir non plus samedi prochain puisque chez nous, maintenant, à l'imprimerie, le numéro n'est pas prêt avant une heure de la nuit. D'ailleurs je m'en moque du numéro ! Ils finiront par me fâcher tout à fait. Je te donne ma parole que je viendrai lundi sinon dimanche. Seulement, voilà, le temps est trop changeant : la pluie. Que Dieu envoie à cette époque de belles journées !

Je t'embrasse, ma chérie, toi et les enfants. Je regrette beaucoup de n'être pas avec vous. Comme je regrette les enfants et comme je voudrais t'embrasser ! Ma santé est meilleure, l'état fiévreux est complètement passé, mais l'estomac est fatigué, voilà ce qui ne s'arrange pas.

Enfin, hier 28, Ivan Grigoriévitch est venu chez moi. Il n'était pas encore venu depuis qu'il a reçu l'argent. Cette canaille d'Obrastzov les a roulés terriblement : il leur a compté des intérêts ; en un mot ils ont reçu en tout 80 000 roubles en billets à ordre pour le mois de mars et 13 000 roubles d'argent, et encore par acomptes. Ivan Grigoriévitch m'a demandé de combien j'aurais besoin. J'ai répété aussi exactement que possible le calcul que nous avions fait, si tu te rappelles, sur le banc du parc, mais j'ai dit que j'aurais besoin, maintenant, de 2 000 roubles. Il m'a dit qu'il réfléchira. Je n'ai pas insisté. Mais aujourd'hui Anna Nicolaievna est venue et m'a dit que l'argent file terriblement, qu'il a déjà payé 7 000 roubles, qu'Olga ignore la plupart de ces dettes, que l'argent fond, et elle a dit, incidemment, qu'Ivan Grigoriévitch pourra peut-être nous donner 1 600 roubles. (Hier, en partant, Ivan Grigoriévitch a dit qu'il prendrait conseil de maman). Hier il m'a rendu les 60 roubles qu'il m'avait empruntés, il m'a donné aussi 200 roubles et donnera le principal après le 1er août. Avec ces 260 roubles et ce qui me restait, je paierai demain le numéro ; j'ai dégagé ma montre hier ; j'ai donné une avance de 25 roubles à Strakhov, (qui est rentré) pour un article, et enfin il me reste 70 roubles. Telle est la situation. Je comprends bien que l'argent file chez eux, mais tout de même avoir sur le dos Vargounine, les Zamyslovsky, les Trostchine et Petchatkine. L'argent pour le ménage, pour toi, c'est quelque chose qu'on ne peut remettre, alors on ne pourra satisfaire personne. Et jusqu'au mois de mai ils ne toucheront pas un kopeck. Ce sera dur pour nous, Annette. Encore plus dur sera mon travail qui rapporte si peu et me tue, de sorte que de longtemps il ne me sera pas possible de faire quelque chose pour gagner beaucoup d'argent. Et nos dettes aussi augmentent. Je sentais que l'espoir en Ivan Grigoriévitch était fragile. Il cherche un appartement et se propose de passer cet hiver encore à Pétersbourg, puisque si même il le voulait il ne pourrait maintenant acheter une propriété à la campagne et s'y installer définitivement en automne, puisqu'ils n'ont pas d'argent et n'ont que des billets à ordre qu'on ne peut négocier sans grosse perte. Anna Nicolaievna cherche tout le temps un appartement. Olga, depuis un certain temps, est atteinte d'une étrange maladie : elle est couverte d'urticaire, d'énormes plaques sur tout le corps mais rien sur le visage. Voilà le compte rendu de l'état de nos affaires. Je ne puis même pas imaginer ce que diront Vargounine et Zamyslovsky quand on viendra chez eux avec la moitié seulement de ce qu'on leur doit.

Strakhov est venu ; il est resté jusqu'à 11 heures et demie et moi je dois terminer au plus vite pour porter à la boîte. Imagine-toi que je viens d'écrire cela et je me rappelle que je n'ai pas de timbre ; j'ai oublié d'en acheter, maintenant c'est la nuit, alors ma lettre ne partira pas demain. Ah ! comme c'est dommage ! Tu penseras Dieu sait quoi ne recevant pas de réponse. Et pourquoi n'ai-je pas écrit hier ou ce matin. Tu ne croirais pas comme cela me tourmente. Ah ! comme c'est mal que Strakhov m'ait retenu !

Je t'embrasse sans fin, mon ange. Tu ne peux t'imaginer mon ennui. Je pense que cet été se répercutera sur ma santé cet hiver. J'embrasse les enfants, les pauvrets. Je ne puis pas les voir et les entendre et ils m'apparaissent en songe. Embrasse-les. Ainsi cette lettre tu ne la recevras peut-être que jeudi ; chez vous les lettres arrivent le quatrième jour, comme à Odessa. Si on en envoie demain à Moscou, elle arrivera mercredi matin, à Staraia Roussa mercredi soir et on l'apportera jeudi. Oh ! c'est insupportable de vivre ainsi ! Il y a des centaines de petites choses pour la revue dont je dois me rappeler à chaque instant et, voilà, j'ai oublié les timbres-poste.

Au revoir, ma chérie. Oh ! que cette année du diable se termine plus vite !

Embrasse les enfants, aime-les ; traite-les avec tendresse et moi je t'aimerai pour cela éternelle-ment.

Au revoir, je t'embrasse. Dimanche attends-moi sûrement ; peut-être écrirai-je encore avant.

Tout à toi.

F. DOSTOÏEVSKY.

Pétersbourg, 10 août 1873.

Chère Annette, je suis arrivé hier à Pétersbourg après avoir supporté beaucoup de fatigue en route, même aujourd'hui je suis indisposé et hier j'étais tout à fait malade. Je raconterai tout dans l'ordre. Le cocher a marché admirablement, en moins d'une heure et demie ; la route était jolie et agréable ; à chaque instant on passait des villages. Zvad est en plein soleil, il n'y a pas d'ombre, les bâtiments sont cossus, on sent l'aisance, mais de toutes les maisons (cependant très propres) s'exhale une puanteur épouvantable : ça sent le poisson, car sur le toit de chaque maison on sèche du poisson salé. A l'arrêt on n'a rien pris et pour un verre de très bon thé on a demandé 10 kopecks ; pour un petit verre d'eau-de-vie 5 kopecks. En revanche, depuis 11 heures du matin jusqu'à 5 heures, il a fallu attendre le bateau. En haut, le soleil, et du lac le vent souffle. Le bateau d'abord a passé devant pour chercher la galiote, et ensuite, en revenant, nous a embarqués.

Ceux qui étaient allés sur la galiote ont raconté ensuite des horreurs : de 9 heures du matin à 4 heures on les a traînés sous un ciel étouffant et le vent du lac, et impossible de se mouvoir : pas un morceau de pain et même l'eau il fallait la prendre du lac. Tous, absolument tous, maudissaient la galiote. Ensuite, à 11 heures et demie, nous sommes partis de Novgorod. Une aimable dame, poupée du diable, a jacassé toute la nuit avec ses cavaliers, d'une voix perçante, de sorte que je n'ai pas dormi une minute. A propos, Annette, sache que quand tu amèneras les enfants, il faudra les bien envelopper : quand on attend le train à Tchoudovo, plus d'une heure, il fait horriblement froid et humide. Dans mon pardessus d'hiver je sentais le froid. Dans le wagon on suffoque de chaleur et tout d'un coup on ouvre la fenêtre sur ce froid. Notre train a eu une heure et demie de retard parce qu'il était arrivé quelque chose à celui qui passait avant le nôtre. Nous sommes arrivés à Pétersbourg à 10 heures passées. A la maison, Alexandra avait tout lavé et nettoyé. Le propriétaire est fou : hier encore des locataires sont partis et d'autres ont emménagé. Les portiers sont horriblement grossiers, ils ne permettent pas de laver dans l'appartement, même les petites choses, et pour chaque service ils exigent un pourboire spécial. Quand on demande

de ranger le bois ou de l'apporter, ils répondent :
« Ce n'est pas notre affaire ! »

J'ai trouvé ici Mestcherski ; il a été très aimable ;
il est parti hier. Rien n'est encore décidé pour
l'appartement de la rédaction. Poustzikovitch
cherche un local où il aurait en même temps un
logement pour lui. Il faudra parcourir une foule
d'articles et cependant rien n'est encore prêt.
Hier, après dîner, j'ai pu dormir deux heures,
mais je me suis levé avec une forte fièvre : fris-
sons et chaleur. Je me suis mis au travail, et
quand j'ai eu terminé, à trois heures de la nuit,
en me levant de mon fauteuil, je tremblais tant
que je suis retombé sur mon siège. Jamais encore
le sang ne m'avait battu si fortement dans la tête.
La nuit j'ai dormi longtemps ; maintenant je suis
dans un état fiévreux et, en outre, je tousse
beaucoup. Les journées sont belles, la nuit il
a plu.

Hier Anna Nicolaievna est venue me voir à la
rédaction ; elle est restée une minute pour rendre
l'argent. Elle m'a demandé de tes nouvelles. Hier,
pendant que je dormais, on est venu de chez
Wolff (1) demander vingt-cinq exemplaires de
Possédés ; on a laissé un mot. Alexandra a dit de
revenir demain (c'est-à-dire aujourd'hui) entre

(1) Grand éditeur et libraire de Pétersbourg, qui plus tard
s'installa aussi à Moscou.

midi et deux heures. Maintenant il est plus de deux heures et personne n'est encore venu. Ainsi *les Possédés* marchent de nouveau, sans la moindre publicité, remarque cela. Ivan Grigorié-vitch est venu ce matin, je dormais et ne l'ai pas vu.

Annette, ma chérie, prends en considération que le temps peut changer, que les communications peuvent changer aussi, etc. ; c'est pourquoi si vers le 20 il fait beau, ce sera le bon moment pour revenir ; trois ou quatre jours de plus n'amélioreront pas la santé des enfants.

A propos, prends des provisions pour la route ; car c'est organisé de telle façon qu'à Novgorod, par exemple, si l'on ne va pas à l'hôtel Soloviev on ne trouve absolument rien sauf du thé, et sur le parcours, même à Lubane, il n'y a rien, sauf le café et le thé. Veille aussi, pour l'amour de Dieu, à ce que les enfants ne s'enrhument pas et arrange-toi pour amener une servante, comme tu en avais l'intention.

Embrasse les enfants. Tout le temps je les vois et tout le long de la route j'ai pensé à eux.

Au revoir, je t'embrasse. Beaucoup de personnes sont déjà rentrées à Pétersbourg, les rues n'ont plus du tout le même aspect. Je t'écris par bribes, ne te fâche pas. La tête me tourne, je suis en sueur. J'ai acheté des pastilles d'Ems, mais ça ne me soulage pas.

Embrasse mes anges et aime-les. Tout à toi.

F. DOSTOÏEVSKY.

Écris-moi si tu auras assez d'argent. Je t'embrasse.

Pétersbourg, 13 août 1873, lundi.

Ma petite Annette chérie, j'ai reçu ta charmante lettre et j'ai lu avec tristesse comment les enfants ont pleuré après mon départ. Les petits chéris ! Dis-leur tout de suite que papa pense à eux, les embrasse et les attend à Pétersbourg. Je les embrasse sans cesse et les bénis. Moi, Annette, je suis toujours indisposé, mes nerfs sont très irrités et j'ai comme un brouillard dans la tête, tout tourne. Jamais encore, même après les crises les plus fortes, je n'étais en pareil état. C'est très pénible ; je crains beaucoup pour ma tête. Je ne comprends pas moi-même ce qui se passe avec moi. C'est comme un sommeil et on n'arrive pas à m'éveiller. Il aurait fallu me reposer au moins deux semaines de tout travail et souci, et la cause la plus immédiate c'est, je crois, que je ne suis pas encore remis de la crise n'ayant pas réussi à bien dormir une seule fois : tantôt le chemin de fer, tantôt un surcroît de besogne et de nouveau le chemin de fer, des occupations multiples, le manque de sommeil. Je crains beaucoup d'avoir une nouvelle crise. Toi, Annette, tu penses certainement que mes crises sont comme celles d'autrefois, mais moi je suis sûr que si j'ai maintenant une autre crise je suis perdu : et la crise viendra, je la sens, je l'entends. Cependant il y a énormément de travail et c'est sur moi seul que retombent tous les soucis. Cette semaine surtout sera très pénible pour moi : tous les collaborateurs sont absents et moi seul dois répondre pour tous.

J'ai reçu de Wolff, pour 25 exemplaires des *Possédés*, 61 roubles 25, et de Klein, hier, 75 roubles seulement, le reste viendra plus tard. Avec cela il a été d'une grossièreté intolérable, je lui ai répondu d'une façon très violente, il s'est calmé aussitôt et saura maintenant, probablement, à qui il a affaire. Il a remis le reste au 20 août. Je lui ai dit que je viendrai le 1er septembre, mais à condition qu'on me donne le compte complet des exemplaires afin que je sache exactement combien il en a vendu en tout. C'est à cause de cela qu'une discussion s'est élevée entre nous. Ivan Grigoriévitch a voulu faire une procuration à mon nom ; l'affaire s'est arrangée autrement, mais mon passeport, qu'il avait pris, est resté chez lui. Il me semble qu'il quitte Pétersbourg demain et je suis fort en peine de mon passeport, et je crois qu'il l'a oublié chez moi, dans la rédaction, sur ma table, et pense me l'avoir rendu. Mais dans la rédaction le passeport n'y est plus; je crains beaucoup qu'il soit perdu. Avant-hier Jéromsky est venu chez moi. L'affaire a pris exactement la tournure que prédisait Poliakov, très mauvaise, jusqu'ici, pour les Scherr. Korsch, l'avocat des Scherr, a déjà fait une proposition à Jéromsky, et l'a acheté. Alors Jéromsky est venu me demander si je voudrais admettre Scherr comme cohéritier et terminer tout à l'amiable. J'ai refusé et dit que j'attendrai Poliakov (duquel on n'a aucune nouvelle). Récemment j'ai entendu dire que Nicolas est très malade. J'ai demandé à Jéromsky, déjà presque à la porte, en l'accompagnant, des nouvelles de la santé de Nicolas : — « Oh ! il n'y a aucun espoir. »—« Que dites-vous, qu'a-t-il? » — « Un cancer du rectum (le dernier degré hémorroïdal, avant la mort). Bartch, qui l'a examiné récemment, a dit qu'il ne passerait pas septembre. » Peux-tu t'imaginer comme cela m'a frappé. Hier dimanche) je suis allé chez Nicolas. Il se porte mieux que jamais. C'est vrai que, récemment, il a été malade. Sacha dit qu'on a eu peur sérieusement qu'il ne meure, mais maintenant il va mieux, il n'a jamais eu aucun cancer et jamais Bartch ne l'a examiné. Peux-tu t'imaginer combien cet ignoble Jéromsky peut mentir.

Avec Nicolas nous avons parlé très amicalement. J'ai dîné chez Sacha (elle était très hautaine) et ce n'est qu'après le repas qu'elle s'est informée de toi et des enfants. (Et toi tu vas toujours la première lui faire visite). Ils sont ignobles ces gens, tous, sauf Nicolas. J'aurais voulu, à propos, aller voir Paul (Enfin !) mais précisément il a changé d'appartement, sans rien dire à personne, ayant peur des Trichine. Il s'est installé rue Nicolaievskaïa, à côté de l'ancien appartement d'Ivan Grigoriévitch. Cependant j'ai fini par le trouver et j'ai passé chez eux une heure. Paul avait mangé un peu trop et quand je suis venu il vomissait. En général il est très drôle au sein de sa famille. Son cache-cache des Trichine est un vrai vaudeville. Leur petite fille est toute maigrichonne, gentille, elle m'a fait pitié. Je suis rentré chez moi à 9 heures, fatigué. Je suis resté jusqu'à 5 heures du matin à lire des articles.

Au revoir mon ange, je baise tes mains et tes pieds et je voudrais que tu eusses pour moi la dixième partie de l'amour que j'ai pour toi, et non seulement en paroles.

Une si courte lettre et je suis horriblement fatigué. Embrasse mes anges, mes deux enfants.

Tout à toi et à eux.

F. DOSTOÏEVSKY.

Pétersbourg, 15 août 1873.

Mon cher petit pigeon Annette, à l'instant, en rentrant à la maison, j'ai reçu ta lettre, et je me suis effrayé beaucoup en voyant par elle combien tu crains pour ma santé. C'est pourquoi, avant de me mettre à dîner, je me hâte de te répondre pour que tu ne prennes pas la décision de revenir ici avant la date convenue, ce qui nuirait aux enfants et à leurs bains. Sache, ma chérie, que maintenant je me sens beaucoup mieux, et je ne me suis pas du tout trompé en t'expliquant dans ma lettre précédente de quoi il s'agit : tout simplement, après la crise, je ne me suis pas reposé. A Staraïa Roussa j'ai fait des excès normaux en temps ordinaire mais anormaux après un choc nerveux tel que la crise. Ensuite le voyage qui fatigue beaucoup et ici le travail de la revue, c'est-à-dire, de nouveau, le manque de sommeil. Voilà pourquoi j'ai failli avoir une syncope et je t'avoue que ma faiblesse dura longtemps ; il n'y a que deux ou trois jours que je suis tout à fait rentré dans la norme. Mais maintenant, je me sens de nouveau frais et dispos. Voilà tout. Il n'y a donc pas lieu de t'inquiéter. Ce que tu écris sur le 24 est tout à fait clair pour moi et je suis tout à fait d'accord avec toi. Et il n'y a pas longtemps à attendre : neuf jours seulement. Tout de même je m'inquiète de savoir comment tu amèneras les enfants. Annette, pense bien à ce que je te dirai : n'amène pas Natalie. Choisis une servante plus nounou que la cuisinière (tu m'as parlé d'une femme des bains à laquelle les enfants sont habitués) et ici j'ai parlé à Alexandra. Elle est tout à fait disposée à rester comme cuisinière. Ne pense pas qu'elle soit paresseuse ; elle est encore meilleure que les autres ; très honnête sous le rapport de l'argent et très propre. Et puis elle prépare les mets de telle façon que je puis tout manger. Ainsi nous aurons pour commencer la cuisinière, la femme de chambre que tu amèneras, c'est-à-dire la future nounou des enfants et Prokhorovna, en attendant que les enfants soient habitués avec l'autre. Voilà ce que je pense. Tu verras toi-même que ce sera bien. Essaye.

Maintenant c'est mercredi soir et jusqu'à samedi je resterai à travailler sans lever la tête. Les choses se sont arrangées de telle façon que c'est moi qui dois corriger tout ce numéro. Ne t'inquiète pas de moi, ma chérie, sois bien portante, passez gaiement le reste de l'été. Je t'embrasse bien fort ainsi que mes anges Luba et Fédia. Ivan Grigoriévitch est parti hier pour Moscou et au delà pour trouver une propriété. Il sera absent jusqu'au 20 septembre environ. Embrasse mes enfants chéris. Sois gaie, mon petit. Je t'embrasse sans fin. (Tu n'as pas trop de sang mais tout simplement quelque chose est dérangé c'est pourquoi tu cries la nuit.) Tout à toi.

F. DOSTOÏEVSKY.

Dimanche, 19 août 1873.

Je regrette beaucoup, ma chère petite amie, de t'avoir tant effrayée. Voici ce qui s'est passé : le 15, il me semble, ou le 14, j'ai reçu de toi une lettre de laquelle j'ai vu que tu t'inquiétais beaucoup pour ma santé. Je t'ai écrit aussitôt que je suis déjà remis (ce qui était vrai) et que j'attribuais tout aux excès et à la fatigue. J'ai expédié ma lettre et j'ai travaillé toute la nuit du 15 au 16, et quand je me suis couché, à 5 heures du matin, je me suis rappelé soudain, en m'endormant, que tu disais dans ta lettre qu'il faudra quitter Roussa ou le 24, ou le 16-17, parce que tout le monde voudra partir le 19 et qu'il y aura bousculade. Alors j'ai pensé : voilà, elle s'inquiète de ma santé, quand ma lettre arrivera-t-elle ? Elle recevra ma deuxième lettre inquiétante, et elle décidera de partir tout de suite, le 16 ou le 17. Cependant le temps est splendide et ainsi les enfants seront privés inutilement du bon air. A Pétersbourg il fait chaud, il y a de la poussière... Alors j'ai bondi du lit, j'ai préparé un télégramme et l'ai porté au bureau qui est à deux pas de chez moi. Je l'ai remis à 6 heures moins dix comptant que si même tu avais voulu partir ce jour-là, 16, le télégramme pouvait te trouver encore à Roussa et arrêter ton départ. Voilà comment tout cela est arrivé. J'avoue que j'ai pensé : et si elle s'effraye? Cependant je ne pensais pas que tu serais effrayée à tel point. Restez là-bas mes chéris le plus longtemps possible et venez à la fin du mois. Moi, Annette, je pense beaucoup à votre voyage. Maintenant le temps est superbe ; d'après mes calculs il y aura pleine lune le 25 et alors il pleuvra à verse. En tout cas il faut que les enfants aient des vêtements d'hiver et dans les wagons il faut s'emparer par force des places, ce n'est que par hasard qu'on trouve une bonne place ; le pire de tout, sous ce rapport, c'est le chemin de fer Nicolas... Moi, Annette, je suis affreusement surchargé de besogne. J'ai refait le travail des autres : je travaille comme un forçat ; je m'étonne moi-même que ma santé y résiste. Je ne t'écris rien des mille petits soucis, mais il y en a, Annette, de grands, de sérieux et j'avais prévu tout ça. La chose la plus sérieuse maintenant c'est notre appartement. Nous ne pouvons le garder, Annette, je te le dis sans m'emballer, avec calme. J'ai raconté les choses à Anna Nicolaievna et elle dit qu'on ne peut pas rester ici. Slivtchansky est un fou (je le pense sérieusement). En décembre, sans aucune raison, il nous dira de déguerpir et nous mettra dans la rue. Le délai du passeport d'Alexandra est expiré ; il a vu lui-même le passeport et sait qu'elle n'est pas une vagabonde, elle a envoyé son passeport à la mairie de Cronstadt et l'argent pour en avoir un nouveau, elle a le reçu de la poste que le passeport est envoyé. Mais voilà déjà deux semaines et il n'y a pas encore de nouvelles de Cronstadt, alors Slivtchansky menace de la chasser de la maison. Aujourd'hui il l'a rencontrée et lui a dit : « J'écrirai à ton maître une telle lettre qu'il verra ! » Tu vois comme il agit envers ses locataires : il chasse les domestiques pour des bêtises dont personne ne peut être responsable. Avant-hier Glatkov m'a envoyé de la rédaction une lettre très importante du prince, adressée à mon nom, qui venait d'arriver. Chez nous, à la rédaction, sauf un domestique il y a encore un commissionnaire, qui porte exprès, par ordre du prince, le costume russe et toute la barbe, mais ses vêtements et ses chaussures sont très élégants. Le commissionnaire accourut chez moi, une grande enveloppe cachetée à la main ; il monta l'escalier et allait sonner quand, soudain, le propriétaire descendit l'escalier : « Comment oses-tu, manant, passer dans le grand escalier? On ne monte pas cet escalier en costume de paysan. Va par l'escalier de service ! » Il l'a saisi par la manche, lui a fait descendre l'escalier, et l'autre a dû traverser la cour et prendre l'escalier de service. Et cependant il avait une lettre à la main. Conviens, Annette, qu'il y a des gens qui pourraient s'offenser, par exemple si le prince Mestcherski se trouvait ici. Et ceux qui n'ont pas vraiment besoin s'en iront sans prendre la peine de chercher l'escalier de service : les commissionnaires des libraires, qui viennent chercher un livre, s'en iront ; et même le propriétaire ne permettra pas, s'il l'apprend, que les acheteurs de livres passent par le grand escalier. Il se lève à l'aube, toute la journée il va et vient dans l'escalier, espionne et surveille. J'avais eu l'intention d'aller chez lui m'expliquer à propos du commissionnaire, mais j'ai pensé qu'il me dirait tout de suite de sortir. J'ai donc résolu de patienter jusqu'à ton retour. Mais, aujourd'hui, encore une nouvelle gêne : les jours de fêtes, parfois (très rarement), Alexandra demande la permission de sortir, et comme moi aussi j'ai besoin de sortir, alors en partant je ferme à clé l'appartement et laisse la clé chez le portier afin que le premier rentré de nous deux, moi ou Alexandra, trouve la clé chez le portier et puisse entrer dans l'appartement. Il y a quatre jours encore j'ai ainsi laissé la clé. Mais il a appris cela et aussitôt il a interdit au portier de prendre ma clé. Ainsi, maintenant, s'il m'arrive de sortir quand Alexandra ne sera pas là je devrai laisser la clé dans les cabinets, en un certain endroit de la tablette. Mais il y a quand même un risque : je garde chez moi, dans l'appartement, l'argent de la rédaction. Et s'il voit nos enfants dans la cour, sûrement qu'il trouvera un prétexte quelconque pour crier après la nounou, ce qu'il a fait à d'autres, et, dans ce cas, je taperai dessus. C'est pourquoi j'ai décidé de quitter l'appartement coûte que coûte. La crainte perpétuelle pendant l'hiver, la crainte des disputes, étant donnée ma susceptibilité, me rendra sûrement malade. Ah ! Annette, j'ai vu quel homme il est quand nous sommes allés chez lui à cause du chat, tu te rappelles, et qu'il m'a dit : « Allez-vous-en ! » Sache aussi que maintenant les prix de ses appartements ont monté de trente pour cent sur les prix de l'hiver dernier. Il est sûr de trouver des locataires, c'est pourquoi il est insolent. J'ai décidé de payer même 900 roubles mais de partir. Je te le dis résolument : je ne veux pas re ter dans cet appartement ; si nous payons plus cher ailleurs nous le regagnerons par la santé des enfants et ma tranquillité. Quand je suis calme je puis écrire davantage et mieux. Je te dis que je travaillerai beaucoup plus étant tranquille. Je ne me suis pas expliqué avec le propriétaire, même je l'évite, malgré ses agaceries, parce que je crains d'avoir des histoires. Hier j'ai vu un appartement près de l'église Saint-Wladimir, très joli, pour 900 roubles. Je verrai encore. Je louerais même aux Peski (1), seulement pour ne pas vivre dans cette maison. Ce qui m'effraye ce sont les livres, comment transporter tout cela.

Au revoir, ma chérie. Puisque tu écris que tu m'aimes, alors examine bien notre situation et réfléchis ; ce sera mal après s'il nous chasse cet hiver. Et son appartement est mauvais, étroit, dans la chambre des enfants et la tienne on étouffe, notre salle à manger est tout à fait incommode, on n'y peut rien faire. Au revoir. Je t'embrasse. Si je trouve un appartement je le retiendrai et donnerai des arrhes, sans t'attendre, parce qu'on se les arrache chaque jour. Au revoir. Tout à toi.

F. DOSTOÏEVSKY

Si je trouve un appartement avant ton départ de Roussa je te télégraphierai immédiatement la nouvelle adresse, mais je ne peux pas déménager avant ton retour. Anna Nicolaievna et

(1) Quartier de Pétersbourg éloigné du centre.

Olga Kirilovna sont déjà emménagées dans leur nouvel appartement (900 roubles) près de l'Institut technologique. Elles sont toujours sans bonne d'enfant et en cherchent. Ivan Grigoriévitch est parti voilà cinq jours et leur a écrit de Moscou. Gricha cache son visage dans ses petites mains et pleure son père ; il marche, il cherche, même on a peur pour lui. Je t'embrasse encore une fois ainsi que Luba et Fédia.

P.-S. — On vient d'apporter ta lettre et j'ai dû ouvrir la mienne déjà cachetée, et je n'ai pas une minute. Pour ce qui est de la cuisinière je ne sais moi-même ce qui sera après. Alexandra est une bonne travailleuse et fait très bien la cuisine ; elle a une très bonne conduite mais supportera-t-elle toute notre famille et restera-t-elle après, quand ce sera plus difficile, je ne sais. C'est pourquoi si tu trouves une servante ayant bon caractère, *propre* (c'est la première condition), faisant bien la cuisine, alors engage-la et viens ici avec elle. Voilà mon dernier mot. Alors nous laisserons partir Alexandra (elle a des défauts, elle est trop susceptible, par exemple, mais elle n'est pas paresseuse, oh non !) Ainsi amène la tienne. Quant à Prokhorovna si c'était possible je l'aurais gardée. Parle à Anna Nicolaievna et à Olga Kirilovna ; elles ont changé six fois de nounou et n'en peuvent trouver une bonne : les enfants se cognent toujours. Toutes deux disent que notre Prokhorovna est un trésor.

Tout à toi.

F. DOSTOÏEVSKY.

P.-S. — Je vais sortir et puisque Alexandra n'est pas là, j'ai caché l'argent en différents coins de l'appartement et j'ai déposé la clé à l'endroit convenu, dans les cabinets.

J'embrasse les enfants et les bénis. Au revoir à Luba et à Fédia. Hier, Olga Kirilovna est venue chez moi ; elle a pris le thé. Elle était venue pour demander à Alexandra des nouvelles d'une servante que celle-ci avait promis de lui procurer.

Pétersbourg, lundi 20 août 1873.

Ma chère petite Annette. J'ai peur que tu ne m'en veuilles pour l'appartement. Cependant qui est l'ennemi de soi-même et pourquoi ne pas chercher mieux si c'est possible. Aujourd'hui Anna Nicolaievna m'a donné l'adresse d'un appartement qu'elle a trouvé pour nous à l'angle des rues Nicolaievskaïa et Raziezjaïa, sans bail, quatre pièces dont deux grandes, pour 700 roubles. Mais hier encore j'ai trouvé un appartement tout près de chez nous, rue Ligovka, de l'autre côté de

Nevsky, juste à la même distance de Nevsky que notre appartement actuel, de sorte que nous habiterions presque sur Nevsky. C'est de l'autre côté de la rue Ligovka à gauche de la gare, au numéro 28, maison de Mme Naguinov. Ici il y a un tel bruit, un tel mouvement de voitures, presque sous nos fenêtres, à cause des chargements qu'on amène à la gare à partir de quatre heures du matin, tandis que là-bas c'est calme, presque toutes les habitations sont de très jolis hôtels particuliers. L'appartement est dans la cour, mais tout de suite à l'entrée. La cour est très belle et grande, il y a là encore une maison et un pavillon ; partout l'ordre et la propreté. Dans la cour il y a un grand jardin — avec fleurs et ombrages — presque aussi grand que le vôtre à Staraia Roussa. Les enfants ont la liberté de s'y promener. C'est très bien. L'appartement est au troisième étage, mais, à vrai dire, il n'y a que deux petits escaliers, ce n'est pas plus haut que chez Slivchansky. L'entrée chez Slivchansky est meilleure, mais là c'est propre et clair. Ensuite l'appartement est plus neuf bien que la maison soit ancienne et sèche. Il y a cinq pièces, plus grandes que chez Slivchansky. Les parquets sont en chêne. La première pièce est plus grande que notre salon ; ensuite le salon, un peu plus petit que celui de Slivchansky ; puis la salle à manger, petite mais bien disposée, ensuite ta chambre, pas très petite, puis la chambre de Fédia. Le couloir est tout à fait bien disposé. Voici le plan : de l'antichambre, par le couloir, on peut entrer dans la salle à manger, et, par la salle à manger ou dans ta chambre à coucher ou dans le salon (et le couloir, je te le répète est magnifique) .et dans la journée, on peut passer par mon cabinet de travail. En un mot tout est solide, joli et bien compris. Dans l'ensemble, l'appartement est plus grand que celui de Slivchansky. Le prix est de 700 roubles, eau et portier compris. Les locataires de la maison sont tous des personnes respectables, connues ; c'est calme, il y a de l'ordre, et c'est à deux pas de Nevsky. Remarque que chez Slivchansky nous n'avons pas de salle à manger et ici la salle à manger est très bien disposée et, en plus, il y aura pour toi beaucoup d'espace. Pour les enfants l'air sera meilleur, plus de place et il y a un jardin, et il n'y a pas de propriétaire fou.

Il y a des inconvénients, mais pas très graves : 1º un bail de deux ans, mais ce n'est que mieux, car rien ne sera plus facile que de sous-louer ; maintenant, à Pétersbourg, on s'arrache les appartements ; 2º les prix des appartements ont monté depuis février dernier et l'année prochaine cet appartement ne sera déjà plus à 700 roubles mais à 800 ; 3º deux mois payés d'avance, mais je crois que cela m'est égal. Je n'ai pas encore donné d'arrhes et je tremble qu'on ne me le souffle. Mais si même je me décide de donner des arrhes, en aucun cas je ne déménagerai avant ton retour. (*N.- B.* — Le contrat est au compte du propriétaire et la location ne courra que du 1er septembre ou du jour de l'emménagement, de sorte que nous ne perdrons presque rien.) Je comprends qu'une chose est pénible : le déménagement. Mais que faire? En revanche, pour deux ans nous serons tranquilles. Anna Nicolaievna me pousse à donner des arrhes au plus tôt.

Je suis allé chez Slivchansky ; il a été poli mais il m'a déclaré catégoriquement qu'il ne laisserait pas les gens du peuple monter par le grand escalier. Quant à la clé, il a changé et a autorisé de la laisser chez le portier. Ainsi, Annette, je ne sais pas que décider : déménager ou non? En tout cas je serai encore chez Slivchansky quand tu retourneras, et nous y resterons jusqu'au 1er septembre. Il y aurait beaucoup à parler au sujet de l'appartement, mais écrire c'est long.

Au revoir. J'écris cela seulement pour t'informer ; je n'ai encore rien dit à Slivchansky. Je pense que je ne t'écrirai plus, il n'y aura pas le temps. Je vous attends le 25 ou environ. Anna Nicolaievna voudrait partir au plus tôt pour la Finlande ; elle se plaint beaucoup de sa santé et, principalement, de la fatigue de cet été. En effet, elle a beaucoup travaillé et ils n'ont toujours pas de nounou.

Je vous embrasse toi et les enfants. Je vous bénis pour le voyage. A la grâce de Dieu !

Ton,

F. DOSTOÏEVSKY.

La rédaction se trouve rue Nadejdinskaïa, tout près de Nevsky, de sorte que ce serait près de l'appartement.

1874

Moscou, 25 avril 1874.

Je me hâte de te faire savoir, ma chère Annette, que je suis arrivé à Moscou en temps voulu. Bien qu'étant commodément installé j'aie dormi, néanmoins je suis tout à fait brisé ; j'ai la tête lourde et presque la fièvre. Je pense que tout cela est dû à la crise qui n'est pas encore tout à fait passée. Aujourd'hui je ne sortirai pas.

Je t'écris cette lettre pour te donner des nouvelles, mais autrement je n'ai le désir ni de remuer la langue ni même un doigt. J'espère dormir bien cette nuit et me lever demain tout à fait bien portant. Ici le temps est clair mais presque aussi froid que chez vous ; les arbres sont nus. J'ai rencontré dans le train Mestcherski. Verotchka vient de partir pour Darovoïé. Sonia, Marie et une partie des enfants sont restées à Moscou.

Je suis sûr que demain j'aurai terminé les affaires

207

(c'est-à-dire que j'aurai un refus), et peut-être retournerai-je plus vite.

Je ne pense pas que l'affaire traîne.

Dis-moi tout ce qu'il y a d'intéressant. Il est très possible que je t'écrive demain et peut-être partirai-je dimanche. Si ce n'est pas possible, je t'en informerai avant. Tout cela sera décidé demain.

Au revoir ; je t'embrasse en attendant.

Ton,

F. DOSTOÏEVSKY.

Moscou, 26 avril 1874. Vendredi.

Chère Annette, je ne t'écris que deux mots. Aujourd'hui je n'ai pas reçu de lettre de toi et cependant il est déjà 8 heures du soir. En ce cas peut-être ne recevras-tu pas à temps ma lettre d'hier. J'aurais voulu avoir des nouvelles des enfants. Katkov a été très aimable et a demandé de remettre la réponse à dimanche. Il est clair qu'il veut consulter Léontiev mais je ne pense pas qu'il consente, bien qu'il n'ait pas eu l'air très supris de ma demande. Lui-même m'a dit que Melnikov (1) demande aussi 250 roubles. J'ai peur

----

(1) Melnikov-Petchersky, célèbre romancier russe, auteur d'un grand roman très connu : *Dans les forêts, dans les montagnes.*

qu'ils acceptent 250 roubles la feuille mais sans donner d'avances (peut-être n'ont-ils pas d'argent).

Sans doute t'écrirai-je encore quelque chose de Moscou, mais alors c'est que je ne partirais pas avant lundi. Je n'aurais pas voulu retarder de nouveau mon départ ; je m'ennuie beaucoup ici.

J'embrasse les enfants. Donne-moi des détails sur eux.

Je t'embrasse beaucoup. Aujourd'hui je me porte tout à fait bien sauf un gros rhume. Chose étonnante : même ma gorge va mieux ici.

Au revoir. Je vous embrasse tous encore une fois.

F. DOSTOÏEVSKY.

Pétersbourg, 6 juin 1874.

Ma chère amie Annette, je me suis séparé de vous tous et m'ennuie mortellement. C'est déjà le deuxième jour que je suis dans le plus mauvais des hôtels (comme il résulte), hôtel Dagmar, et, dans ma vilaine chambre, je rêve des enfants et de toi. A cause du voyage mes nerfs sont particulièrement dérangés. Eh bien, voici maintenant par ordre le compte rendu.

Hier je suis arrivé à Pétersbourg endormi, courbatu par la route et la somnolence assis. Je me suis arrêté à Dagmar parce que, à la gare, la première voiture était celle de Dagmar. Aussitôt après avoir bu leur horrible thé je suis allé faire des courses pour les affaires. J'ai appris à la rédaction que le prince est encore à Pétersbourg, et j'ai reçu 6 roubles pour deux exemplaires de *l'Idiot* (on n'a pas vendu plus). Ensuite je suis allé à la Société de Crédit mutuel où Michel m'attendait déjà, et aussitôt il m'a rendu, sans que je les lui demande, deux impériales ; mais il n'était pas possible d'engager l'obligation au Crédit mutuel, il faut pour cela être membre de la Société. A propos, Cheviakov (1) m'a regardé et n'a même pas fait un signe de tête, et sans doute moi de même. Michel m'a proposé d'aller avec lui, immédiatement, à la Banque Volga-Khama et d'engager là-bas. Dans cette banque l'affaire s'est arrangée aussitôt, en partie grâce au libraire Nadéine, qui se trouvait là pour ses affaires et m'a recommandé à un employé « admirateur de mes œuvres » au dire de Nadéine. J'ai engagé en mon nom. La copie de l'engagement qu'on m'a donnée je l'ai laissée en garde chez Michel pendant que je serai à l'étranger. Je pense que c'est sans danger et que tu ne seras pas fâchée de cela. C'est engagé en mon nom, devant témoins, et, au retour

______

(1) Mari de la sœur cadette de Dostoïevsky, Alexandra.

de l'étranger, j'aurai le temps de reprendre la copie chez Michel. Le délai est jusqu'au 5 septembre, c'est-à-dire pour trois mois. Intérêts déduits j'ai reçu en tout 117 roubles 50 kopecks. D'ailleurs, si tu le désires, j'écrirai à Michel de t'envoyer la copie de l'engagement à Staraia Roussa. Mais, à mon avis, ce n'est pas nécessaire.

Michel m'a raconté que dans le *Bulletin de Saint-Pétersbourg* il y a l'annonce de Korsch et de Poliakov, d'ailleurs sans leurs noms, sur la vente de la propriété de Riazan. Aujourd'hui jeudi elle est parue également dans le *Goloss*. Procure-toi et lis. L'annonce est courte mais pompeuse. Les acheteurs sont invités à se renseigner pour les détails soit rue Litcïnaïa (probablement chez Korsch) soit à Pavlovsk, maison Tomatchov. Michel a entendu je ne sais où une nouvelle bizarre : soi-disant que Goubonine (qui a une participation dans ce chemin de fer) désire acheter la propriété et que les nôtres lui proposent, à 80 roubles l'hectare, les 5 000 hectares, et qu'il est presque d'accord. C'est probablement un racontar, parce que ce serait trop beau.

Nadéine m'a courtisé énormément, m'a presque encensé et même, si étrange que cela paraisse, il m'a proposé sérieusement d'éditer mes œuvres complètes, se chargeant de toutes les dépenses, moyennant 5 pour 100, et aussitôt qu'il sera rentré dans ses frais, toute l'édition m'appartiendra. Je n'ai rien promis ; j'ai dit seulement que je lui donnerais une réponse à mon retour de l'étranger. Il m'a paru rester très content de ce que je ne refusais pas formellement. Vraiment on pourra penser à cela. D'ailleurs il en sera comme tu décideras (1). Il me semble (d'après certaines données) que tous les libraires ont été un peu émus par les trois articles très élogieux que m'a consacrés Oreste Miller (2) dans *Niédiela*. Mais de cela je te parlerai après. Ensuite je suis allé chez le banquier Viliken où l'on m'a donné une lettre de change sur Berlin (et non sur Ems) car à Ems il n'y a pas de banquier. J'ai changé 400 roubles contre 417 thalers et quelques pfennings. J'ai changé le reste de l'argent contre des napoléons d'or (quinze pièces), et j'ai gardé une partie en argent russe pour mes frais de route. Après je suis allé chez Bountingue (3), il a changé le ressort. De là je suis allé chez Goubine ; je ne l'ai pas trouvé chez lui, mais j'ai appris qu'il rentrera le soir. Après je suis passé chez Strakhov ; Maïkov venu en ville à cause du comité se trouvait là. Maïkov a été un peu froid. J'ai appris par Strakhov que Tourgueñev désire rester toute l'année en Russie

(1) Ce projet ne fut pas réalisé.
(2) Articles intitulés : *la Littérature russe après Gogol*.
(3) Dentiste.

pour écrire un roman (1), et il s'est vanté qu'il y présentera tous les « réactionnaires » (et moi du nombre). Que Dieu soit avec lui, mais, avant tout, il faut lui rendre 50 roubles. Après j'ai dîné chez Wolff et suis retourné chez Goubine que, cette fois, j'ai trouvé. Goubine a parlé tout le temps de Poliakov de façon hostile. Poliakov est venu lui-même lui communiquer la grosse du jugement, mais Zaientchkovsky (d'après Goubine), sur les conseils de son avocat, désire faire appel. Mais tout cela sans doute c'est de la blague. Goubine a ajouté que le billet à ordre garanti par Zaientchkovsky n'est pas lui aussi très sûr. Sokovnine, d'après ses paroles, veut toujours se charger de la dette en donnant des billets à ordre garantis par sa femme, mais il désire voir la grosse du jugement. Vendredi, c'est-à-dire demain, d'après Goubine, doit être fixé le règlement de toute cette affaire, chez le notaire ; mais Goubine a peur que l'huissier Matousévitch ne veuille pas remettre chez le notaire la grosse du jugement sous le prétexte que d'après la loi si l'huissier remet la grosse du jugement toute prétention est désormais impossible. Goubine veut tout arranger d'une manière ou de l'autre et espère beaucoup en ce vendredi. J'ai compris peu

(1) *Les Terres vierges*, que Tourgueniev écrivait à cette époque.

de choses à tout cela ; je pense seulement que les pourparlers avec Zaientchkovsky ne lui plaisent pas. (Matousévitch a déjà signifié aux deux tuteurs de Stellovsky la grosse du jugement et Goubine dit que Zaientchkovsky verra par cela que malgré tous les appels l'exécution du jugement ne sera pas suspendue). Je l'ai prié, au cas où il y aurait quelque chose de décisif, de t'en informer ; il a ton adresse.

De chez Goubine je suis allé chez Poliakov ; il était 7 heures et je ne l'ai pas trouvé chez lui, même personne ne m'a répondu à ma sonnette : l'appartement est vide. Un petit mot d'écrit informait que Poliakov était à Pavlovsk. Alors j'ai décidé de rester un jour de plus à Pétersbourg, c'est-à-dire jeudi, et je suis allé passer la soirée chez le prince où il y avait, outre quelques invités, Maïkov et Strakhov. Maïkov a eu mal à la jambe et il va se soigner à Soden (à une demi-heure d'Ems). Tous deux ont été très heureux de me voir. Le prince a été charmant. Tous m'ont dit que je me suis bien remis et que j'ai même engraissé (cependant j'avais grand besoin de dormir et j'étais tout flappi). Le prince m'a dit en aparté qu'il ne sait que faire du *Grajdanine* : il n'a pas d'argent pour l'éditer et personne ne lui fait crédit. J'ai très peur, si la revue cesse de paraître, d'avoir des ennuis avec les abonnés (c'est-à-dire je ne crains pas que le prince ne paie, mais je crains qu'au début il y ait quelque scandale et que mon nom soit sali dans la presse) ; mais on voit qu'il désire énormément continuer la publication. Poutsykevitch est convaincu qu'il en sera ainsi, c'est-à-dire que *Grajdanine* paraîtra toute l'année (1). J'ai été très troublé par ce que m'ont dit le prince et un de ses parents (un de mes grands admirateurs) : que Soden me vaudrait mieux que Ems car Ems est dans une vallée profonde, encaissée, très humide et pluvieuse, et pour moi un temps pluvieux c'est le pire de tout. Tous m'ont engagé d'aller voir à Berlin le célèbre docteur Fraulich et de prendre son avis. Je ne sais si je le ferai. Mais voici ce que j'ai omis de t'écrire : Avant Poliakov je suis allé chez Bretzel, qui m'a donné un mot pour le docteur Orth, d'Ems ; et, spontanément, Bretzel m'a dit que si je voyais qu'Ems ne me réussissait pas je devais aller m'installer à Soden, où c'est presque la même chose. Ce Soden qui paraît de tous côtés me trouble maintenant et je pense sérieusement à aller voir Fraulich. D'ailleurs le conseil énergique que m'a donné Kochlakov de me soigner à Ems fait que malgré tout ce qu'on me dit j'irai maintenant à Ems. Une fois là je verrai, et encore après deux

(1) *Grajdanine* parut jusqu'en 1878.

ou trois semaines de cure, ce qu'il faut faire. Bretzel m'a questionné sur ta santé et m'a dit avec insistance que tu ferais bien, à Staraia Roussa, de boire de l'eau ferrugineuse de Schval-bach-Wienbrunn (il y a aussi Schvalbach-Schal-brunn, mais elle est trop forte pour toi). Il me semble que je ne me suis pas trompé de nom. D'après Bretzel cette eau ne peut te nuire en aucune façon et peut te faire un bien indiscu-table. Je l'ai prié de t'écrire immédiatement, en envoyant une ordonnance sur la manière de la boire. Et voici mon conseil, Annette, dont je te prie beaucoup de tenir compte : consulte Schenk immédiatement et s'il dit que Schvalbach est bonne pour toi, alors envoie aussitôt 10 roubles à Bretzel qui te fera envoyer (c'est convenu entre nous) par Stol et Schmidt, vingt demi-bouteilles d'eau. (L'eau est marquée 7 roubles sur le cata-logue et nous comptons 3 roubles pour le trans-port). Si même tu commences à boire avant le 20 juin, tu pourras te rétablir très bien. Dans vingt jours (une demi-bouteille par jour) tu verras s'il faut continuer et après avoir bu 15 demi-bouteilles, par exemple, tu pourras envoyer encore 10 roubles et il te fera expédier encore 20 demi-bouteilles. Après 40 demi-bouteilles on peut cesser. Bretzel jure que ce sera utile. N'épargne donc pas ma chérie les 20 roubles, tu t'en trouveras bien. Si Schenk te le déconseille (ce que je ne pense pas) alors tout simplement écris à Bretzel que tu as trouvé l'eau à la pharmacie de Staraïa Roussa (Bretzel croit qu'il y en a) et que tu suivras son conseil. Mais voici ce que je te demande : si tu suis ce conseil, ne prends pas l'eau à la pharmacie, si même il y en a, pour ne pas faire d'erreur et boire la Schvalbach qu'il ne faut pas. Mieux vaut que Bretzel lui-même te l'envoie. Je t'en prie, je t'en supplie, mon ange, ne traîne pas et consulte Schenk. (Du reste il est temps déjà de l'appeler pour Fédia). N'économise pas 20 roubles : la santé avant tout.

Aujourd'hui je suis allé chez Kachpirev : sa jambe est de nouveau dans le plâtre. Le docteur Cadet lui promet que cet hiver il marchera, bien qu'en boitant. Il s'installe dans une semaine à la campagne, près de Gatchina ; il dit que les médecins l'exigent. Je n'ai pas vu Sophie Serguéievna ; elle n'était pas chez elle. Il m'a remercié de ma visite ; il est très à plaindre. J'ai dîné chez Wolff avec Strakhov ; ensuite je suis allé chez Bazounov qui lui aussi part dimanche pour l'étranger. Je l'ai prié instamment de t'envoyer *Rousski Viestnik* de juin et juillet (je prends avec moi le numéro de mai). Ensuite, à six heures passées, je suis allé chez Poliakov. De nouveau aucune réponse à me soumettre. Peut-être n'a-t-il pas encore reçu ta lettre. C'était très fâcheux pour moi, car sans ce rendez-vous (entre 6 et 8 heures) peut-être serais-je moi-même allé à Pavlovsk. Mais j'ai dormi jusqu'à 11 heures et ensuite j'ai pensé que si j'allais à Pavlovsk et apprenais là qu'il est déjà parti pour Pétersbourg, je n'aurais pas le temps de le voir avant mon départ. Il t'écrira peut-être. Alors dis-lui que je suis passé chez lui le 5 et le 6. Ne manque pas de le lui écrire. Demain je me lèverai à 8 heures pour avoir le temps de faire tout, et maintenant je suis très fatigué d'avoir écrit cette lettre. Il est déjà plus de 10 heures ; je me coucherai dans une heure. Cela me trouble : je pense à vous, au gentil Fédia qui me signait, à mon petit ange Luba et surtout à toi mon Annette chérie. Au nom de Dieu sois attentive pour eux. Je sais que tu les aimes. Sois gentille avec nou-nou : on pourrait trouver quelqu'un de plus leste, mais je doute qu'on en puisse trouver aimant les enfants comme elle les aime. C'est une vieille femme faible, et la nuit, d'un bond elle est sur pied si Fédia fait un mouvement. Ne sois pas fâchée pour cette demande ; tu sais comme je vous aime tous ; et maintenant je suis très triste seul.

Je t'embrasse très fort et attends ta lettre à Ems. Embrasse Luba et Fédia. Je les bénis. Compliments à Alexandre Karlovitch, Anna Gavrilovna, au Père Jean, à nounou, à Prascovie, et à tous.

Oh! mon ange, comme j'ai peur pour vous. Écris donc.

A Pétersbourg, malgré un temps clair (aujourd'hui quelques nuages), il fait un froid qui n'est pas de saison. Je crains d'être forcé de rester à Berlin un jour de plus parce que j'arriverai le dimanche et que les banques seront fermées.

Eh bien, au revoir. Je vous embrasse tous, mille fois et vous bénis encore une fois.

A toi pour toujours.

F. DOSTOÏEVSKY.

Je crains beaucoup d'être fatigué par le voyage. Mais peut-être pourrai-je avoir toute une banquette et dormir dans le wagon. N'oublie pas Schvalbach. Dis aux enfants que j'apporterai des jouets et des cadeaux.

Ems, 13/25 juin 1874, mercredi.

Voilà, je suis à Ems, mon Annette chérie. Je suis arrivé hier, vendredi, mais j'étais si fatigué du voyage et des courses à Ems qu'il m'a été absolument impossible de t'écrire hier soir comme j'avais pensé le faire. La tête me tourne et mes oreilles bourdonnent.

Je suis parti de Pétersbourg vendredi matin,

par une journée pluvieuse et froide ; je suis bien
arrivé à Eidkunen et même, pendant la nuit, j'ai
réussi à dormir quatre heures allongé. Le froid,
à Eidkunen, était encore plus vif qu'à Pétersbourg
et cela ainsi jusqu'à Berlin où, le premier jour, il a
fait si froid que j'aurais voulu mettre mon pardessus ouaté. La deuxième nuit je n'ai presque
pas dormi dans le wagon. Il y a eu en route beaucoup d'incidents intéressants et même drôles, que
je te raconterai de vive voix. Je suis arrivé à
Berlin dimanche ; la banque Mendelssohn, sur
laquelle Vilikine m'avait fait un virement, était
fermée. Les médecins ne reçoivent pas non plus
le dimanche, et je me suis terriblement ennuyé
toute la journée. D'ailleurs je ne me suis pas
couché pour dormir (nous sommes arrivés à
7 heures du matin) ; je suis allé au Musée royal
voir le tableau de Kaulbach, dans lequel je n'ai
trouvé que froide allégorie et rien de plus. Mais il y
a des tableaux, de différentes écoles, qui ne sont
pas mauvais et nous avons eu tort de ne pas aller
au Musée la première fois que nous sommes passés
à Berlin. Mon Dieu, quelle ville ennuyeuse ! Je
m'ennuie de vous jusqu'à l'incroyable. Tout le
temps je regardais la photographie de Luba et me
rappelais vous tous. Les Allemands, le dimanche,
étaient tous dans les rues en habits de fête. C'est
un peuple grossier et mal élevé. Dans une pâtisserie

un jeune homme m'a conseillé d'aller au théâtre Kroll, à Thiergarten, où il y a un jardin d'été et l'Opéra. En effet, on donnait *Fidelio* et j'aurais bien voulu y aller, mais en arrivant à l'hôtel je me suis senti si fatigué que je me suis assoupi. Le lendemain matin je suis allé chez Mendelssohn et chez Freulich. Cette lumière de la science allemande habite un palais, littéralement. En attendant mon tour j'ai demandé à un malade combien on paye à Freulich. Il m'a répondu qu'il n'y a pas de prix fixe et que lui, par exemple, donne cinq thalers. J'ai décidé d'en donner trois. Il tient les malades trois minutes, cinq au plus. Moi, il m'a regardé exactement deux minutes ; il a à peine posé le stéthoscope sur ma poitrine et a lancé un seul mot : Ems ; puis il s'est assis à sa table et a écrit deux lignes sur un bout de papier : « Voici l'adresse d'un médecin à Ems, dites-lui que Freulich vous envoie. » J'ai mis trois thalers et suis parti. Ce n'était pas la peine de le voir. Les magasins étaient cette fois ouverts et je suis allé acheter un châle pour Anna Gavrilovna, ce qui m'a donné beaucoup de tracas. J'ai cherché, cherché... Il y a à Berlin une foule de magasins, des tas de marchandises, mais pendant longtemps je n'ai pu rien trouver ; ou bien ils ne comprenaient pas ou ils ne montraient pas ce que je demandais. Enfin dans un magasin on m'a donné l'adresse d'un autre où il n'y avait pas de châles, mais ils en ont envoyé chercher et enfin j'ai acheté. Je pense qu'il est très bien ; le tissu est peut-être meilleur que le tien, parce qu'il est d'un très beau noir, tandis que le tien est un peu roux. Ils m'ont affirmé que la qualité de la teinture est très appréciée ici. Il est grand comme le tien, mais sans broderie, et avec une frange légère (il n'y en avait pas d'autres). On m'en a demandé 22 thalers ; j'ai marchandé et déjà allais m'en aller quand ils me l'ont laissé à 19. (Il y avait un autre châle qu'on donnait à 18, mais le noir n'était pas aussi beau.) Désespérant de trouver mieux, j'ai décidé de le prendre. Quand je leur ai affirmé que ton châle, qui est brodé, a été acheté moins cher, ils m'ont demandé s'il y avait longtemps. Je leur ai dit cinq ans. Alors ils ont ri ; depuis, m'ont-ils dit, ces marchandises ont augmenté de 25 pour 100. Puisque Anna Gavrilovna avait donné 14 roubles, ce qui, au cours, fait 16 thalers, alors j'ai payé trois ou trois roubles et demi de surplus. Annette, ma chérie, nous ferons cadeau de ce surplus à Anna Gavrilovna. Ils vous aiment tant, toi et les enfants, et sûrement tu ne te fâcheras pas contre moi pour cela.

Maintenant je traînerai ce châle avec moi dans la valise parce qu'il n'y a aucune possibilité de l'envoyer en Russie par la poste ; on prendrait très cher. Ainsi je l'apporterai moi-même. Ensuite j'ai acheté beaucoup de cigarettes et, comme il me restait du temps, je suis allé au jardin de Kroll. Le temps était clair. Ce jardin est une saleté épouvantable, mais il y a foule et les Allemands s'y promènent avec plaisir. Pour 10 pfennigs d'entrée on a le droit d'aller au théâtre, seulement aux places debout, dans la galerie. Le théâtre est une immense salle sombre qui peut contenir mille personnes, la scène à dix pas de large, il y a un orchestre de dix musiciens (pas du tout mauvais) et imagine-toi qu'on donnait *Robert le Diable*. J'ai écouté la moitié du premier acte et j'ai fui jusque chez moi ces horribles chanteurs allemands. Du reste il était temps de partir. Enfin, à 10 heures du soir, j'ai pris le train pour Ems. Ici les nuits sont noires comme en hiver. Cette nuit je n'ai pas du tout dormi : nous étions comme des harengs dans un tonneau. Mais quand le jour s'est levé, Annette, ma chérie, de ma vie je n'ai rien vu de pareil ! Qu'est la Suisse, qu'est Wartbourg en comparaison de cette dernière partie du parcours jusqu'à Ems ! Tout ce qu'on peut imaginer d'exquis, de tendre, de fantastique dans le paysage le plus séduisant du monde. Des vallons, des montagnes, des châteaux, des villes comme Marbourg, Limbourg, avec des tours admirables, et des combinaisons étonnantes des montagnes et des vallées. Je n'ai encore jamais vu rien de semblable. Nous avons voyagé ainsi jusqu'à Ems. Même par un matin chaud et sous le soleil brillant, Ems est tout à fait du même genre et la journée d'hier était exquise. Ems est une petite ville située dans un creux profond entre des collines de 200 mètres et plus de hauteur couvertes de forêts. Aux rochers les plus pittoresques du monde est adossée la petite ville qui consiste, à vrai dire, en les deux quais d'une rivière étroite ; et il n'est pas possible de bâtir ailleurs, à cause des montagnes. Il y a des promenades et des jardins, tout cela charmant. Je suis charmé du pittoresque, mais on dit que les jours de pluie ou quand le ciel est sombre cette vue pittoresque devient morne et angoissante à tel point qu'elle peut engendrer la mélancolie chez une personne saine. Mais, en revanche, je ne suis pas du tout enchanté des commodités et les prix, les prix, c'est effrayant ! Tout ce que nous avons calculé avec toi, en comptant la chambre meublée chez l'habitant, est impossible, car il n'y a pas une seule maison particulière, à Ems.

Il y a cinq ans Ems n'avait aucune importance, mais tout d'un coup, quand sa gloire a éclaté et qu'on a commencé à s'y rendre de toute l'Europe, chaque propriétaire a deviné ce qu'il lui fallait faire : toutes les maisons ont été transformées en hôtels. C'est pourquoi il y a deux sortes d'hôtels : une dizaine sont de vrais hôtels, les autres sont des maisons transformées qui s'intitulent *Private hotel*, avec les mêmes chambres numérotées, les mêmes domestiques, et aussi, dans presque toutes, des restaurants. Dans la plus petite maison il y a jusqu'à vingt chambres, qui, presque toutes, sont petites.

Je suis descendu à l'hôtel de Flandre, près de la gare, et pour 25 pfennigs on m'a donné une petite chambre dans laquelle on ne peut se retourner, sans meubles, même les plus nécessaires (sans armoire pour les habits et sans commode), et l'on m'a indiqué sur le mur trois clous auxquels je pourrai suspendre mes vêtements. Le service est ignoble. Tout de suite je suis allé chercher un logement et j'ai visité une quinzaine de maisons. Les prix sont partout les mêmes. Non pour les 25 pfennigs (c'est le prix le plus bas pour la chambre), mais pour un thaler on m'a montré des chambres meilleures et plus grandes que la mienne et plus confortables, mais tout de même encore petites. Et principalement tout autour c'est bondé de locataires dont les uns chantent, les autres frappent les portes, et moi je voudrais écrire un roman (1).

Dans tous les hôtels et restaurants la table d'hôte est à une heure de l'après-midi, car tous se lèvent

(1) *L'Adolescent.*

à 6 heures du matin pour être à 7 heures près de la source et boire l'eau qu'on ne donne plus après 8 heures et demie.

A 4 heures, sans même avoir dîné, je suis allé chez le docteur pour savoir exactement combien de semaines il me condamnera à rester à Ems. Je suis allé chez le docteur Orth, recommandé par Bretzel et non chez Gutentag, recommandé par Freulich. J'ai remis à Orth la lettre de Bretzel. Orth habite aussi un magnifique appartement et a une foule de clients. Il a lu la lettre de Bretzel, m'a examiné très attentivement et m'a dit que j'ai un catarrhe temporaire et rien de plus ; mais c'est une maladie assez sérieuse, et si on ne se soigne pas, plus on va moins il est possible de respirer. Sauf le dérangement général de l'estomac, il a trouvé que c'est la partie postérieure de la poitrine qui est la plus atteinte. Je lui ai dit que je ne ressentais rien de particulier, néanmoins il a insisté sur son diagnostic. Il m'a dit que le voyage m'avait certainement dérangé un peu mais que, dans quelques jours, cela irait mieux. Il m'a assuré que la cure aura sûrement un bon résultat et m'a prescrit de boire l'eau de la source Kesselbrunen — au lieu de celle de Krenken recommandée par Koshlakov — sous prétexte que je suis sujet à la dysenterie, comme le lui écrit Bretzel. Je suis maintenant très fâché d'avoir oublié de lui dire que je suis plutôt enclin à la constipation qu'à la dysenterie et que je crains que cette prescription de prendre Kesselbrunen ne soit une faute. Dans cinq jours je retournerai chez lui et m'expliquerai. Il m'a prescrit un régime : manger plus de choses acides (salade vinaigrée par exemple), des viandes grasses et boire du vin rouge, soit du vin de France, soit celui d'ici, d'Ems. A partir de demain je commencerai à me lever à 6 heures et à prendre l'eau (deux verres par jour). Ce vin d'Ems c'est du vinaigre de première qualité et coûte 20 pfennigs la bouteille ; quant au vin français, il est inabordable : un thaler la bouteille de Médoc qui, en Russie, chez Feik, coûte 50 kopecks.

Ensuite je me suis mis en quête d'un dîner, et j'ai trouvé que dans les grands hôtels (Russicher-Hoff, English hotel) il y a, sauf la table d'hôte à une heure, des dîners à part, mais qui coûtent un thaler et 10 pfennigs, soit 40 pfennigs. J'ai demandé un dîner à ce prix. On m'a servi une dizaine de plats bien préparés, dont cinq de viande, de sorte que je n'en pouvais plus et ai renvoyé la moitié du dernier plat. Mais à table d'hôte, pour 25 pfennigs, on donne moins. Il n'y a pas d'autres sortes de dîners dans tout Ems. On peut trouver partout des portions à part, mais on demande 15 pfennigs pour la portion.

Enfin, je me suis décidé à louer un logement.

La propriétaire de la maison est une vieille dame à lunettes, mariée, très polie, mais rusée. Le service est fait par des femmes. Il y a vingt-six chambres. On m'a montré au choix deux appartements : une grande belle chambre, confortablement meublée, avec un balcon, à 14 thalers par semaine ; l'autre, deux pièces, mais beaucoup plus petites, également très bien meublées, mais une seule des chambres est très claire, l'autre, la chambre à coucher est sombre, bien qu'ayant deux fenêtres, mais il y a devant elles, à deux archines de distance, un mur élevé. Le prix est également de 14 thalers par semaine. J'ai marchandé comme un diable et j'ai obtenu de payer 12 thalers par semaine. En outre, elle se charge de me préparer le café, le dîner, le soir du thé et quelque chose pour le souper, tout cela pour un thaler et demi par jour. J'aurai donc à payer en tout, par semaine, 22 thalers et demi.

J'ai oublié de te dire (et c'est le principal) que Orth a fixé ma cure à quatre semaines au lieu de six. Aussi, bien que l'argent file terriblement, il y aura assez. Le soir j'ai déménagé de l'hôtel chez ma logeuse. En tout cas voici pour toi l'adresse : « Hause Blücher, chambre n⁰ 7. » Mais écris-moi poste restante, car, qui sait, il se peut que je change d'appartement.

Pour terminer, quelques mots sur Ems. Ici

c'est la cohue, le public de tout l'univers, des toilettes brillantes ; cependant un tiers des chambres n'est pas loué. Les magasins sont très laids. Je voulais acheter un chapeau, je n'ai trouvé qu'une seule misérable boutique où la marchandise est comme chez nous au marché ; et tout cela est exhibé orgueilleusement, et les prix sont exorbitants et les marchands insolents.

Mon ange Annette, écris au malheureux que je suis, plus souvent. Ta lettre ne peut arriver qu'après-demain et tu ne croirais pas comme je m'inquiète des enfants. Mes nerfs sont détraqués, et le soir, quand je me suis trouvé seul, j'aurais pleuré. Je songe à mes petits anges Luba et Fédia et je crains pour eux. Soigne-les bien, ma chérie, et raconte-moi tout bien franchement. Pourvu seulement que tu ne tombes pas malade. La nuit dernière j'ai tremblé affreusement (voilà trois nuits de suite que je te vois en rêve).

Au revoir. Je t'embrasse fortement et bénis mes anges. Demain je me lèverai à 6 heures et irai boire l'eau. Alors il faut se coucher à 10 heures du soir. Quand donc écrire le roman ? Dans la journée, avec cette animation et ce soleil, quand tout invite à la promenade et que la ue bourdonne ? Que Dieu me permette seulement de commencer le roman et de trouver quelque chose. Commencer c'est déjà la moitié de l'affaire. Ainsi je reviendrai chez vous beaucoup plus tôt. Dans ma prochaine lettre j'écrirai davantage là-dessus. J'écrirai dans trois ou quatre jours, après avoir reçu ta lettre. Le salut à tous et à nounou.

Je t'embrasse mille fois et t'aime infiniment.

Imagine-toi qu'avant-hier, à Berlin, je t'ai vue en rêve ; nous venions de nous marier, je t'emmenais à l'étranger, je t'aimais énormément, et Luba et Fédia existaient déjà ; seulement ils n'étaient pas avec nous, ils étaient quelque part, et nous parlions d'eux.

Au revoir.

Ton

DOSTOÏEVSKY.

Ems, 28/16 juin 1874, dimanche.

Je ne puis comprendre, ma chère Annette, cet embrouillement dans les dates. Ici, aujourd'hui, c'est dimanche 28 juin nouveau style (j'ai vérifié d'après les journaux) et toi tu m'écris dimanche dernier et dates 12? Dans ma dernière lettre (d'Ems, le mercredi), moi aussi j'ai fait une erreur et j'ai mis 27 nouveau style, tandis que c'était le 25. Mais voici qui est déjà plus sérieux : ta première lettre, de vendredi, est datée du 7 vieux style et, sur l'enveloppe, le cachet de Sta-raia-Roussa est du 10, et du 11, de Pétersbourg.

C'est bizarre. Si tu as mis la lettre à la poste vendredi ou même samedi, comment votre poste ne l'a-t-elle envoyée que le 10? Parle de cela au directeur des postes ; peut-être te renverrai-je l'enveloppe. Imagine-toi que ta première lettre, du 7 (à propos, en datant tes lettres, indique aussi le jour, n'oublie pas), je ne l'ai reçue qu'hier, samedi, tandis que j'aurais dû la recevoir vendredi, cela, parce qu'un imbécile d'employé de la poste restante, malgré que je sois venu demander cinq fois, s'est imaginé que je n'étais pas Dostoïevsky mais Tostoïevsky et regardait les lettres de la section T ; de sorte que toute une journée ta lettre est restée inutilement chez lui. Il prononce affreusement et écoute stupidement. Un Allemand, en chemin de fer, me disait tout le temps *oupa, oupa*. Qu'est-ce que c'est *oupa?* lui demandai-je enfin. Et il résultait qu'il voulait dire opéra (nous parlions musique). Aujourd'hui le directeur des postes s'est beaucoup excusé, et, en revanche, j'ai reçu aujourd'hui ta deuxième lettre. Ma chère petite Annette je te remercie beaucoup d'écrire régulièrement. Écris, je t'en prie, plus d'une fois par semaine ; écris tous les cinq jours et moi je t'écrirai de même. Quant à tes lettres je les admire et les lis avec plaisir ; et je me dis chaque fois, en moi-même : Comme elle est intelligente ! Moi, par exemple, j'écris huit pages et ne dis pas tout ;

tandis que toi, en trois ou quatre pages, tout est bien exposé ; il y a tout ce qu'il faut, et c'est clair, net ; rien de trop, et l'on sent la compréhension de ce qu'il faut dire et la délicatesse du sentiment. Tu as deviné précisément qu'il me serait très agréable de lire les conversations des enfants. En outre, tu m'écris des mots charmants et tu dis que tu m'aimes (si tu ne mens pas). Moi aussi je t'aime, mon ange, surtout maintenant, ma chérie.

Comme je suis heureux que les enfants soient bien portants. Il est vrai que ta lettre date d'une semaine. Veille sur eux de toutes tes forces, pour l'amour du Christ.

Tu feras très bien de boire du Schvalbach et je suis content de l'opinion de Schenk sur ta santé. Mais je serai surtout heureux quand je vous reverrai tous, parce que je commence à m'ennuyer terriblement.

Le lendemain du jour où je t'ai écrit (c'est-à-dire jeudi) je suis allé pour la première fois à la source. Elle est à deux pas de chez moi. Le temps était affreux, la pluie tombait à pleins seaux, de sorte que j'ai emprunté un parapluie à ma logeuse pour m'y rendre. Tout le monde était déjà là. Tout Ems se lève à 6 heures du matin (moi aussi) et les deux mille buveurs sont, dès 6 heures et demie, près des deux sources : Krenken et Kesselbrunnen.

Dans le jardin la musique joue ; elle commence ordinairement par un hymne luthérien des plus embêtants ; je ne connais rien de plus mièvre et de plus faux.

Chaque malade doit s'acheter ici, pour toute la saison, un verre où sont marqués par des traits les nombres d'onces. Je bois six onces en deux fois et je me promène une heure entre les deux verres. Je rentre chez moi à 8 heures et prends mon café. L'eau a un goût aigre et salé et sent l'œuf pourri ; elle est tiède comme du thé versé depuis dix minutes.

Pendant deux jours, même hier, le temps était changeant : tantôt la pluie, tantôt le soleil, et c'était horriblement triste. A cause de l'humidité, probablement, mon état a empiré : le râle est plus fort, la toux plus sèche et même, hier et avant-hier, j'ai eu mal dans la poitrine, ce qui m'arrive très rarement à Pétersbourg. J'irai chez le docteur dans deux jours et lui expliquerai que je me sens plus mal. Il est vrai que l'action ne peut se manifester aussi vite, mais je pense qu'à cause de l'humidité je me suis refroidi.

Aujourd'hui le temps est admirable, le soleil brille, il fait très chaud et je me sens beaucoup mieux. Je crains toujours que le docteur ne se soit trompé en m'ordonnant de boire Kessel-brunnen et non Krenken. Bretzel lui a écrit que je suis sujet à la dysenterie, — bien qu'il n'y avait pas dysenterie mais dérangement de l'estomac, — tandis que mon état ordinaire est le contraire. Qu'adviendra-t-il de tout cela, je ne sais.

Par temps clair je vais me promener, et, le soir, je vais à la musique. Dans le Vauxhall, comme journaux russes, il n'y a que les *Moskovskia Viedomosti*, mais un assez grand nombre de journaux français.

Tout ici est misérable et mesquin : les magasins sont très mauvais. Une seule chose est exquise, c'est le site, mais on l'embrasse en une minute, puisque Ems est dans une vallée étroite, entre deux chaînes de montagnes. Je connais déjà tous les coins du jardin et du parc, et après il n'y a où aller. En outre, il y a toujours une foule de gens ; beaucoup de conversations en russe, mais surtout des Allemands.

Après le café, le matin, je travaille. Jusqu'ici je n'ai fait que lire Pouchkine et je m'enthousiasme en y découvrant chaque jour quelque chose de nouveau. Mais je n'ai pu encore rien composer du roman. J'ai peur que l'épilepsie m'ait enlevé non seulement la mémoire mais aussi l'imagination. Une pensée pénible me vient en tête : Et si je ne suis plus capable d'écrire? D'ailleurs, nous verrons.

A midi je vais me promener une heure avant le

dîner (on dîne, ici, juste à une heure). Je me mêle à la foule, je vais au casino lire les journaux. Comme connaissances je n'ai ici qu'un Allemand, qui a voyagé dans le même wagon que moi de Berlin à Ems, (il est venu ici pour se soigner ; il est malade de la poitrine) et qui a pris congé très tendrement de sa femme (tous deux sont jeunes), sous mes yeux, à la gare de Berlin, avant le dernier signal. Nous nous rencontrons parfois et parlons allemand. Oui j'ai rencontré, ou plutôt s'est approché de moi dans le jardin (car moi je ne reconnais personne) Sloutchevski (1) qui, avec joie, a renouvelé notre connaissance ; je l'avais rencontré en passant, l'hiver dernier, à Pétersbourg. Il a demandé la permission de me rendre visite, je ne sais pas s'il viendra. C'est un type pétersbourgeois, homme du monde comme tous les censeurs, avec la prétention d'appartenir à la haute société. C'est un homme qui, en général, comprend peu de choses, il est assez bonasse, ambitieux et a de très bonnes manières. A la promenade il m'a montré tous les Russes d'ici. Il ne se promène jamais avec sa femme, je ne sais pourquoi ; mais il paraît aimer ses enfants. Avant-hier soir, par un temps assez humide, après la pluie calmée, je

(1) K. K. Sloutchevski, poète très connu, fonctionnaire de la censure, qui fut à la fin de sa vie directeur du Journal officiel russe.

l'ai rencontré avec une famille russe et il m'a demandé de venir avec eux. Je m'embêtais tant que j'ai accepté. La dame est directrice de l'Institut de Novo-Tcherkask ; elle a une quarantaine d'années, mais n'en paraît que vingt-cinq. Elle a avec elle sa fille, d'une quinzaine d'années, très timide et très jolie. Un parent, ou un ami, homme assez original, un peu drôle, les accompagne. Nous avons fait une promenade par des chemins humides, pas loin dans la montagne, jusqu'au premier restaurant où nous nous sommes reposés. Nous avons bu du *Maytrank* et sommes revenus. Cette dame a produit sur moi une impression si désagréable que désormais je fuirai tous les Russes. C'est une imbécile comme je n'en ai jamais vu : cosmopolite et athée, adore l'empereur et méprise la patrie. Elle a fait élever ses enfants à Dresde et, il y a deux mois, deux sont morts en Russie, les aînés ; il ne lui reste que cette fille. Probablement, en raison de sa douleur, elle est allée à Paris (c'est ce qui, chez eux, s'appelle servir : quatre mois de congé à l'étranger aux frais du trésor). A Paris, sans rime ni raison elle s'est fait arracher une très bonne dent, dont elle ne souffrait pas, mais qui la gênait. (Ses dents sont comme des perles et elle-même n'est pas laide.) Le dentiste lui a fait l'opération sous le chloroforme et lui a cassé la mâchoire. Un autre dentiste célèbre de Paris lui a dit qu'elle peut perdre toutes ses dents et mourir ; elle doit maintenant retourner à Paris pour soigner sa mâchoire cassée. Elle est actuellement à Ems on ne sait pourquoi. En général, tous ces gens font on ne sait quoi et voyagent on ne sait pourquoi. Elle est bavarde et discute toujours. Je lui ai dit nettement qu'elle est insupportable et ne comprend rien ; sans doute en riant et poliment, mais très sérieusement. Nous nous sommes quittés aimablement, mais je n'irai jamais plus avec eux. La nuit j'ai eu même des cauchemars.

Ainsi je m'ennuie énormément. Je ne comprends pas comment je vivrai ici un mois. Peutêtre composerai-je quelque chose et me mettrai-je à travailler. En attendant, je vis, sous le rapport matériel, assez bien : les logeurs sont polis et ne me nourrissent pas mal. La maison, tout en pierre, est très jolie et représente maintenant une grande valeur ; elle appartient à ma logeuse, et c'est elle-même qui fait la cuisine. Sa fille, dixsept ans très jolie, qui a reçu une certaine instruction, modeste et naïve, m'apporte parfois, chez moi, le dîner, le thé et même fait le ménage. Pour les douze ou quinze locataires il n'y a qu'une seule servante, Mina, une fille grêlée, de trentecinq ans, qui travaille comme un bœuf et reçoit comme gages, de mars à octobre, en tout, sept thalers, c'est-à-dire un thaler par mois. Il est vrai que tout son calcul repose sur les pourboires des locataires. En général, la maison est comme il faut. J'étais tout seul au deuxième étage, mais hier sont arrivés, de Vienne, des richards, le mari et la femme, qui ont pris tout l'étage, de sorte que, maintenant, j'ai des voisins qui font assez de bruit et me gênent un peu.

Eh bien! voilà tout pour mon état extérieur. Quant à l'état moral, comme je te l'ai déjà écrit, c'est l'ennui, et, en outre, je pense à chaque instant à toi, ma petite Annette, et je m'ennuie terriblement. Pendant la journée je repasse dans mon esprit toutes tes bonnes qualités, et je t'aime énormément et je pense qu'en tout tu serais la perfection sans un petit défaut : la distraction, la négligence domestique (pas la négligence pour les enfants, je sais quelle mère tu es, tout simplement un peu de désordre). En revanche, tout le reste, dans mon Annette, est perfection et se rencontre très rarement. Ma chérie, je ne connais pas une seule femme qui t'égale. Cette imbécile d'avant-hier, par exemple, comment la comparer à toi? Et maintenant presque toutes sont de cet acabit. En revanche, le soir en me couchant (ceci entre nous) je pense à toi avec souffrance. Je t'embrasse en pensée et imagination partout (tu comprends). Oui, Annette, à l'angoisse de ma solitude il ne manquait que cette souffrance. Je dois vivre sans toi et me tourmenter. Je te vois en rêve si séduisante. Est-ce que tu me vois en rêve? Annette, c'est très sérieux dans ma situation, et si c'était une plaisanterie je ne te l'écrirais pas. Tu disais que peut-être, à l'étranger, je courtiserais d'autres femmes. Mon amie, je te connais maintenant par expérience et ne puis même imaginer une autre que toi. Je n'ai nul besoin des autres, c'est toi qu'il me faut. Voilà ce que je me dis chaque jour. Je suis trop habitué à toi et suis devenu trop homme de famille. L'ancien, tout est passé et il n'y a plus personne de mieux que mon Annette. Ne sois pas prude en lisant cela ; tu devais le savoir. J'espère que tu ne montreras cette lettre à personne.

Écris tout ce que disent et font les enfants. J'embrasse Luba et Fédia. Dis-leur ce que je pense d'eux. J'enverrai et apporterai des cadeaux.

Salut à tout le monde. Je t'embrasse encore une fois.

Ton mari éternel.

DOSTOÏEVSKY.

Je t'aime vraiment et prie chaque jour pour vous tous avec ardeur. Je vous bénis.

Hier soir, à la promenade, j'ai rencontré pour la première fois l'empereur. C'est un vieillard de haute taille, à l'air imposant. Ici tous se lèvent (même les dames), se découvrent et saluent, mais lui ne salue personne ; cependant, parfois, il fait un geste de la main. Au contraire, notre empereur, ici, saluait tout le monde, et les Allemands appréciaient cela beaucoup. On m'a raconté que les Allemands et les Russes (surtout les dames de notre haute société) cherchaient toujours à se rencontrer avec l'empereur et à faire la révérence devant lui. Il y avait alors, à Ems, encore plus de Russes, et maintenant le beau monde russe est presque tout parti. Guillaume marchait en causant avec une jeune fille dont le père et la mère suivaient derrière à deux pas. La jeune fille a l'air d'une femme de chambre, les traits sont accusés, mais elle n'est pas mal. C'est une Allemande du grand monde. La mère et la fille sont habillées admirablement. Arrivé à un certain endroit, l'empereur a pris congé d'eux, toutes deux ont fait une grande révérence de cour et, fières et heureuses, sont parties dans une superbe voiture. Derrière, à dix pas, tandis que Guillaume se promenait avec la jeune fille, une foule de toutes les dames d'ici suivait ; quelques-unes étaient en dentelle, comme au bal. Comme elles devaient être envieuses !

Mon salut particulier au Père Jean et à nos propriétaires. J'embrasse les enfants. Parle-leur souvent de moi pour qu'ils ne m'oublient pas. Écris-moi exactement le jour de naissance de Fédia, en juillet, pour que je puisse lui souhaiter sa fête, sans erreur.

Quand maintenant recevrai-je une lettre de toi? Dieu seul le sait ! Moi j'écrirai dans cinq jours. Entre temps j'irai voir le docteur. Surtout porte-toi bien et soigne les enfants.

D.

Ems, dimanche, 5 juillet nouveau style, 23 juin 1874.

Ma chère Annette, je m'étonne de ton silence. Voilà de nouveau dimanche et rien de toi. Si même tu attendais mes lettres pour écrire, même dans ce cas je devrais avoir ta réponse depuis long-temps, puisque tu as reçu une lettre de moi au moins. Mais tu m'as promis d'écrire, *dans tous les cas*, chaque dimanche. Si tu l'avais fait, ta lettre serait arrivée encore avant-hier, vendredi. Main-tenant je t'écris de nouveau sans avoir rien reçu de toi, et si demain matin de bonne heure je reçois quelque chose, j'ajouterai un mot à cette lettre, sinon elle partira telle que. Si la correspon-dance avec moi te fatigue tant, alors je te demande de n'écrire qu'une page : des nouvelles des enfants et de ta santé, mais d'écrire tous les cinq jours. Attendre toute une semaine, c'est trop long, et

maintenant ce n'est pas une semaine seulement
que j'attends, mais depuis la dernière lettre c'est
le neuvième jour, peut-être le dixième.

Je te donne de mes nouvelles : ma cure va régulièrement, mais jusqu'à présent sans aucun résultat,
au contraire. Je tousse et crache plus que l'été
dernier. T'ai-je écrit que le docteur m'a enfin
changé Kesselbrunnen contre Krenken et trois
verres par jour au lieu de deux? Je sens que
Krenken agit un peu mieux et j'ai constaté d'une
façon certaine (et les autres malades m'en ont
convaincu) que Krenken avec du lait agit mieux
sur l'estomac et pour la diminution de la toux.
En outre, trois verres c'est très peu pour moi.
Après les trois verres du matin, à 7 heures, je me
sens mieux jusqu'à quatre heures de l'après-midi,
mais après et toute la nuit je me sens plus mal.
Je me suis décidé enfin à aller chez le médecin et
à lui demander résolument qu'il me permette de
prendre Krenken avec du lait, et d'en prendre aussi
le soir, à 4 heures, comme beaucoup d'autres malades. J'y suis allé hier, et il m'a permis le lait et
encore deux verres le soir. Ainsi tout s'est arrangé
comme l'avait prescrit Kochlakov. Orth, uniquement parce qu'il y a deux semaines je lui avais dit
que Kochlakov m'avait ordonné de boire Krenken
avec du lait, avait prescrit Kesselbrunnen et interdit
le lait ; c'est-à-dire qu'il avait fait tout cela par

amour-propre. Ils sont tous les mêmes, les coquins !
Moi, si je n'ai pas tout à fait compromis ma santé,
je l'ai gâtée par ces deux semaines de cure. Je
prévois qu'il me faudra peut-être rester ici une
semaine de plus, parce que j'ai toujours l'espoir
— et même très grand — que Krenken me soula-
gera. Ayant appris que je commençais à souffrir
un peu du foie et que ma langue, parfois, était
jaune, Orth, avec une certaine joie, m'a déclaré
que c'est là l'indice le plus clair et le premier de
l'efficacité de l'eau, et que cela commence toujours
par le mal au foie. Eh bien, voilà tout sur ma
cure.

Je m'ennuie ici insupportablement malgré que
j'aie commencé à travailler (hélas ! seulement
encore le plan) (1). Je ne sais où me fourrer
d'ennui. Je lis par-ci par-là, mais très peu. Ici
tout est très cher et l'argent file. Je vois très peu
de monde. On m'avait dit que la princesse Shalikoff
me cherchait depuis une semaine et désirait
beaucoup me voir. Pour ne pas être impoli je suis
passé chez elle et ne l'ai pas trouvée ; j'ai laissé ma
carte. Enfin, hier, elle-même est venue chez moi,
le matin. Elle a beaucoup vieilli et blanchi (elle
paraît cinquante ans) ; elle est malade, tousse,
mais c'est toujours une charmante et bonne vieille

(1) *L'Adolescent.*

fille. Elle est restée chez moi une heure et m'a invité à faire avec elle et quelques amis une promenade jusqu'au Rhin (c'est à un quart d'heure de chemin de fer), au château de Stolzenfels, je ne sais pas si j'irai.

Maintenant il fait ici très chaud, après le vent et la pluie ; et, en général, le temps est très variable : un jour 25° à l'ombre, le lendemain 15° et souvent, le matin, du brouillard.

Eh bien ! voilà pour toi le rapport sur ma personne. Je n'écris pas mes impressions intimes et essentielles, puisqu'il me semble, ma chère Annette, que c'est inutile.

Encore une fois je te prie et supplie d'écrire tous les cinq jours, une douzaine de lignes, style télégraphique, sur la santé des enfants et la tienne. Tu peux comprendre combien je m'inquiète des enfants et souffre. Maintenant, sans lettre, je ne pense qu'à eux. Si jusqu'à mardi, c'est-à-dire après-demain, je ne reçois pas de lettre, j'enverrai un télégramme au nom d'Alexandre Karlovitch.

Au revoir. Je bénis les enfants et t'embrasse. Mon salut à tous. Mes compliments à nounou.

Ton

F. DOSTOÏEVSKY.

Ems, lundi 6 juillet/24 juin 1874.

Aujourd'hui, à 8 heures du matin, j'ai enfin reçu ta bonne lettre, mon Annette chérie. Je l'ai embrassée et avec cela me suis réconcilié avec toi, car, je te l'avoue, j'étais déjà très fâché : c'était triste et offensant. Comme je suis heureux que vous tous soyez bien portants ! Après une telle nouvelle il semble qu'on revive et que tout s'éclaire, c'est à la lettre. Encore une fois je t'en supplie, ma chère petite Annette, écris-moi tous les cinq jours, même peu (cependant plus de douze lignes), je serai plus gai et plus tranquille pour vous ; autrement les lettres sont trop rares et c'est pénible.

Je pense que tu as reçu depuis longtemps ma deuxième lettre d'Ems ; celle-ci est la troisième. Hier, à 2 heures passées, la princesse Shalikoff m'a soudain envoyé chercher pour aller me promener avec eux à Stolzenfels. Puisque j'avais promis, bien que très mal disposé, j'y suis allé. C'est à un quart d'heure de chemin de fer, sur le Rhin, au confluent du Rhin et du Lahn, la petite rivière sur laquelle est bâti Ems. La vue est splendide. Le château est sur l'autre rive du Rhin, et il faut prendre une barque. C'est un vieux château du moyen âge, mais il y a vingt-cinq ans les ruines (d'ailleurs assez bien conservées) ont été restaurées par notre défunte impératrice Alexandra Feodorovna, qui vécut ici un certain temps. Nous avons visité tout le château, et nous nous sommes promenés, avons pris le café et admiré le couchant sur le Rhin, qui est très beau. Je ne me suis ni trop ennuyé ni trop amusé dans cette société de dames. Il y avait là une amie de la princesse, avec qui elle vit et qui elle-même a vécu un certain temps chez Katkov. C'est une veuve d'une quarantaine d'années, maladive, autrefois très belle, mon admiratrice. Quand la princesse, avant de me faire visite, me cherchait à la musique ou près de la source, espérant me reconnaître, elle disait à la princesse, à chaque instant : « Regardez attentivement, et dès que vous rencontrerez un homme ayant un regard plus profond que nul autre, alors approchez-vous hardiment : c'est lui. » Elle m'avait vu un jour chez Katkov.

Il y avait encore une dame avec sa fille, aussi directrice d'un lycée de jeunes filles de Moscou. Cette directrice ne ressemble pas à celle de Novo-Tcherkask ; c'est une femme intelligente, mais très malade, déjà presque sans poumons. Sa fille, âgée de dix-sept ans, est une jeune personne très décidée et pas mal de visage. Ma princesse, la vieille, me plaît infiniment : bonté d'âme, naïveté, sincérité et gaieté presque enfantine. Elle est toute petite, a les cheveux blancs et s'habille trop modestement mais avec distinction, au meilleur sens du mot. Elle a parcouru toute l'Europe, a été partout. Les plus grands écrivains anglais et français sont de ses connaissances. Mais, le principal, il y a en elle de la sensibilité, une certaine ironie et la gaieté la plus franche. Elle tousse aussi beaucoup et d'une façon inquiétante. Elles m'ont donné beaucoup de conseils utiles sur la façon de prendre l'eau, principalement sur le régime, et je suis très content de les avoir écoutées, parce qu'il n'y a pas à dire, je commettais des fautes.

Annette chérie, tu écris que tu as commencé à prendre les eaux et que tu ne penses pas que ce te soit utile. Tu te trompes grandement, tu verras. Pendant deux semaines entières j'ai traité Krenken de haut, et maintenant je commence à en attendre beaucoup, parce que je *sens* que cela m'est utile. Je suis très content de boire maintenant Krenken avec du lait et d'avoir presque doublé la dose. Je me lève, par exemple, à 6 heures du matin, avec des râles et de la toux, qui me tourmentent tout le temps que je m'habille. Juste à 7 heures je suis sur place et bois mon premier verre, et aussitôt après le troisième verre, jusqu'au soir, je me sens beaucoup mieux : le râle disparaît, la toux aussi, et l'air entre mieux dans la poitrine. Mais l'action principale est après, intérieure, chimique, sur tout l'organisme. Il en sera ainsi avec toi, peut-être même sans que tu le remarques. Tout l'hiver tu diras qu'il n'y a aucun profit et cependant tu ne seras pas malade une seule fois, et qui sait, si tu n'avais pas pris d'eau, peut-être aurais-tu gardé le lit. Ne te plains pas de ne pas boire de café, je sais qu'il est pénible de perdre des habitudes. De plus, j'ai entendu dire que ce n'est pas seulement avec l'eau de Krenken, mais avec toutes les eaux, qu'au début paraît la bile et commence l'irritation des nerfs. C'est peut-être pour cela que tu as moins d'appétit ; c'est parce que les eaux commencent à agir. A cause de la bile tu seras un peu irritable.

J'ai bon appétit, et tous me disent que c'est un excellent indice pendant la cure. Je te remercie des nouvelles des enfants et de leurs mots et actes. Cela me fait plaisir, m'amuse et m'égaie. L'histoire de Fédia avec le paysan est très remarquable comme indication de son futur caractère : la résolution, la confiance, et de ce qu'il ne vous a pas regardés on ne peut accuser le cœur. Il ne connaît pas encore ses exigences et sûrement ne comprenait pas qu'il était séparé de vous. Si on l'avait laissé plus longtemps avec le paysan sûrement qu'il aurait demandé : « Où est nounou ? »

Embrasse bien fort Luba et, pour l'amour de Dieu, fais-la travailler moins, avec les études ne te hâte pas ; laisse-la se fortifier le corps et prendre des forces pour tout l'hiver. Que je suis content que vous ayez beau temps. Comme les enfants se seraient bien rétablis ici, quelque part à l'étranger. Mais le climat d'Ems est étrange : aujourd'hui, par exemple, il y a du soleil, le baromètre, à midi, est très haut et, à en juger d'après le temps d'hier et par tout, nous devons avoir 24° Réaumur à l'ombre, eh bien ! imagine-toi qu'à 7 heures du matin, le thermomètre marquait à l'ombre 11°Réaumur et quelques heures plus tard 25° Réaumur. Quel changement brusque ! Comment ne pas s'enrhumer? C'est parce que Ems est dans un creux, humide la nuit, et soudain un nuage s'installe dans ce creux et voilà 11 degrés. Hier matin, à 7 heures, il y avait 18° à l'ombre, c'est-à-dire qu'un nuage n'avait pas daigné passer la nuit à Ems.

Dans mon appartement je suis assez bien. Le reste de l'étage est occupé par un seul locataire : un monsieur de Vienne, avec sa femme, des richards qui occupent quatre magnifiques chambres. Mais hier ils ont payé pour la première fois la semaine à la logeuse et ont fortement discuté avec elle pour la note excessive qu'elle leur a présentée. A moi aussi elle a présenté une note pareille, j'ai discuté beaucoup, mais ne fût-ce que deux thalers, je les lui ai gagnés.

Annette, mon travail avance péniblement ; je me tourmente sur le plan ; l'abondance, tel est son principal défaut. Quand je l'examine en entier j'y constate la matière de quatre romans. Strakhov voyait toujours en cela mon défaut. Mais j'ai encore du temps, peut-être m'arrangerai-je. Le principal c'est le plan, le reste, écrire, est plus facile. Annette, ma chérie, en tout cas mon travail principal sera pour l'automne, et la pensée quotidienne : comment nous organiserons-nous cet automne, avec quel argent, me trouble péniblement. (Il est impossible de demander encore à Nekrassov, et sûrement il ne donnerait pas. Et il n'est pas Katkov ; c'est un homme pratique.) Mais Dieu nous a sauvés jusqu'à présent, et il y a eu des moments pires.

Annette chérie ne m'effraye pas par des prédictions trop pénibles : c'est tout ce qu'il y a de mauvais en toi ; ton caractère naturel est simple et angélique, voilà.

Je t'embrasse très fort. Quant aux rêves inconvenants, si tu savais les miens ! D'ailleurs, pour une dame, c'est moins convenable. Mais chut, chut, silence. Au contraire, je suis très heureux et t'embrasse passionnément toute.

Au revoir. Écris plus souvent. Embrasse les enfants. Parle-leur de moi. Écris-moi plus souvent. Mon salut à tous, sauf au prêtre de la ca hédrale ; d'ailleurs à lui aussi.

Tout à toi.   F. DOSTOÏEVSKY.

Ems, vendredi 10 juillet/28 juin 1874.

Hier 9/27 j'ai reçu ta précieuse lettre, mon cher ange Annette, et elle m'a consolé énormément. Je l'ai reçue à 8 heures du matin, en revenant de la source, et juste cette nuit, à minuit, j'ai eu une crise (1) qui m'a dérangé momentanément à tel

(1) Précisément sur la couverture d'un des cahiers qu'avait Dostoïevsky, à Ems, où il travaillait le plan de *l'Adolescent*, il a noté la description de ses crises. On lit : « Les crises. — Après un intervalle de cinq mois et demi, en 1873 : 20 avril, 4 juin, 1er août, 3 novembre, 19 décembre, 27 décembre. »

« En 1874 : 28 janvier, 16 avril, 13 mai, 27 juin, 9 juillet, 15/27 juillet, 8 octobre, 18 octobre, 28 décembre. Le matin à huit heures, au lit, l'une des plus fortes crises. C'est la tête qui a le plus souffert : le front était en sang. »

Ensuite sont décrites les crises de 1875 : « 4 janvier, 11 janvier, 8 avril. Crise à minuit et demie, je la sentais venir depuis le soir. Je venais de préparer des cigarettes et me disposais à écrire au moins deux pages du roman, et je me rappelle comment je suis tombé au milieu de la chambre, en marchant. Je suis resté étendu quarante minutes. J'ai repris connaissance assis, tenant les cigarettes mais ne les préparant pas. Je ne me rappelle pas comment il se fait que j'avais une plume dans la main ; avec cette plume, j'ai gratté mon porte-cigarettes. J'aurais pu me blesser. Toute la semaine il a fait humide. Cette nuit la lune est pleine, la tête me fait moins mal mais pas trop maintenant, presque une heure après la crise. J'écris cela mais m'embrouille encore dans les mots. La peur de la mort commence à passer, mais elle est encore très grande. Je n'ose pas me coucher. J'ai mal aux côtes et aux jambes. Quarante minutes après je suis allé réveiller Annette et j'ai été étonné d'entendre Loukeria me dire que madame est sortie. »

point, que je n'ai pas pu te répondre hier, et même maintenant, bien que je marche et parle il m'est difficile d'écrire tant ma tête est brouillée, et je suis très triste. D'ailleurs tu le sais. J'ai eu une crise au lit et sans conséquence ; et personne n'a rien entendu. Je pense qu'elle n'était pas des plus fortes, mais en revanche je crois que, maintenant, je suis garanti pour quelque temps. A Pétersbourg ordinairement après les crises j'ai beaucoup de crachats dans la poitrine et la toux augmente pour trois jours. Ici la même chose. Mais il me semble que Krenken commence à faire son effet ; malgré tout, les crachats et la toux sont moindres ; je respire plus facilement et la nuit je ne souffre pas de la poitrine. Je suis maintenant sûr de tirer un certain profit de la cure. Mais je n'espère pas qu'il sera très grand. Seulement je ne sais pas comment tout s'arrangera : voilà déjà deux semaines que je bois Krenken, et encore la première semaine je n'en ai bu que trois verres, sans lait. Dans onze jours il y aura juste un mois que je prends les eaux ici, et pendant une semaine j'ai bu Kesselbrunnen, une source toute différente, qui, selon moi, ne doit pas compter. Mais Kochlakov m'a ordonné de boire Krenken avec du lait pendant six semaines. Aussi je pense que si la cure marche bien le docteur me fera rester au moins une semaine de plus pour boire Krenken. Et si c'est deux semaines ? Il faudra, rester bien que ce soit terriblement pénible pour moi. L'ennui me ronge dans ce trou maudit. Quels gens, quelles gueules, quels sales Allemands ! La moitié ici sont des Russes, il n'y a rien à en dire, c'est toujours triste de voir les Russes se promenant à l'étranger : le vide, l'oisiveté, le néant et le contentement de soi-même sous tous les rapports. C'est dégoûtant à regarder.

Ici, il n'y a où se promener : ou il faut se bousculer sur un espace trop étroit pour une pareille affluence de gens, ou aller dans la montagne, mais très loin, parce que les sentiers proches sont toujours pleins. Et on ne peut aller plus loin ; on m'a dit qu'avec ma poitrine il est très mauvais d'aller loin dans la montagne, car il faut faire un effort trop grand pour monter. Depuis cinq jours, 26 et 27° Réaumur à l'ombre, comme à Florence ; je change trois fois de chemise par jour ; mais à Florence au moins on peut sortir le soir, tandis qu'à 7 heures et demie tous les malades rentrent chez eux, il ne reste dehors que les gens très bien portants, qui sont nombreux et sont venus ici le diable sait pourquoi.

Aussitôt que le soleil disparaît derrière la montagne, (Ici le soleil se couche de bonne heure : à 9 heures il fait presque nuit) tout de suite il fait humide. Même dans la journée, quand il fait chaud comme dans un four, tout d'un coup on sent un petit vent frais, mauvais, pas du tout curatif, mais plutôt pernicieux comme un courant d'air. Tous ces milliers de gens se promènent en toilettes estivales ; moi seul, quoique je porte un gilet d'été, suis en veston d'hiver et transpire énormément, mais je ne me décide pas à me faire faire un costume de toile. 1º On me demande horriblement cher et 2º aussitôt arrivé ici j'ai commandé un gilet blanc à un tailleur qu'on m'a indiqué comme le meilleur, eh bien ! c'est seulement avant-hier (c'est-à-dire plus de deux semaines après) qu'il me l'a livré, et pourtant je venais chaque jour le lui réclamer. En outre, le gilet est court, fait des plis et le tissu, du piqué, est ignoble. J'ai payé trois thalers mais il est douteux que je le porte. Eh bien ! peut-on commander quelque chose ici? A Ems, il n'y a que deux tailleurs. Alors que faire? J'avais besoin d'acheter de la pommade pour après le bain, la marchande, une Française, m'en a demandé deux thalers. J'ai marchandé, lui ai fait honte et elle me l'a cédée pour un thaler. Un pays de cochons, ignoble, il n'y a pas plus ignoble au monde.

Il y a ici certains Russes que je salue parmi ceux qui, en me voyant, s'approchent de moi pour se présenter. L'un d'eux (il se tient comme un gentleman) affirme m'avoir rencontré chez Polonsky. Ici vient chaque lundi le pope de Wiesbaden, Tatchalov, un animal insolent ; mais je l'ai remis à sa place et il est disparu aussitôt. C'est un intrigant et une crapule : il vendrait le Christ et tout le reste. Ernick, le pope de Dresde, criait partout que c'est lui qui a fait bâtir l'église de Prague, et Tatchalov veut insinuer qu'il s'occupe de convertir les vieux croyants. Et cela réussit à cette canaille, tandis qu'il est stupide comme une bûche et, par son ignorance, couvre de honte notre Église devant les étrangers. D'ailleurs, en fait d'ignorance, ils se valent.

Ta petite lettre et les récits sur les enfants m'ont ranimé ; j'étais dans un état si triste après la crise, et juste à ce moment ta lettre est arrivée. Écris-moi plus souvent, mon ange ; ce m'est pénible ici. J'ai lu ta lettre quatre fois. Merci de m'avoir dit que tu m'aimes ; je te crois et c'est cela seul qui me soutient, ici. J'ai parlé hier des enfants à la princesse Shalikoff. Hier elle est partie pour Reïkhenhal, dans le Tyrol bavarois. C'est une charmante vieille, un peu comique, trop sentimentale, trop enthousiaste, mais vraiment bonne. Elle m'a demandé avec insistance de faire ta connaissance si elle vient cet hiver à Pétersbourg. Ce sera bien parce qu'elle n'est pas du tout ennuyeuse. J'ai abandonné complètement mon travail depuis la crise. Je ne peux pas. Je n'ai aucun désir de faire de nouvelles connaissances, c'est pourquoi je reste autant que possible chez moi ; du reste les jambes me font mal et la tête aussi. La logeuse ajoute chaque fois quelque chose à sa note et commence à me nourrir beaucoup moins bien. Pendant cette chaleur j'ai moins d'appétit et plus de bile, et ici l'appétit est une affaire importante : c'est le premier signe de l'efficacité des eaux.

Ma chère petite Annette, et si tout d'un coup le docteur, voyant le bon effet des eaux, m'ordonnait de rester ici deux semaines de plus? (Et si, en effet, les eaux sont profitables, on ne peut tout abandonner et s'en aller.) Alors, bien que je ne le pense pas, tu seras peut-être forcée de faire seule le déménagement de Roussa à Pétersbourg. D'ailleurs, je le répète, je ne pense pas que ce soit ; je pense que j'aurai le temps de venir chez vous. Je t'écrirai encore dans cinq jours. Écris-moi aussi. Ici il n'y a presque pas de journaux russes : *Moskovskia Viedomosti* seul, et, même voilà plus d'une semaine qu'il n'arrive pas.

Je t'embrasse mille fois. Tu es seule dans mon cœur, dans mon âme, dans mes rêves. Je bénis et embrasse mes chers enfants. Chaque jour, plusieurs fois, je me rappelle leurs visages. Dis-leur que je les embrasse et parle-leur de moi plus souvent. Bois ton eau et tâche de te rétablir. Prends conseil du docteur quand c'est nécessaire : ne sois pas avare. S'il arrive quelque chose chez vous ou si, Dieu préserve ! tu tombes malade, aussitôt fais-le moi savoir.

Au revoir. Il m'est impossible d'écrire davantage : la tête me tourne et tout me fait mal (après la crise). On reste chez soi sans bouger, à l'ombre, et même ainsi on transpire. Cette nuit, j'ai changé cinq fois de chemise.

Je t'embrasse mille fois.

Tout à toi, toi seule, que j'aime de cœur et pour toujours.

Ton mari.

F. DOSTOÏEVSKY.

Salut à tous les nôtres. Un baiser de plus aux enfants, de ma part. Je t'embrasse quinze mille fois et ce n'est pas encore trop, au contraire.

Ems, lundi 1er/13 juillet 1874.

Aujourd'hui c'est le sixième jour après la crise, chère Annette, et ma tête s'est éclaircie un peu (pas tout à fait cependant), c'est pourquoi j'ai eu la pensée de t'écrire, pour te donner l'exemple d'écrire tous les cinq jours, bien que je n'aie pas encore de lettre de toi, depuis celle dont je t'ai accusé réception. Même je ne comptais pas en recevoir. Je pense seulement que tu m'écouteras et que, suivant mes dernières demandes, tu commenceras à écrire tous les cinq jours. La princesse Shalikoff m'a raconté que Katkov, quand il s'absente de Moscou, écrit à sa femme chaque jour. La princesse est partie depuis mercredi déjà.

Il m'est arrivé ici une aventure : j'ai été obligé de changer de logement. Les trois pièces voisines des deux miennes étaient louées à des richards de Vienne, mari et femme, qui sont restés ici près de deux semaines. Ils sont partis, et le même jour est arrivé de Vienne un comte autrichien, avec son valet, qui a demandé les cinq chambres de l'étage, c'est-à-dire mes deux chambres aussi, car il n'avait pas de place pour loger son valet. La logeuse est venue me trouver et m'a supplié, les mains jointes, de céder mes deux pièces au comte et de m'installer à l'étage supérieur, où elle avait des chambres qu'elle proposait de me louer pour 8 thalers par semaine au lieu de 12. J'ai compris que je ne pouvais pas garder mes chambres car j'aurais eu des ennemis en mes propriétaires, qui déjà commençaient à me nourrir assez mal et m'estampaient. Les chambres sont très basses, étouffantes, et tout l'étage est plein d'Allemands, des petites gens, qui rient, chantent, crient, sans aucune retenue, comme de vrais Allemands grossiers. Le lendemain j'ai trouvé ailleurs un logement et suis très bien tombé. Aussi un Private Hotel, très près de la source, aussi 12 thalers par semaine et au bel étage. Les chambres sont meilleures, mieux meublées, plus grandes, plus hautes, et, en plus, il y a un balcon. Je prendrai mes repas au restaurant pour 20 groschens. L'ancienne logeuse me prenait aussi 20 groschens (parfois 25) mais me servait des repas deux fois moins bons et copieux. Ici le café du matin coûte 8 groschens, l'autre logeuse le comptait 12 (au commencement même elle prenait 15). Le souper, c'est-à-dire côtelette, thé et pâtisserie (à vrai dire le thé je le fournissais) ici est à 10 groschens, chez les autres 15 ; de sorte que même j'y gagne. En outre, mon ancienne logeuse prenait un thaler par semaine pour le service ; ici le service est compris dans le prix de l'appartement. Au moins on ne me vole pas si effrontément que là-bas.

Ainsi la seconde moitié de mon séjour ici je le passerai dans un autre logement. Je ne sais pas combien il me faudra encore rester ici : je compte une douzaine de jours, au plus, à partir d'aujourd'hui. Quelques malades (par exemple Koubitzky) 1, qui viennent à Ems depuis plusieurs années déjà et en ont l'expérience, affirment qu'il est très important de ne pas boire trop d'eau, car cela pourrait être nuisible. Kochlakov dit qu'il faut six semaines, mais ici on ne connaît pas de

(1) Littérateur connu, ami de Polousky et de Dostoïevsky.

cures aussi longues ; personne ne se soigne plus de vingt-huit jours : c'est un maximum et souvent on reste beaucoup moins. Il ne faut pas compter une première semaine ici, quand je buvais l'eau de Kasselbrunnen et suivais un régime erroné. En général je resterai encore une douzaine de jours mais pas plus ; après nous verrons ce que dira le docteur. Il n'est pas possible que la cure soit sans profit ; tous les malades disent qu'on s'en aperçoit surtout dans la suite, c'est-à-dire l'hiver. Mais selon moi pareille opinion n'est que chanson du paradis. Ce que j'ai remarqué de positif, en ce qui me concerne, c'est que depuis la dernière semaine surtout je n'étouffe pas comme à Pétersbourg ; le sang n'afflue pas à la tête quand je tousse, et enfin il n'y a presque pas de toux sèche (c'est-à-dire qu'on tousse, tousse, sans pouvoir se débarrasser, comme à Pétersbourg). En revanche, je tousse quand même ; aussitôt l'humidité tout de suite s'accumulent les crachats et même, par les nuits très humides, il y a un sifflement dans la poitrine, comme avant, quoique pas très fort. Ce qui me décourage c'est que, s'il y a quelque amélioration (et il y en aura) c'est uniquement après avoir bu l'eau, et aussitôt que je cesse, cela recommence de nouveau, comme l'hiver. D'ailleurs, dans l'air comprimé, c'était la même chose : dès que je cessais de me soigner ça recommençait à aller pire, sans toutefois revenir au même état qu'avant la cure. En cela l'air comprimé m'a réellement soulagé. Ici, en général, je sens que j'ai plus d'air à respirer, mais quel air ignoble! Le croirais-tu, Annette, je trouve Ems pire que Pétersbourg, comme climat. Les huit derniers jours il a fait une chaleur caniculaire : 26° à l'ombre, qui, par la souffrance, valent les 37° de Florence (te rappelles-tu?). Les vieilles gens du pays m'ont révélé une des caractéristiques d'Ems : aussitôt que le vent cesse, même s'il n'y a que 20°, tout le monde transpire, tout le monde est en eau. Pendant ces huit jours, quand il y avait 26°, je changeais de chemise quatre fois dans la nuit. Mais ce qui est mal c'est que, par exemple, tout est calme, l'air est immobile et, tout d'un coup, on ne sait d'où, de quel creux, sort un petit vent glacial et tous s'enrhument. Le rhume est ici la chose la plus ordinaire. Pendant ces jours, en m'éveillant, à 6 heures du matin, je me demandais chaque fois, en regardant à la fenêtre : quels vêtements prendrai-je? Chauds ou légers? Parce que tantôt c'est le brouillard, il fait sombre, humide, et une demi-heure après tout se dissipe et le soleil brille de nouveau. Hier et avant-hier il a plu, il y avait beaucoup de brouillard et je me sentais pire. Mais j'ai transpiré surtout parce que j'étais en veston de drap, quoique en gilet blanc. On m'a dit que

je m'enrhumerais sérieusement si je ne me com-
mandais pas un complet de toile, et j'ai dû m'en
commander un, pour 17 thalers ; il sera prêt aujour-
d'hui. Ni la couleur ni le reste ne me plaisent ; ce
n'est pas un tissu anglais, c'est une étoffe d'ici. En
un mot, ici tout est cher, horriblement. Mon gilet
blanc, de l'autre tailleur (qui m'a coûté 3 thalers)
n'est pas portable. Je me suis acheté un chapeau
aussitôt arrivé, pour 2 thalers ; il n'est pas mal.

En un mot, ma chère petite Annette, je pressens
qu'en lisant cette lettre tu m'accuseras d'égoïsme :
« toujours lui, lui... » et tu ne croiras pas, mon amie,
combien il m'est pénible sans vous ! Ici il y a
beaucoup d'enfants ; dès que j'entends une voix
d'enfant, j'ai froid au cœur. Hier soir en m'ins-
tallant dans mon nouveau logement je ne pensais qu'à toi et aux enfants et j'étais si triste le
soir... J'attends avec impatience ta lettre ; je
compte la recevoir mercredi. Écris davantage des
enfants. J'ai lu le conte de Fédia sur le moujik
à la princesse Shalikoff ; elle a poussé des ah !
d'enthousiasme, et aussi son conte sur le changement de tête.

Croirais-tu que je ne me rappelle pas du tout
ce que je t'ai écrit dans ma dernière lettre et comment je l'ai mise à la poste. Tout se brouille dans
ma tête. Probablement que cette fois la crise fut
très forte.

Je t'embrasse de toutes mes forces ; j'embrasse les enfants, ce que je fais en pensée chaque jour.

Mon salut à tous, au prêtre et à Alexandre Karlovitch. N'oublie pas de donner un peu de vin à nounou. Le pope de Wiesbaden m'a rappelé le pari perdu en exigeant que je verse 25 thalers au comité slave. Je le ferai, mais quel fils de chien ! En voilà une crapule ! D'ailleurs moi aussi n'ai pas été très poli avec lui. Si je le rencontre encore je l'injurierai copieusement ; j'ai rarement rencontré quelqu'un de plus antipathique.

En général, je sens que mon foie souffre ici beaucoup. L'appétit est bon mais, chose étrange, non seulement je n'engraisse pas, comme à Staraia Roussa, mais je maigris.

Au revoir, mon ange, je t'embrasse. Embrasse Luba et Fédia. Luba se souvient de moi, mais Fédia?

Je te donne en tout cas mon adresse : Bad-Ems. Hôtel Ville d'Alger, numéros 4 et 5. Mais écris comme toujours poste restante.

Ton

DOSTOÏEVSKY.

Ems, vendredi 17/5 juillet 1874.

Ma petite Annette chérie, hier j'ai reçu ta chère lettre et je crains d'être en retard pour ma réponse car j'ai voulu aller d'abord chez le docteur pour t'écrire une fois sa décision connue. Aujourd'hui j'ai été retenu par différentes petites affaires de sorte qu'il est maintenant 11 heures du matin et je ne sais pas si cette lettre pourra partir aujourd'hui. Chacune de tes lettres est pour moi comme une « délivrance ». La veille, même deux jours avant de les recevoir, je deviens craintif et sombre ; je me demande si tout va bien chez vous, s'il ne vous est rien arrivé. Tu ne croirais pas comme je suis devenu hypocondriaque et irritable. Je suis très heureux que tu écrives tous les cinq jours. Les nouvelles des enfants me sont nécessaires : même ici je ne puis voir les enfants avec indifférence et si j'entends quelque part des cris d'enfants je deviens triste et de mauvais pressentiments m'envahissent. J'attribue mon irritabilité à la cure. On dit que chez tout le monde les nerfs se détraquent ainsi et surtout que le foie souffre. Selon moi le cerveau aussi. Tu me parles de ta cure, mais c'est mal que tu aies perdu l'appétit et maigrisses. Cesse au plus vite de boire cette eau, Annette, et mange de tout, sans aucun régime ; à quoi bon un régime si ce n'est que pour se tourmenter.

Tu me reproches de n'écrire que cinq pages. 1º C'est que chaque fois je crains d'être en retard pour la poste ; 2º c'est que j'ai décidé d'écrire plus souvent, et enfin pour qu'il y ait une page blanche, parce que, autrement, à travers l'enveloppe on peut lire tout.

Je vous aime tous beaucoup et vous embrasse mille fois. Rappelle-moi aux enfants, surtout veille sur Luba, parce qu'elle a davantage besoin de toi que Fédia, qui a sa nounou ; tandis qu'elle n'a que la nounou de Fédia.

Maintenant je te raconterai rapidement l'essentiel de ce qui me concerne. L'état de crise a duré six jours. Il y a ici un certain Koubitzki qui ressemble beaucoup à Polonsky sous tous les rapports et de même que celui-ci il a mal aux jambes. Parfois nous nous rencontrons et nous causons, mais je ne puis marcher avec lui parce qu'il se traîne à peine et trouve que je marche trop vite. Une fois, le matin, à 8 heures, il y a cinq jours de cela, le lendemain de mon installation dans mon nouveau logement, j'entendis Koubitzki qui m'appelait, dans l'allée où je me promène une demi-heure après l'eau du matin : « Féodor Mikhaïlovitch, vous n'avez pas de fièvre? » Je me retournai : « Pourquoi commencez-vous droit par la fièvre, comme un coup de fusil. Je n'ai aucune fièvre. — Je vous demande cela parce qu'au milieu de la cure, ordinairement, on a de la fièvre, les jambes lourdes, mal à la tête, etc... — Non, je ne ressens rien de pareil... Au revoir. — Au revoir ! » Nous nous sommes séparés. Le même jour, aussitôt après le dîner, j'ai eu mal à la tête. Je suis allé prendre mon eau, j'ai lu les journaux ; le soir, à 6 heures, j'ai traversé le pont et, soudain, je me suis senti froid. Je suis rentré en hâte à la maison. La nuit j'ai eu chaud, j'ai déliré, j'étais en sueur ; j'ai changé quatre fois de chemise, mes draps étaient trempés de sueur. J'ai décidé que je m'étais refroidi le jour de mon installation dans le nouveau logement : avec 25° à l'ombre il pleuvait, il y avait du brouillard et mon balcon resta ouvert jusqu'à 10 heures du soir. Mais quel œil a ce Koubitzki ! Cependant il n'a dit rien de plus que de demander si j'avais la fièvre. Pour ne pas dépenser d'argent je ne suis pas allé chez le docteur, d'autant plus que le matin, sauf l'irritabilité (terrible chaque matin) je ne sentais rien d'extraordinaire : l'appétit était excellent et toutes les fonctions aussi. J'ai décidé que la fièvre était passagère, comme il arrive chez moi. Mais juste à 7 heures de l'après-midi, de nouveau j'ai eu très chaud ; la nuit je n'ai pas déliré mais j'ai été en sueur, comme la première nuit. Le matin, de nouveau, j'étais bien portant. Le soir du troisième jour de nouveau, à 7 heures, température ; de nouveau transpiration toute la nuit. Enfin, hier, je n'ai pas eu de température mais quand même j'ai été en sueur. Je pense, Annette, qu'à la suite de cette transpiration, je suis devenu deux fois plus léger et j'ai maigri énormément.

Cependant, hier, je suis allé chez Orth ; je lui ai tout raconté et, le principal, que depuis douze jours je prends cinq verres de Krenken, avec du lait (trois le matin, deux le soir). En me levant, le matin, je tousse beaucoup ; après Krenken, pendant toute la journée je tousse très peu ; les crachats se détachent très facilement car il n'y a plus l'ancienne toux sèche. Mais en revanche je tousse chaque jour, en m'éveillant. Orth m'a examiné très attentivement et voici ce qu'il a déclaré d'un air très satisfait : « En trois endroits la poitrine est complètement cicatrisée ; mais en deux autres (devant, en bas, et derrière, dans le dos) pas encore. C'est pourquoi continuez la cure. A la semaine qui vous restait selon la durée fixée primitivement, ajoutez-en une autre ; et au lieu des trois verres de Krenken avec du lait, le matin, prenez-en quatre, et deux le soir, et je vous garantis que vous guérirez complètement. Je parle d'après les faits : trois points sont déjà guéris, les deux autres guériront aussi. Il n'y a pas eu de fièvre ; c'est tout simplement l'action énergique de l'eau, ce qui est l'indice le meilleur et le plus encourageant. »

Ainsi, ma chère Annette, voilà la situation. Je pense que Krenken me fait grand bien mais, en revanche, continuer à boire douze ou treize jours encore ! Et s'il trouve, dans deux semaines, qu'il faut rester encore une petite semaine, c'est-à-dire si tout n'est pas encore guéri dans la poitrine? Sais-tu, Annette, je suis si dégoûté d'Ems que j'irais n'importe où sans finir la cure : je hais ici chaque maison, chaque touffe d'herbe ; la vue du public m'est insupportable. Je suis devenu à tel point irritable, surtout de bonne heure, le matin, que je regarde comme mon ennemi personnel chacune des personnes de cette foule qui se presse autour de la source Krenken et je serais presque content de me quereller avec quelqu'un, On dit que cela aussi est l'effet des eaux (d'autant qu'à d'autres heures de la journée je suis beaucoup mieux), mais cela ne me console pas. Rien à faire, je souffrirai encore en attendant le bon résultat. Croirais-tu que parfois il m'arrive de me demander : où me sentirais-je mieux, ici ou au bagne? Et je décide toujours, sans parti pris, qu'en somme c'est mieux au bagne ; j'étais là-bas plus tranquille, moins agité, moins irritable.

Quant à l'argent sois sans inquiétude, j'en aurai assez. Mais seulement conviens qu'en fin de compte tout arrive comme avait dit Kochlakov : la source Krenken avec lait et six semaines. Il est vrai que ça ne fera que cinq semaines, mais qui sait, peut-être me gardera-t-on une sixième semaine.

Tout ce que je lis me dégoûte. Je réfléchis à

mon plan avec irritation. Tous me disent que la moindre occupation intellectuelle nuit à la cure, empire l'état des nerfs et qu'il faut vivre d'une vie végétative. Le docteur est très content que j'aie de l'appétit : « C'est le principal indice que la cure réussit, dit-il, et que les accès de fièvre ne sont pas dus au refroidissement. » En un mot il me semble qu'il me trouve le plus satisfaisant de ses malades.

Annette, ma chérie, mon trésor, comme j'aspire vers vous ; comme tout ici me dégoûte ! Tu me demandes si je t'aime et si je te vois en rêve ? Que répondre à cela ? Mais, à propos, croirais-tu que je me suis transformé en momie : il n'y a plus de désirs. C'est la première fois de ma vie. Est-ce aussi la conséquence de la cure ? Dans ce cas... Néanmoins je t'embrasse, mon ange, mille fois par jour, en pensée, mais je ne te vois pas autrement qu'avec les enfants, et souvent je me représente vous tous. Je pense que je suis devenu sensible comme une femme. Je me mets au lit juste à 10 heures et me lève à 6 heures du matin, mais je m'éveille la nuit jusqu'à cinq fois ; cependant je dormirais bien si je ne transpirais pas.

Je me trouve très bien dans mon nouveau logement, l'ancienne logeuse me volait abominablement. Maintenant je dîne dans différents restaurants et prends le thé chez moi : je tâche d'être économe. Les Allemands, et tout le public, sont insupportables ; d'ailleurs les visages changent sans cesse. La semaine dernière il y a eu beaucoup de nouveaux arrivants, dont beaucoup de Russes. Avec quelques-uns j'échange un salut ; je parle à quelques autres. Je t'aurais écrit plus de détails, mais il vaut mieux raconter quand nous nous verrons, car il est inutile de remplir les lettres de futilités.

Embrasse bien fort Fédia qui n'a rien trouvé à faire dire à son papa. Cher petit garçon et certainement très sensible. Tous les nôtres sont sensibles mais pas expansifs ; c'est intérieur (ce qui est mal et bien), et sûrement que tous les deux sont poètes. C'est très bien à condition seulement qu'ils n'écrivent pas. Soigne Lili et son âme.

Je ne veux pas écrire à Poliakov ; écris-lui que j'accepte tout ; tous sont plus ou moins canailles. C'est Goubine qui a fait tout perdre. Très curieux les renseignements sur Ivan Grigoriévitch : l'achat de la propriété, leur vie à Pétersbourg. C'est son influence à elle (1).

Je vous embrasse. Salut à tous, à Alexandre Karlovitch, à sa sœur, à nounou, au Père Jean. Je pense comme il sera pénible pour les enfants

(1) Olga Kirilovna Snitkine.

de déménager à Pétersbourg. Je t'embrasse particulièrement et toute. Je t'aime infiniment.

Ton

F. DOSTOÏEVSKY.

Tu es seule ma joie et mon espoir pour toujours.
J'aime tous les détails que tu écris de toi, surtout
certains. Je pense que je resterai à Ems jusqu'au
jour anniversaire de naissance de Fédia (1).

Ems, lundi 20/8 juillet 1874.

Ma chère petite amie Annette, aujourd'hui j'ai
reçu ta lettre et bien que je n'aurai pas le temps
d'expédier ma réponse aujourd'hui, je veux la
commencer. Je te remercie, premièrement de ce
que tu écris souvent, c'est très bien ; autrement
c'était trop pénible d'attendre.

Après avoir expédié ma dernière lettre (mercredi je crois), j'ai été peiné de ce que tu m'as
écrit de ta santé et je suis content que Schenk
ait interrompu les eaux, ne serait-ce que provi-
soirement ; si Schwalbach agit aussi mal, eh bien !
il faut la laisser. Mais tu m'écris que Schenk a
ordonné seulement .d'interrompre, et de recom-
mencer ensuite. Ne voit-il pas de contre-indication

(1) 16 juin 1871.

dans l'action de cette eau? Ton ennui, ton irritabilité sont peut-être dus uniquement à l'action de
l'eau. Sur moi Krenken agit de la même façon, et,
bien que maintenant je m'ennuie comme au
bagne, cependant je ne suis pas aussi irritable que
précédemment ; et si l'on parlait de tous les autres
effets de l'eau sur l'organisme ! Ma fièvre a passé
le lendemain du jour où je t'ai expédié ma dernière lettre. Du fait qu'elle a passé sans le moindre
remède je conclus qu'elle n'était pas causée par
un refroidissement mais tout simplement qu'elle
était un effet de l'eau. Tu me parles aussi, ma
chère petite femme, de certains autres troubles.
Chez moi aussi il y a eu quelque chose du même
genre : d'abord des désirs terribles, puis soudain
tout s'est calmé et je me suis transformé en momie ;
puis ça a recommencé de nouveau, bien que peu,
cependant avec des conséquences nocturnes, ce
qui est très mauvais, car cela agit aussi sur la poitrine.

Quant à la cure proprement dite — je crains de
jeter un sort — il me semble qu'elle va mieux : la
respiration est plus facile, très peu de râle et de
suffocation ; même voilà déjà trois jours que je
m'éveille le matin avec très peu de toux. Cependant ce qui est mal c'est que parfois je me refroidis.
Aussitôt la poitrine est en sueur, un coup de vent
et me voilà déjà refroidi : je tousse toute la soirée

ou toute la journée (rarement plus longtemps, cela passe très vite). Maintenant il me reste neuf ou dix jours pour prendre les eaux (d'après la dernière décision du docteur). Qu'en résultera-t-il? Peut-être qu'en effet je serai guéri? Cependant si même je reste jusqu'au 1er août, nouveau style, je n'aurai pris Krenken que quatre semaines en tout (je pense qu'on ne peut compter la cinquième, quand j'ai bu Kesselbrunnen), et Kachlakov a dit qu'il faut compter six semaines. Deux choses maintenant sont importantes : 1º Terminer la cure ; 2º ne pas trop se soigner. En outre j'en ai par-dessus la tête d'Ems ! Je pense parfois qu'il est préférable de ne pas terminer la cure. Certains malades disent qu'on ne guérit jamais radicalement la première saison, si même les eaux agissent énergiquement, et que la deuxième saison, c'est-à-dire l'été prochain, est toujours la plus efficace, qu'après la cure répétée pour la seconde fois on est radicalement guéri. C'est facile à dire quand on pense à une souffrance pareille. Ah ! Annette, comme tout m'est odieux ici ! Quels lâches sont ces Allemands, et les Russes sont peut-être encore pires. En général, Ems change d'habitants chaque deux semaines, il ne reste pas plus du tiers des anciens ; les autres s'en vont, et, tout d'un coup, on remarque de nouvelles têtes. Si tu savais, Annette, quelles physionomies dégoûtantes on voit ici ! Au commencement il y avait encore une partie du public qui était ici en même temps que l'empereur, mais maintenant Dieu sait ce que c'est. Je tâche de ne faire aucune connaissance, bien qu'il y ait des gens qui me recherchent, parmi lesquels des Russes.

En outre, Ems est une petite ville très chère ; je dépense beaucoup, et si tu savais comme chacun de ces Allemands te regarde comme un article d'exploitation, comme sans aucune honte ils ajoutent sur ta note ce que tu n'as jamais pris, dans l'espoir que tu ne vérifieras pas. Mais je te raconterai tous ces petits détails plus tard, si seulement il vaut la peine de se rappeler de pareilles vétilles.

Mardi, 21 juillet.

Tes anecdotes sur les enfants, Annette chérie, me réconfortent, comme si j'étais avec vous. Les « bonnes gens » de Lili m'ont beaucoup amusé. J'ai lu ta lettre dans le jardin, aussitôt après l'avoir reçue à la poste ; j'ai choisi un banc isolé pour lire et j'ai si fort éclaté de rire que moi-même en fus surpris. Sais-tu que dans l'éducation de nos enfants il y a un grand défaut : ils n'ont pas *leurs connaissances*, c'est-à-dire des camarades, des petits enfants comme eux. Malgré tes lettres je suis terriblement inquiet pour les enfants. Pourquoi la fièvre de

Fédia a-t-elle déplu à Schenk? La croit-il dangereuse? Enfin, en tout cas, je vous verrai bientôt tous. Maintenant ce ne serait pas mal d'écrire plus souvent, ne fût-ce que pour savoir plus vite quand il faudra cesser d'écrire. Je pense que je partirai d'ici le 1er août, mais Dieu le sait! Orth m'ordonnera peut-être de rester jusqu'au 7 : la guérison, bien qu'évidente, marche cependant très lentement. Il est vrai qu'il y a encore neuf jours jusqu'au 1er, même dix ; néanmoins je ne crois pas qu'on puisse en ce délai obtenir le soulagement définitif, parce que, aujourd'hui, par exemple, depuis le matin, la toux a augmenté à cause de l'humidité de l'air : le baromètre a baissé, bien qu'il ne pleuve pas. On ne peut s'imaginer que tout cela disparaisse soudainement, bien qu'il y ait un réel soulagement. D'autre part, si l'on prolonge la cure, est-ce que l'organisme le supportera? On m'a parlé ici d'un malade qui, après avoir pris vingt bains (moi je ne prends pas de bains) sentit un soulagement extraordinaire ; le docteur, réjoui, lui prescrivit encore dix bains, et il se trouva alors tellement affaibli que tout le bienfait antérieur de la cure s'en trouva détruit ; et le malade partit dans un état pire qu'avant.

Orth m'a interrogé minutieusement ; il me demande chaque fois si je ne commence pas à me sentir plus faible. La dernière fois j'ai répondu que je ne sens rien de pareil, mais je ne sais pas si c'est bien exact. Je ressens depuis longtemps une sorte de fatigue continuelle bien que je boive, dorme, mange et marche comme auparavant. On dit que les eaux d'ici sont très fortes, et je comprends qu'Orth ait peur de fatiguer l'organisme et d'anéantir par cela le bienfait de la cure.

Ces jours-ci j'ai rencontré Stakenschneider (1), l'avocat général au tribunal de Kharkov. Il s'est marié, à Kharkov, au mois de mai, et il est parti pour deux mois à l'étranger avec sa jeune femme (c'est comme nous, seulement nous sommes partis pas seulement pour deux mois !). C'est un homme jeune, très franc, l'air très bon, pas sot. Il est venu chez moi et m'a raconté qu'ils étaient à Paris où ils ont dépensé tant d'argent qu'il leur faut maintenant calculer beaucoup pour retourner chez eux. Mais il y a cinq jours, en Suisse, à Zurich, un médecin célèbre qu'il était allé consulter pour la poitrine, dont il souffrait un peu, après l'examen parut effrayé et lui ordonna instamment de profiter de ce qu'il était à l'étranger pour faire tout de suite, ne fût-ce que deux semaines, une cure de Krenken. (On envoie ici beaucoup de personnes pour deux semaines et même pour dix jours).

Ils sont logés très à l'étroit ; du reste ils prennent

(1) A.-A. Stakenschneider, frère de Hélène Staken, amie de Dostoïevsky.

leurs repas à la meilleure table d'hôte. La femme a dix-huit ans, pas mal, haute en couleurs, tout à fait russe, et tous deux injurient terriblement les Allemands. Je ne suis pas allé les voir et je cherche l'occasion de leur rendre visite précisément à une heure, où, selon moi, ils ne seront pas chez eux. Car tout cela m'ennuie : toute nouvelle connaissance, tout nouveau visage m'ennuie. Non, chère Annette, je te jure que c'est en droit que je me trouve supérieur à tout ce monde, non par les qualités morales, sans doute (de cela Dieu seul est juge), mais par mon développement intellectuel : ce qui les réjouit m'ennuie ; leurs conversations, leurs pensées sont pour moi sans intérêt : tout cela est petit, vulgaire, bas ; aucune instruction, aucune originalité et, en revanche, de la prétention, de la grossièreté. Je ne parle pas de Stakenschneider, mais de toute cette pourriture d'ici, Russes et Allemands. Parfois je suis si irritable que malgré que je me donne parole de me taire, je ne puis me retenir. La bousculade pour prendre l'eau à la source Krenken est horrible (tu passes ton verre et, à travers la grille, on te le rend rempli), et ce sont surtout les femmes et les vieux Allemands qui vous pressent et vous poussent. Presque chaque jour je fais des observations à quelques-uns d'entre eux, car je ne peux me retenir : *Mein Herr, man muss ruhig sein. Sie werden Kriegen. Man wird nicht verzeihen.* En général, parmi ces Allemands, j'ai la réputation d'un Russe très bilieux, principalement parce que je ne me laisse pas renverser l'eau (c'est arrivé une fois) et que je ne permets pas à celui qui attend derrière moi, d'appuyer sa main qui tient le verre sur mon dos ou mon épaule. Les Allemands sont si mal éduqués que celui qui attend son tour, le verre à la main, impatient, le lève à chaque instant pour montrer qu'il attend, et au lieu de tenir son verre en l'air, il appuie ordinairement sa main qui tient le verre sur l'épaule de la personne qui est devant lui, même si c'est une dame. Une fois je n'ai pas permis cela et j'ai fait observer à un Allemand qu'il était mal élevé. L'Allemand s'est emporté, m'a répondu qu'ici il n'y a pas de place pour la politesse de salon. Je lui ai rétorqué qu'un homme délicat trouve partout la place d'être poli. Ainsi se termina notre discussion.

Crois-moi, Annette, quand après avoir souffert d'une promenade d'une heure et demie, on rentre chez soi et qu'on prend, à 9 heures, le café le plus mauvais de l'univers mais avec un appétit formidable, en se rappelant une rencontre du matin, parfois on éclate de rire, mais d'autres fois on a un grand dépit. On ne peut attribuer tout aux eaux ; il y a des choses très déplaisantes par elles-mêmes, indépendamment de l'action de l'eau.

Une autre fois, ces jours-ci, à table d'hôte, j'ai remarqué qu'une nombreuse famille russe, qui dînait à côté de moi, cherchait à faire ma connaissance. Soit. Mais je n'avais encore pas dit un mot, et, quand nous nous sommes rencontrés, tous se sont mis à me saluer. Le père de famille (un hurluberlu) commença à me parler littérature. Rien à faire. Pour le dîner j'allai m'installer à l'autre bout de la salle. C'était clair, puisque l'ancienne place était considérée depuis longtemps déjà comme la mienne. Et que penses-tu? Il est venu me parler, à ma nouvelle place. D'ailleurs il y a aussi des Russes comme il faut. Et, au fait, tout cela c'est des bagatelles. Le principal c'est que je m'ennuie à mourir. Je te jure que je ne savais pas, jusqu'à présent, ce que c'est que l'ennui. En quittant Ems, je ferai le signe de la croix. Mais à propos, où irai-je après Ems? Ici les docteurs ont pris pour règle, après la cure, d'envoyer respirer l'air pur, ne fût-ce que pour une semaine, en Tyrol bavarois, par exemple, ou même au lac de Côme. Mais moi, j'aurai tant épuisé mes finances que j'aurai juste pour le retour, et qu'il me sera impossible de m'arrêter n'importe où, faute d'argent.

Mon Annette chérie, ma joie de qui je rêve, je t'embrasse très très fort. Sois bien portante et gaie. (Pourquoi ne joues-tu pas à la préférence, par exemple, comme l'année dernière?) et soigne les enfants. Je bénis et embrasse les petits. Parle-leur de moi. Dis-leur que je ne pense qu'à eux. Eh bien ! au revoir. Il pleut (avec 25° au-dessus de zéro), et bien que la poste soit près, je ne sais pas quand j'irai. Je t'embrasse encore une fois toute, comme tu ne peux même pas te l'imaginer. A nounou et à tous le salut de ma part.

Tout à toi.

F. DOSTOÏEVSKY.

Ici je maigris de partout : c'est l'action de l'eau.

Ems, dimanche 26/14 juillet 1874.

Mon inappréciable amie Annette, dans ta dernière lettre tu promettais d'écrire mardi et puisque, dans ce cas, ta lettre devait arriver absolument hier, mardi, j'ai été très étonné de ne la point recevoir. C'est peu : aujourd'hui, dimanche, je suis allé à la poste à 8 heures du matin (le courrier de Berlin arrive ici parfois à 10 heures du soir) pensant que ta lettre avait pu arriver hier soir très tard. Mais, de nouveau, j'ai entendu : *nichts da*. J'avoue que je suis très inquiet ; Dieu veuille qu'il ne vous soit rien arrivé. La nuit j'ai même mal dormi en pensant que si tu n'as pas écrit c'est que tu es tombée malade. Je me demande aussi s'il n'est pas arrivé quelque chose aux enfants et que tu ne veux pas me l'écrire, pour ne pas m'effrayer. Ah! Annette, s'il n'est rien arrivé, c'est mal de ta part, ma chérie, d'avoir promis de m'écrire sans faute et de ne pas le faire. Si tu savais comme tout cela agit mal sur moi. Ainsi déjà je te fais des reproches et je pense en moi-même : « Et si elle est maintenant alitée, malade? » Ici, à Ems, il y a une maudite habitude que le dimanche la poste est fermée à partir de 9 heures du matin et n'est ouverte le soir que pour un instant. Eh bien, moi, depuis déjà cinq dimanches, pas une seule fois je n'ai pu saisir cet instant, parce qu'il n'y a pas d'heure fixe. On arrive, le soir, et l'on te dit : « Elle était ouverte tout à l'heure, maintenant elle est fermée jusqu'à demain. » Voilà l'organisation chez eux, avec une telle affluence de visiteurs. De sorte que, maintenant, je suis doublement inquiet. Peut-être ne recevrai-je pas de lettre de toi aujourd'hui, même si elle arrive. Que ferai-je si je ne reçois rien demain et après-demain? Alors je télégraphierai. J'irai voir au bureau du télégraphe s'il n'y a pas de télégramme. En général toute la journée d'aujourd'hui sera pour moi une souffrance, jusqu'au moment où je recevrai quelque chose de toi. Si j'avais reçu ta lettre hier je t'aurais écrit hier, mais aujourd'hui, puisque la poste est fermée, je ne sais pas si je réussirai à t'envoyer ma lettre. En outre, avant de l'envoyer, j'aurais voulu recevoir la tienne, au cas où il y aurait quelque chose demandant une réponse urgente.

De moi je te dirai que ma cure va couci-couci. Il y a déjà plus de dix jours que Orth m'a prescrit de boire une plus forte dose en assurant le succès. Mais, malgré un soulagement réel, c'est-à-dire moins de gêne à respirer, etc., il y a toujours du râle, et le point malade, dans la poitrine, ne veut pas guérir définitivement. En outre, ici, les derniers quatre jours, il pleut, et le matin il y a un brouillard froid. J'attribue les râles à cette humidité (aujourd'hui, par exemple, la journée est claire, bien qu'il y ait eu ce matin un fort brouillard, et je me sens beaucoup mieux), mais le fait seul que l'humidité a, comme auparavant, une telle influence sur la poitrine, montre que la maladie n'est pas passée et que si je cesse de boire Krenken, tout sera comme avant. En somme, je pense qu'il est impossible que je ne retire pas quelque profit (peut-être important) de la cure d'Ems, mais ce profit ressemble beaucoup à celui que m'a donné la cure par l'air comprimé. Sans cette cure je serais probablement couché et miné par la fièvre et la dysenterie, mais néanmoins ce n'est pas la guérison complète.

Hier je suis allé chez Orth, et lui ai expliqué que

jusqu'au terme fixé lui-même pour ma guérison, il y a neuf jours, quand il m'a ordonné une semaine de plus, etc. (je te l'ai écrit), il ne reste que trois jours (le délai expire mardi) et je l'ai prié de m'examiner. Il m'a examiné, écouté, et je puis conclure, d'après son air, que le résultat n'est pas tout à fait bon. Il m'a dit de rester à Ems encore une semaine, pour que mon séjour soit de six semaines entières, et de nouveau il m'a promis un résultat satisfaisant. Ainsi je resterai ici jusqu'au 3 ou 4 août, après je ne sais pas si je m'en débarrasserai ou s'il me dira de rester encore une semaine. Je pense que non. Depuis le commencement je ne suis pas content de cet Orth. Il traite très légèrement et soigne n'importe comment. Stakenschneider, qui me semble plus malade que moi, n'est ici que depuis trois semaines ; puisqu'il lui est impossible de rester davantage, son médecin, le docteur Grossmann, que beaucoup de personnes m'avaient loué pour son extrême attention avec ses malades, lui a prescrit à la fois Krenken, des gargarismes (ici on soigne tout le monde avec ça), des bains minéraux, etc. Hier encore j'ai demandé à Orth s'il n'ajouterait pas quelque chose à ma cure et il a répondu qu'il ne faut rien de plus. Stakenschneider a été étonné quand il a appris que Orth n'avait jamais examiné ma gorge. On m'a dit déjà depuis longtemps d'aller chez Grossmann. Eh bien, hier matin, avant d'aller chez Orth, je suis passé chez Grossmann. Mais quand il a appris que depuis cinq semaines Orth me soigne, il a refusé carrément de m'entendre : « Vous avez ici un médecin, alors pourquoi venez-vous chez moi? » Voilà quelles sont leurs mœurs ! Par camaraderie, pour l'honneur professionnel, ils refusent d'entendre le malade, alors que le malade a le droit absolu de ne pas avoir confiance en son médecin et qu'ils sont obligés de soigner quiconque s'adresse à eux. Ainsi le malade n'ose pas même changer de médecin !

Je resterai ici encore une semaine, à compter d'aujourd'hui, peut-être encore la moitié de la semaine suivante, et après je partirai sans doute, d'autant que personne n'a jamais fait ici une cure de plus de six semaines. Si l'on n'est pas guéri en cinq semaines, alors il est inutile de rester plus longtemps. Ainsi je pense, ma chère Annette, qu'après avoir reçu cette lettre, si tu désires me répondre tout de suite tu peux le faire (et même je te prie instamment d'écrire) car il est très possible que ta lettre ait encore le temps d'arriver. En tout cas fais-la courte. En outre, je laisserai ici mon adresse à Pétersbourg, poste restante, et on me la renverrait certainement. Je t'en prie, ne manque pas de m'écrire, parce que je resterai peut-être plus longtemps. C'est Orth qui décidera cela et je n'irai pas le voir avant lundi ou mardi de la semaine prochaine, c'est-à-dire dans neuf jours, pour savoir le résultat définitif après le délai fixé par lui. Pour conclure, je te dirai qu'en général ma santé s'est beaucoup améliorée ici, bien que je n'aie pas grossi. Toutes mes fonctions (sommeil, appétit, etc.), sont admirables, comme elles n'étaient pas depuis nombre d'années ; et même je suis beaucoup plus fort que quand je suis venu ici : je me sens mieux, je me fatigue moins. Stakenschneider trouve le teint de mon visage incomparablement meilleur que celui qu'il se rappelle que j'avais à Pétersbourg. J'attribue tout cela non au climat d'Ems, qui est odieux, mais à l'action de l'eau de Krenken. (Voilà pourquoi j'espère toujours que la poitrine ira mieux, parce que la meilleure preuve que la cure réussit, c'est quand tout l'organisme se rétablit à la fois.)

Quant à mon ennui ici, il est infini, incommensurable ; je ne sais où m'enfuir de lui. Je considère même que ce n'est pas naturel : c'est un phénomène maladif. Je ressens pour Ems de la haine, du dégoût, de la colère. Maintenant je ne vois plus que Shakenschneider et même seulement auprès de la source : nous buvons et nous promenons ensemble. Selon moi, c'est un homme très bon et très naïf. Sa jeune femme reste davantage à la maison, et même elle souffre un peu des jambes.

Ils m'ont invité et une fois je suis allé chez eux. Ils font beaucoup d'économies bien qu'ils aient reçu de l'argent. Moi, je ne sais comment faire des économies parce que l'argent file vite, bien que toutes mes dépenses soient strictes et régulières. Je mange maintenant chez moi (on m'apporte de l'hôtel pour un thaler) pour ne pas manger à table d'hôte, car dans presque toutes les salles il y a des courants d'air.

Je travaille beaucoup le plan ; je n'écris rien là-dessus ; mais si le plan est réussi alors le reste ira comme sur des roulettes. Ah ! comme ce serait bien si le plan était réussi ! Mais le sera-t-il? J'aurais voulu écrire quelque chose d'extraordinaire. Mais l'idée seule que *Otietchestvennya Zapiski* ne se décideront pas à imprimer certaines de mes opinions, me coupe presque les bras. Mais on ne peut, dans une lettre, parler de cela. En général, je pense beaucoup à l'avenir. Je me demande avec quoi nous vivrons? C'est un grand problème. Jusqu'ici Dieu nous a aidés, mais que sera-ce après? En vérité je n'espère qu'en sa grâce.

Ma chérie, peut-être que nous nous verrons bientôt. J'en rêve. Cette lettre je vais la garder le plus longtemps possible dans l'espoir que la tienne arrivera aujourd'hui. Ah ! si elle arrivait ! Tu ne croirais pas comme j'ai peur.

Je t'embrasse ; j'embrasse les enfants et les

bénis. Tout le temps je vois de mauvais rêves : mon frère, mon père, et leur vision ne présage jamais rien de bon : tu sais que depuis longtemps des faits effroyables me forcent d'y croire.

Je t'embrasse très fort. Je me suis mis à rêver de toi plus qu'auparavant et c'est terrible.

Parle de moi aux enfants. Sont-ils vivants, bien portants, mes anges? Salut à tous, particulièrement à nounou.

A toi pour toujours.

F. DOSTOÏEVSKY.

5 heures du soir. — Tout à l'heure on a ouvert le bureau de poste et il n'y a rien de toi. Mon Dieu ! que vous est-il arrivé? Si tu es malade, pourquoi Alexandre Karlovitch ne m'en informe-t-il pas : il a donné sa parole. Annette, Annette, si tu savais comme je vais me tourmenter maintenant. Déjà, sans cela, tout est si dégoûtant qu'on peut se tuer d'ennui. Si c'est un effet du malheur et non ta négligence seule? Mon Dieu, une nouvelle quelconque, un malheur même, mais pas cette incertitude !

Ems, 16/28 juillet 1874.

Ma chère amie Annette, hier, lundi, c'est-à-dire le 15/27, j'ai reçu ta lettre du 7 juillet, avec l'argent. Il résulte que ta lettre (datée dimanche) a voyagé huit jours. Conviens toi-même que puisque tu avais promis d'écrire mardi, la lettre devait arriver samedi. Mais je n'ai rien reçu ni samedi, ni dimanche, ni même lundi matin (huitième jour), alors j'étais comme fou. J'imaginais Dieu sait quoi qui vous était arrivé. Dans la nuit de dimanche à lundi (peut-être à cause de l'inquiétude) j'ai eu une crise ; c'est-à-dire deux semaines seulement après celle que j'ai eue récemment, de sorte que maintenant j'ai la tête lourde, bien que la crise, autant que j'en puisse juger, n'ait pas été très forte. J'écris cette lettre à la hâte pour t'informer au plus tôt de la réception de la tienne et avoir le temps d'arriver à la poste d'ici. Tu m'as fait une surprise en m'envoyant 50 roubles, Annette, mais il me semble que je t'ai déjà écrit que je n'aurai pas assez d'argent pour aller à Paris, et, depuis longtemps, je ne pense plus à y aller. Si j'avais été à Paris sans doute je t'aurais acheté ton étoffe, et je trouve étrange que tu tâches, dans ta lettre, de me convaincre que toi aussi as des droits sur cet argent. Sans doute tu en as, mais il ne fallait pas m'écrire cela. Moi, je te reproche très souvent, quand tu as de l'argent, que tu ne t'achètes rien de nouveau (chapeau, etc.). Mais même si j'étais à Paris j'avoue que j'aurais grand peur de ne pas faire un bon achat parce que je comprends peu à ces choses. Tu écris que s'il n'y a pas de faille je prenne deux costumes de drap, mais je ne sais pas du tout quel drap il faut acheter. Tu écris que je ne dois acheter en aucune ville d'Allemagne, comptant sur le bon marché français. Mais les Stakenschneider, qui arrivent de Paris où ils ont acheté différentes choses, disent qu'à Paris ce n'est pas du tout bon marché, au contraire. Depuis que la production en France a beaucoup diminué tout est devenu plus cher. D'ailleurs je te répète qu'il me sera très difficile d'aller à Paris, à cause du manque d'argent. Donc je n'irai pas. Quant à ton argent je tâcherai de ne pas le dépenser. Il me semble qu'il y a à Berlin beaucoup de marchandises et de choses venant directement de Paris, et je ne sais pas si c'est beaucoup plus cher qu'à Paris.

Aujourd'hui, mardi, 16/28, je ne sais pas encore quand je partirai d'ici. Je resterai toute la semaine, selon l'ordonnance (le délai expire la semaine prochaine) et après il faut espérer qu'enfin il me laissera partir. J'ai beau examiner, regarder, il ne reste presque personne des gens qui étaient là à mon arrivée. Tous ont terminé la cure et sont partis, moi seul embête déjà tout le monde avec ma figure. Si pendant six semaines je ne suis pas guéri, alors il est douteux qu'on puisse vaincre la maladie par la quantité. On dit ici que l'action des eaux ne se montre pas immédiatement ; c'est seulement plus tard, en hiver. Dieu le veuille ! Ici, encore au commencement, on m'a fait observer que c'est la troisième semaine de la cure qui, en général, est le plus favorable à tous et qu'à la quatrième on commence à devenir de nouveau pire. C'est exactement ce qui s'est produit avec moi. La troisième semaine de Krenken parfois je me sentais tout à fait bien portant et j'entrevoyais la guérison radicale. Mais la quatrième semaine ça allait sensiblement pire. C'est vrai que les crises gâtaient la guérison. A cause des crises les muscles de la poitrine se contractent et hier, par exemple, aussitôt après la crise, le râle a augmenté énormément. Et aussi le temps n'est pas favorable pour la cure. Depuis six jours c'est tantôt le soleil, tantôt le vent, tantôt la pluie (trois fois dans la journée), tantôt le brouillard et l'humidité, ce qui est pour moi le pire. Si les eaux d'Ems ne se trouvaient pas dans un climat pareil, elles guériraient tout. Ici, maintenant, il y a surtout beaucoup de Russes. Les Stakenschneider s'ennuient comme moi, mais sans doute pour eux c'est quand même plus gai que pour moi : ils sont deux et moi je suis seul comme un doigt. Parfois, surtout après le dîner, un ennui qu'on ne peut comparer à rien, et le soir c'est triste jusqu'à la nausée, et, en plus, le vent ou la pluie. Pendant toutes ces six semaines la baromètre n'a pas été au beau une seule fois, de sorte que s'il y avait de belles journées, il fallait s'attendre à un changement pour le lendemain. Mme Stakenschneider reste toujours chez elle, elle a mal aux jambes ; encore enfant elle a contracté des rhumatismes. Bien qu'elle soit pas mal d'aspect et paraisse être une très brave personne, c'est quand même une idée bizarre d'épouser une femme malade. Je n'ai presque pas d'autres connaissances, avec quelques-unes j'échange des politesses ; et les Allemands ici sont insupportables, effrayants. La princesse Shalikoff m'a déjà écrit une lettre de Reïkhenhal, les autres sont partis. La question pour moi est si la semaine prochaine le docteur me laissera partir ou non ? Si tu savais comme il m'est pénible d'être ici tu comprendrais que je n'ai d'autre pensée et souci que de savoir quand je partirai.

Je me suis réjoui encore plus de ta lettre parce que j'ai appris que vous êtes vivants et bien portants. Si ta lettre n'était pas arrivée hier, hier même j'aurais envoyé un télégramme. J'allais à la poste pour faire cela. En tout cas je t'écrirai encore une lettre (peut-être deux). Embrasse et félicite pour moi le petit Fédia. Trois ans, quel grand bonhomme ! Et moi je l'ai vu quand il avait seulement trois minutes !

Je suis très heureux aussi que ta santé, d'après tes lettres, soit meilleure, autrement je pensais beaucoup à toi ici. Quels soucis sont devant nous, Annette! Il faut se mettre au travail et moi je suis encore sur mon plan. Je suis devenu très soucieux à ce propos. Pourvu qu'on commence avec succès! Je pense que l'épilepsie me laissera tranquille au moins les premiers mois du travail. Et si je suis devenu plus faible pour le travail, c'est-à-dire plus faible physiquement, de sorte que je pourrai travailler mais que la tête ne pourra le supporter longtemps, comme autrefois?

Au revoir, mon ange. Je t'embrasse très fort. Je bénis les enfants et les embrasse aussi. Voilà, bientôt on sera de nouveau en ville et les enfants de nouveau seront forcés de rester derrière les doubles vitres.

Salut à tous, à Alexandre Karlovitch, au prêtre, à nounou. Je t'aurais apporté la photographie de Gambetta, mais où la trouver? Je t'embrasse encore une fois. Aime-moi aussi, aime-moi réellement. Dieu seul voit comme je t'aime.

Tout à toi.

F. DOSTOÏEVSKY.

Ems, 17/29 juillet 1874.

Mon inappréciable amie Annette, quelques mots aujourd'hui pour compléter la lettre que je t'ai expédiée hier et répondre à la tienne, que j'ai reçue hier, après dîner, quand déjà la mienne était partie. Sûrement tu n'as pas pensé que tes deux dernières lettres arriveraient presque en même temps. Mais notre poste russe est ainsi : elle fait ce qu'elle veut, ce qui lui passe en tête et contre quoi il n'y a pas de lois. Retenir quatre jours de trop une lettre simplement parce qu'elle est recommandée ! (Ce n'est pas en Allemagne qu'on l'a retenue.) Tu écris que tu es heureuse de ma guérison, mais, à vrai dire, je ne suis nullement guéri ; je vais un peu mieux, mais comment cela ira-t-il cet hiver? D'ailleurs mon état de crise dure encore (c'est la troisième journée) et les crises dérangent beaucoup la poitrine (quelque chose se serre), et en plus, hier et aujourd'hui, dans ce maudit Ems, il pleut à seaux. Déjà avant nous avons eu cinq journées de pluie, mais hier et aujourd'hui c'est diable sait quoi. Je ne sais si c'est l'effet de Krenken ou du climat, mais ici presque tout le monde transpire beaucoup : suer avec cette humidité, on s'enrhume quoi qu'on fasse.

Je te remercie de ce que tu n'oublies pas de m'écrire sur les enfants ; je ne pense qu'à eux, je ne rêve que d'eux. Mais je t'en supplie, Annette, ne me donne plus de commissions. En général, les femmes pensent que si quelqu'un est parti quelque part, alors il a dix fois plus de temps qu'un autre. Ainsi, par exemple, tu m'écris d'aller à Pétersbourg chez Michel Mikhaïlovitch me renseigner sur les quatre cents roubles des billets de Goloubev. Mais, mon amie, cet ordre ne me paraît pas raisonnable. Outre qu'à Pétersbourg je ne ferai que passer, je ne peux et ne veux y séjourner, je puis tout simplement ne pas trouver Michel. Alors faudra-t-il rester un jour de plus à Pétersbourg? Tout cela est très facile à dire. Sans doute j'irai chez Michel, mais je ne m'engage pas à l'attendre. Mais je m'étonne que tu ne veuilles pas écrire à Michel? L'échéance est le 30 juillet. Si même tu penses ne pas pouvoir attendre la réponse de Michel, il aurait fallu cependant lui écrire, pour la lui rappeler et lui montrer que nous n'avons pas oublié. En outre, ce n'est pas bien de laisser une somme pareille entre ses mains. C'est pourquoi le rappel pourrait agir comme sauvegarde. Ce n'est pas que je manque de confiance en lui, mais toi tu n'auras qu'à écrire quatre lignes en tout, tandis que moi, en quel état serai-je quand je passerai à Pétersbourg.

La semaine prochaine j'irai chez Orth et il en sera comme il dira : s'il ordonne de rester une semaine je resterai. Kochlakov avait dit de boire Krenken durant six semaines, et je n'en suis qu'à la cinquième semaine.

Je n'approuve pas non plus tes ordres concernant les lettres adressées à Paris et à Berlin :

peut-être resterai-je encore ici, et si je traverse Berlin à la hâte (que ferais-je là-bas?) il me sera difficile de courir à la poste chercher les lettres. Quant à Paris, j'ai beau compter, je vois que je n'y pourrai aller : l'argent manque. Ainsi mes lettres resteront là-bas pour toujours. Tu écris : « C'est au cas où tu partirais le 16 juillet. » Mais si je l'ai écrit autrefois ce n'était pas sûr, et même alors j'ai dit nettement que je dépens du docteur. Hier c'était le 16 juillet et non seulement je ne suis pas parti, mais il se peut que je reste ici encore une dizaine de jours.

D'ailleurs ne prends pas cela pour une fâcherie de ma part : je veux dire seulement que tu es trop prompte et que tu ne prends pas en considération plusieurs circonstances étrangères.

Ne considère pas aussi ces pages pour une lettre : j'ajoute simplement quelques mots à ma lettre d'hier. Je m'ennuie beaucoup, beaucoup. Ici le temps est mortellement long. Je travaille un peu mon plan mais je ne sais moi-même si j'en suis content ou non. Je pense toujours, Annette, que l'automne commencera pour nous d'une façon très ennuyeuse, peut-être très pénible. D'ailleurs quand on a une crise, quand il pleut, quand on s'ennuie comme ici, on n'entrevoit pas de tableaux réjouissants. Et si enfin je termine ma cure ici, quel voyage restera à faire, Seigneur Dieu ! Aller jusqu'à

Berlin, puis à Pétersbourg, puis à Staraïa-Roussa ; ne dormir ni jour ni nuit, et, en général, le temps n'est pas très beau.

Au revoir, ma chérie. Je t'embrasse ainsi que les enfants. J'ai vu toute la nuit en rêve la petite Luba. Et qu'est-ce que c'est que cette épilepsie qui dure si longtemps? Est-ce dû au climat d'Ems? C'est très possible ; dans ce sale pays sont sûrement amoncelées toutes les abominations.

Je t'embrasse. Tout à toi.

F. DOSTOÏEVSKY.

Embrasse les enfants et parle-leur de moi.

Ems, 28 juillet/1er août 1874. Samedi.

Hier, j'ai reçu ta petite lettre, ma chère amie Annette, et m'empresse d'y répondre, bien que je ne puisse encore rien dire de définitif, car je n'irai chez le docteur que mardi. Je pense que cette fois il me laissera partir, et mercredi même, si ce n'est pas mardi, je quitterai Ems et partirai probablement pour Pétersbourg, à moins que je n'aille faire un tour quelque part, plus près, parce que Ems m'ennuie à mourir. Mais tout cela n'est pas encore sûr (bien que je croie qu'il en sera ainsi). Il peut encore me proposer de rester une semaine, et alors je resterai, s'il insiste. Quant à Paris, j'ai beau calculer, tout est si juste qu'avec des finances pareilles il ne serait pas raisonnable d'entreprendre le voyage. Si je m'arrête à Berlin je verrai la faille pour toi ; là on vend la marchandise avec le cachet de plomb authentique de Paris, et les gens disent qu'on n'achète pas plus cher qu'à Paris, parce qu'à Paris on sait vendre cher aux voyageurs, et si l'on ne force pas les prix, on fait prendre une plus grande quantité qu'il ne faut. On dit que c'est la manière de là-bas. Sans doute si la marchandise est mauvaise et chère je n'achèterai pas. Je dis cela parce qu'à Berlin il y a d'énormes quantités de marchandises.

Malgré cette lettre, et bien qu'il soit probable que je partirai au milieu de la semaine prochaine, je m'adresse à ton bon sens et te conseille de n'y pas voir quelque chose d'absolu : Orth peut tout changer. S'il y a changement bien entendu je t'informerai. Mais s'il me garde encore une semaine je devrai dépenser ici le dernier argent qui me reste. Voilà bientôt passée la semaine fixée la dernière fois par Orth et quel profit? Le râle dans la poitrine (à cause de la crise ou du mauvais temps) ne passe pas. En un mot, malgré que la cure ait apporté un soulagement, la maladie reste. Tout l'espoir c'est que l'effet de la cure se manifeste, dit-on, en hiver. Mais nous avons le temps de voir.

Je te remercie, ma chérie, d'écrire sur les enfants ; la petite Luba, je la vois comme si elle était devant moi. Je m'ennuie après eux terriblement. Cette nuit je t'ai vue en rêve et j'ai beaucoup regretté, à mon réveil, que tu ne fusses pas avec moi. J'ai vu aussi la petite Luba : elle pleurait et me disait quelque chose. Je suis devenu très inquiet à leur sujet ; s'il y a trois jours sans nouvelles je pense qu'il est arrivé quelque chose. Aujourd'hui, pour la première fois après la crise, ma tête me semble tout à fait fraîche. Sans les crises la cure m'aurait beaucoup soulagé. Une seule chose indiscutable, c'est, qu'en général, je me sens beaucoup mieux qu'auparavant : les forces, le sommeil, l'appétit, tout est admirable, et j'attribue ce résultat aux eaux d'Ems et au fait que, pendant six semaines, je me suis levé exactement à 6 heures. Stakenschneider affirme qu'il ne m'a jamais vu le visage aussi frais que maintenant. Ici, pendant les derniers jours de pluie et de brouillard, beaucoup se sont refroidis, moi aussi, indiscutablement j'ai pris froid. Je pense avec une certaine appréhension au voyage de retour ; ce qui m'inquiète surtout c'est le trajet de Pétersbourg à Staraïa-Roussa : il faudra peut-être encore attendre le bateau.

Comme c'est triste qu'il n'y ait pas de quoi vous rapporter des cadeaux. Je pense, malgré tout, qu'au commencement de notre août je serai à

Roussa. Je me demande anxieusement comment nous vivrons à Pétersbourg, c'est-à-dire avec quoi? J'y pense sans cesse. Comment louerons-nous l'appartement? Voilà encore un souci.

J'ai préparé ici les plans de deux romans, et ne sais pas encore lequel je me déciderai à écrire. Si en août nous nous organisons tout à fait, alors fin août je me mettrai à écrire, et sais-tu à quoi je pense? Si j'ai assez de forces et de santé pour le travail de forçat que je me suis imposé jusqu'ici. Et quel est le résultat? J'ai écrit des romans mais j'ai détraqué ma santé. Si la santé est comme dans la première moitié de l'hiver dernier, ce ne sera pas fameux pour le travail.

Bien que Ems commence peu à peu à se vider, il y a encore une foule de Russes. Et comme c'est triste pendant la pluie : tout est dans le brouillard, on croirait novembre. Je regrette de ne pas avoir de chaussettes de laine pour voyager la nuit dans le chemin de fer de Novgorod et sur le lac, en cas de tempête. Dieu veuille que je trouve le beau temps à Roussa. Ce serait bien aussi de n'arriver à Pétersbourg ni un dimanche ni un jour férié, afin de pouvoir trouver les gens.

Les Stakenschneider partent aussi la semaine prochaine pour Gatchina, mais je tâcherai de ne pas partir avec eux.

A propos, il paraît que la France a le tarif le

plus élevé des chemins de fer : d'Ems à Paris, c'est soixante-dix francs, avec bagages ; et le pire c'est que dans les trains directs il n'y a même pas de deuxième classe. Ici, à la gare, on vend pour Paris des billets mixtes, c'est-à-dire, deuxième classe en Allemagne et première classe en France. Les Stakenschneider ont dépensé tout et économisent terriblement, cependant en France ils voyagent en première classe ; ils disent que la première classe en France est pire que la deuxième classe en Allemagne, parce qu'on y est empilé comme des harengs dans un tonneau et que les sièges sont très incommodes. L'affluence des voyageurs est si grande que les compagnies de chemins de fer se permettent tout.

A propos, les Stakenschneider m'ont dit qu'à Paris la faille n'est plus à la mode et se porte peu ; on dit qu'elle se casse, fait des plis qui s'éliment, et que maintenant l'étoffe noire à la mode se nomme drap, que tous se jettent là-dessus. Ils m'ont montré un drap qui ressemble beaucoup a de la faille, mais plus encore à l'ancien poult de soie glacé.

Quoique nous devions nous voir bientôt, je pense beaucoup à vous avec la peur qu'il n'arrive quelque chose de mauvais. Et là-bas, Annette, on vivra de nouveau, comme Dieu le permettra. Le pire c'est qu'il y a encore des dettes et qu'on ne peut rien mettre de côté. Que j'aie au moins trois ans de santé et alors nous pourrons nous rétablir un peu. Mais de tout cela nous parlerons plus en détail, et soupirerons quand nous nous verrons.

Et maintenant que dira Orth?

Au revoir, mon amie la plus chère. Tu es seule dans mon âme et mes rêves. Embrasse et soigne bien les enfants. Moi je suis toujours et partout avec vous.

Je vous embrasse très fortement de tout cœur. Votre

F. DOSTOÏEVSKY.

Salut à tous. Ce matin un soleil clair s'est levé; maintenant un vent énorme et des nuages. C'est triste ici!

Staraïa-Roussa, 17 décembre 1874.

Chère Annette, chez nous tout va bien; les enfants sont très sages; ils se sont installés dans le salon, se sont emparés des chaises et jouent. Je me suis levé à deux heures, personne ne m'a réveillé. On voit que je suis très fatigué des adieux trop prolongés avec toi. Les enfants ont mangé du veau, du lait, des biscuits, et sont partis se promener; ensuite ils sont allés ramasser de la neige; en tout ils se sont promenés près de quarante minutes; j'ai trouvé que c'était sans inconvénient.

Où es-tu maintenant? Es-tu arrivée à Novgorod? J'attends ton télégramme. Surtout ne te fatigue pas trop et ne fais pas trop de choses à Pétersbourg. Tu as beaucoup de temps, ayant vu dans les affaires les choses principales, c'est-à-dire certains créanciers (les Vargounine). Pense aussi à nous, nous avons grand besoin d'argent et jusqu'à nouvel ordre je ne puis considérer comme satisfaisantes mes relations avec Nekrassov. Comme tu me l'as dit je porterai à la poste l'enveloppe non cachetée, mais je doute qu'il y ait des demandes de *la Maison des morts*. Pétersbourg, maintenant, ne s'intéresse pas à cela. Je pressens que tu auras des désagréments avec les Pantéléev (1), et s'il y a quelque affaire avec ce commerçant, je doute que tu puisses l'arranger.

Au revoir. Je t'embrasse ardemment.

Tout à toi.

F. DOSTOÏEVSKY.

Ne te hâte pas trop ; mieux vaut terminer toutes les affaires, si même quelque chose est en retard.

(1) P. F. Pantéléev, imprimeur de Pétersbourg, avec lequel Dostoïevsky avait des affaires d'édition. D'ailleurs, Mme Dostoïevsky se montra toujours satisfaite de ses rapports avec Pentéléev.

Staraïa-Roussa, 18 décembre 1874.

Chère Annette, ce matin on m'a éveillé à 9 heures, avec ton télégramme. Je suis très heureux que tu sois bien arrivée. En ce moment peut-être as-tu déjà vu Ivan Grigorievitch et Pantaléev, avec qui, sans doute, tu as eu une explication. Pour l'amour de Dieu, Annette, agis avec calme, ne te trouble pas, ne t'agite pas désespérément et, avant tout, soigne ta santé ; dors beaucoup, exécute absolument toutes les prescriptions du docteur. Chez nous tout va bien : les enfants sont bien portants. Aujourd'hui le temps est plus doux et je les ai expédiés, à 2 heures, chez le prêtre ; j'ai donné de l'argent pour la voiture. Ils attendent les jouets. J'ai demandé hier à Fédia : où est maintenant maman? Il a réfléchi et, d'un air profond, a répondu : Je ne sais pas. Hier, pendant que je préparais des cigarettes, ils se sont mis à danser, et Fédia a inventé un nouveau pas : Lili s'est arrêtée près de la glace, Fédia, en face, près de la porte, et tous deux, en mesure (Lili était très gracieuse) sont allés à la rencontre l'un de l'autre. Quand ils furent l'un près de l'autre, toujours en mesure, Fédia embrassa Lili, après quoi ils se séparèrent, Fédia allant à la glace et Lili près de la porte, etc. Ils ont répété cette figure une dizaine de fois, et chaque fois qu'ils se rencontraient ils s'embras-brassaient. C'était très gracieux.

Il n'y a aucune lettre et c'est douteux qu'il y en ait. Nekrassov a sans doute tout simplement envoyé le manuscrit à l'imprimerie. Mais enverra-t-il les épreuves? Ce serait bien si toutes nos affaires réus-sissaient.

Au revoir, Annette ; c'est seulement le 20 que je pourrai recevoir de toi quelque chose avec des détails. Mais mieux vaut raconter quand tu vien-dras ; c'est plus intéressant. Envoie-moi un simple récit des événements les plus importants.

Au revoir. Je t'embrasse très fort.

Ton affectionné.

F. DOSTOÏEVSKY.

Les enfants t'embrassent. Ne t'inquiète pas de moi : tout va bien.

Staraïa-Roussa, 19 décembre 1874.

Chère Annette. C'est la troisième lettre que je t'écris ; j'espère recevoir aujourd'hui au moins quelques lignes de toi. Chez nous tout le monde est bien portant et tout va bien. Les enfants se promènent et jouent. Aujourd'hui il fait assez doux et un peu humide, mais ils se sont promenés beaucoup. Ils se conduisent très bien. Fédia est un peu trop bruyant mais très innocemment. Lili est charmante. Ils se sont disputés pour une pelle : Fédia n'a pas voulu lui donner la sienne pour jouer. Alors elle a déclaré « qu'il n'aime pas sa sœur ». Et Fédia : « Qu'est-ce qu'elle dit, je l'aime toute la journée et toute la nuit. » Ensuite, de mon cabinet, j'entends les sanglots de Lili. J'y vais. En pleurant elle se plaint que Fédia n'a pas voulu rester sur ses genoux comme sur nounou : « Si tu ne restes que sur les genoux de nounou, alors qu'elle soit ta sœur ! » Je les ai réconciliés en mettant Fédia sur les genoux de Lili, et ils sont restés assis comme cela une minute.

Je t'ai envoyé hier la lettre de Tchérépine (1). Il ne demande que cinq exemplaires. Tous ont peur de rembourser l'argent dû, et sûrement qu'il a vendu beaucoup plus que six exemplaires des *Possédés;* mais pour ne pas rembourser, il ne demande pas d'autres *Possédés*. Ainsi ce n'est pas très avantageux de mettre en dépôt, et je pressens qu'on ne vendra pas beaucoup de *Maison des morts*. Il est probable qu'en ce moment tu t'agites beaucoup et fais beaucoup de démarches. Ne te hâte pas, ne te presse pas et surtout soigne-toi. Il me semble toujours que tu vas prendre froid là-bas et attraper quelque chose.

(1) Libraire de Moscou et Pétersbourg.

Le temps est-il beau? Va sans faute chez le médecin. Hier j'ai reçu de Prokhorovna une petite lettre que je t'ai envoyée. Pour l'amour du Christ, va la trouver et donne-lui quelque chose pour les fêtes, pas moins de trois roubles. Je t'en prie, Annette.

Je me porte bien, les enfants aussi; ils dorment bien. Sans toi je m'ennuie beaucoup, beaucoup.

Je t'embrasse; les enfants aussi. Toujours t'aimant.

F. DOSTOÏEVSKY.

Soigne ta santé.

Staraïa-Roussa, 20 décembre 1874.

Chère Annette, j'ai reçu ta petite lettre d'une dizaine de lignes et j'ai été très content de te savoir bien arrivée. Le principal c'est la santé. Comment passes-tu ton temps? Je t'attends non seulement avec impatience mais avec curiosité; peut-être nous raconteras-tu quelque chose.

Les enfants, grâce à Dieu, sont très bien portants (touchons du bois). Ils ne me gênent nullement; je dors très tard le matin. Aujourd'hui il ne fait pas très froid, il n'y a pas de vent, mais il fait humide et il y a un peu de givre; malgré cela je les ai laissés aller chez le prêtre et j'ai donné de l'argent pour la voiture. Lili est charmante, Fédia aussi, mais il n'écoute pas nounou et fait trop de tapage. La nuit il dort très bien ainsi que Lili. Ils attendent ton retour et hier ils ont dit qu'ils t'aiment beaucoup. Hier, pendant le dîner, le prêtre Georgevski est venu ; il est resté une heure et nous sommes allés ensemble à la poste. Hélas ! aucun des libraires ne répond. Évidemment *la Maison des morts* sera un four. Peut-être vendra-t-on lentement, peu à peu : les bibliothèques et quelques amateurs achèteront. On ne nous apprécie pas beaucoup, Annette. Hier j'ai lu dans *Grajda-nine*, peut-être, là-bas, l'as-tu déjà entendu dire, que Léon Tolstoï a vendu son roman (1) à *Rousski Viestnik*, quarante feuilles ; la publication commencera en janvier, 500 roubles la feuille, c'est-à-dire 20 000 roubles. A moi ils n'ont pas pu se décider d'un coup à donner 250 roubles, mais à Tolstoï on paie avec plaisir 500. Oui, on m'apprécie trop peu parce que je vis de mon travail. Maintenant Nekrassov va pouvoir m'exploiter, s'il y a dans l'esprit de mes œuvres quelque chose qui déplaît ; il sait que maintenant on ne me prendra pas au *Rousski Viestnik* (c'est-à-dire pour l'année prochaine) puisqu'ils sont submergés de romans. Mais si même cette année nous devions demander l'au-

(1) *Anna Karénine.*

mône, je ne cèderai pas une ligne de mes idées. Poliakov ne sait-il rien de notre affaire? Qu'on reçoive quelque argent, en tout cas nous ne pouvons rester comme des poissons sur la paille. Je n'ai aucune réponse de Nekrassov.

Au revoir, Annette. Je t'embrasse. Tu ne recevras pas cette lettre avant le 22 et qui sait, peut-être ne te trouvera-t-elle plus. Alors c'est ma dernière lettre : écrire demain serait risquer fort qu'elle ne te trouve plus. Sache-le donc et ne t'inquiète pas. Ne t'inquiète pas non plus pour les enfants : je les surveille et ce n'est pas une grande charge pour moi. Je t'en supplie ne jette pas mes lettres à Pétersbourg, où tu es descendue, pour qu'elles ne tombent pas en d'autres mains.

Compliments de ma part à Michel, à Nicolas et à ton frère, si ma lettre te trouve encore. Que fait Anna Nicolaïevna? N'est-elle pas partie avec Ivan Grigoriévitch? A elle aussi mes compliments.

Au revoir ; soigne ta santé à Pétersbourg. Tous les journaux écrivent qu'il y a là-bas le typhus. Prends garde, pour l'amour du Christ.

A toi.

Moi, Lili et Fédia.

F. DOSTOÏEVSKY.

Tout à l'heure, à la poste, je n'ai pas trouvé de lettre de toi. Qu'y a-t-il maintenant? Je me tourmenterai toute la nuit.

NOTE POUR LA LETTRE
DU 20 DÉCEMBRE 1874

La différence, sous le rapport des honoraires, faite entre lui et certains autres écrivains froissait profondément Dostoïevsky. Dans ses souvenirs, Mme Dostoïevsky écrit à ce propos, en 1871 :

Dans le monde littéraire et la société on compare souvent les œuvres de Dostoïevsky à celles de Tourguenev, et l'on reproche aux romans de Dostoïevsky d'être obscurs, touffus, comme s'il y avait plusieurs romans ensemble (c'était l'opinion de Strakhov) tandis que chaque œuvre de Tourguenev est finie comme un bijou artistique. Mais rarement l'on tient compte des circonstances dans lesquelles travaillaient ces deux écrivains. Tourguenev, grand seigneur bien renté, qui jamais ne servit nulle part, avait tout loisir pour penser longuement à ses œuvres et les écrire. On a publié quelque part qu'il recopiait jusqu'à cinq fois ses romans, les corrigeant, les complétant, et, pour éviter la perte du manuscrit, il en conservait trois exemplaires dans trois banques différentes.

Féodor Mikhaïlovitch était un homme atteint de deux graves maladies : l'épilepsie et l'emphysème des voies respiratoires. Chargé d'une grande famille, endetté, toujours préoccupé du pénible souci du pain quotidien, avait-il la possibilité de polir ses œuvres? Que de fois est-il arrivé que deux chapitres d'un roman étaient déjà publiés quand le troisième était à la composition et le quatrième expédié par la poste au *Rousski Viestnik*, tandis que les suivants n'étaient pas encore écrits et n'existaient que dans sa tête? Combien de fois, en relisant les chapitres imprimés de son roman, Féodor Mikhaïlovitch en voyait-il clairement les défauts et se désespérait-il en se rendant compte qu'il avait gâché son œuvre. « Si l'on pouvait se reprendre, disait-il, si l'on pouvait corriger ;

je vois maintenant où était la difficulté ; je vois pourquoi je
n'ai pas réussi mon roman. Par cette faute peut-être ai-je
tout à fait tué mon idée. » Et c'était une vraie douleur, la
douleur d'un artiste qui voit en quoi il s'est trompé et qui n'a
pas la possibilité de réparer son erreur.

Oui, malheureusement, il n'a jamais eu cette possibilité.
On avait besoin d'argent pour vivre, pour payer les dettes ;
et malgré la maladie, parfois le lendemain d'une crise, il
devait travailler, se hâter, à peine relire le manuscrit pour
l'envoyer à la date convenue et recevoir au plus vite l'argent.
Jamais dans sa vie (sauf pour *les Pauvres gens*) Féodor Mikhaïlovitch n'a pu écrire une œuvre sans se hâter, après en avoir
mûri le plan et les détails, en un mot, jamais il n'a pu parfaire
une œuvre. Le sort n'a pas réservé ce grand bonheur à Dostoïevsky. Cependant c'était son rêve le plus cher mais hélas
irréalisable. Oui, l'éternelle pauvreté de Féodor Mikhaïlovitch — son éternel manque de ressources — fut le vrai malheur
de notre vie. Tandis que Tourguenev, riche, savait que les
revues se disputeraient ses œuvres et lui donneraient 500 roubles
la feuille, Féodor Mikhaïlovitch, toujours sans argent, devait
proposer lui-même son travail aux revues, et comme celui qui
propose perd toujours, il recevait beaucoup moins. Ainsi
pour *Crime et Châtiment*, *l'Idiot* et *les Possédés*, il reçut
150 roubles la feuille ; pour *l'Adolescent*, 250 roubles ; c'est
seulement pour son dernier roman, pour *les Frères Karamazov*, qu'il toucha 300 roubles la feuille.

Et que de souffrances pour Féodor Mikhaïlovitch à l'idée
que *Rousski Viestnik* (où ont été publiées la plupart de ses
œuvres) pourrait ne pas accepter son roman, pour une raison
quelconque, par exemple parce qu'il avait déjà un roman
d'un autre écrivain. Et Féodor Mikhaïlovitch était tourmenté
par l'idée : qu'entreprendre ? Comment vivre en attendant
que le roman soit publié. Oui, le malheureux Féodor Mikhaïlovitch connut de longues années de tristesse, et il faut s'étonner
qu'en de pareilles circonstances il ait pu même écrire ses
romans « mal bâtis ».

Avec un serrement de cœur je me rappelle combien souvent
mon cher mari dut renoncer à satisfaire ses besoins les plus
urgents, combien de plaisirs, même modestes, il dut se refuser.
Souvent, alors qu'il était occupé à un travail urgent, Dos-

toïevsky entendant parler d'un spectacle ou d'un concert remarquable, me disait : « Voilà, Annette, je terminerai mon travail et nous irons voir cette pièce. » J'acquiésçais, mais le jour venu, je proposais à Féodor Mikhaïlovitch d'y aller seul et pour moi j'inventais quelque prétexte : tantôt je ne me sentais pas bien, tantôt j'avais peur de laisser les enfants seuls, etc. Féodor Mikhaïlovitch refusait d'y aller seul et parfois avec tristesse, parfois avec dépit, me disait : « Jamais tu n'es disposée, toujours tu refuses. » Et cependant j'aurais tant voulu me reposer, me distraire, aller avec lui au théâtre, rire, avoir de nouvelles impressions.

FIN DU TOME PREMIER

TABLE DES MATIÈRES

DU TOME PREMIER

PARIS

TYPOGRAPHIE PLON

8, rue Garancière